Andachtsbuch

für das

weibliche Geschlecht

vorzüglich

für den gebildetern Theil desselben.

Zweyter Band.

Von

D. J. G. Marezoll.

Vierte, sehr veränderte und durchaus verbesserte Auflage.

Leipzig,
bey Georg Joachim Göschen. 1817.

Inhalt des zweyten Bandes.

Erster Abschnitt.

Stoff zu religiösen Gedanken für das junge Mädchen bis zur Konfirmation.

Zweyter Abschnitt.

Stoff zu Andachtsübungen für die Jungfrau.

Dritter Abschnitt.

Stoff zur Belebung des frommen Sinnes für die Gattin und Hausfrau.

Vierter Abschnitt.

Stoff zum Beten für die Mutter.

Fünfter Abschnitt.

Stoff zur Unterhaltung mit Gott für die Wittwe und Betagte.

Erster Abschnitt.

Stoff zu religiösen Gedanken für das junge Mädchen bis zur Confirmation.

I.

Allgemeinen Inhalts.

Gott, ich bin dein Kind; und dessen freue ich mich itzt in deiner Gegenwart; dafür danke ich dir von ganzem Herzen. Denn welches Glück für mich, daß ich an dir einen Vater habe, der mich kennt und für mich sorgt; einen gütigen und huldreichen Vater, dem ich mich im Gebete mit Zuversicht nahen darf! Möchte ich das nur immer mit kindlicher Aufrichtigkeit und mit einem wahrhaft frommen Sinne thun! Möchte ich nie vergessen, daß du mir stets und überall nahe bist, und daß du alle meine Neigungen und Wünsche, alle meine Gedanken und Vorsätze siehest! Ja, umsonst würde ich mich vor dir zu verstellen und dir meine Fehler zu verbergen suchen. Umsonst würde ich mich bemühen, dich durch leere Versprechungen meiner Besserung zu täuschen, wenn es mir kein wahrer Ernst damit wäre. Umsonst würde ich nach deinem Beyfalle streben, wenn ich ihn nicht durch ein gutes, mit deinen Geboten übereinstimmendes Verhalten zu verdienen suchte.

Nie also, o Gott, nie will ich deinen heiligen Gesetzen vorsätzlich zuwider handeln, um mich nicht der Undankbarkeit gegen dich schuldig zu machen. Denn jeder Undank ist schändlich; und welcher Undank könnte größer seyn, als den ich gegen dich, meinen Schöpfer und Vater begehe? Habe ich doch schon so viele Wohlthaten von dir empfangen, wie kurz auch mein Leben ist; und selbst dieses ist dein Geschenk; und die Größe dieses Geschenks werde ich erst dann recht schätzen lernen, wenn ich bey zunehmenden Jahren ganz einsehen werde, welchen hohen Werth ein Menschenleben hat, und wie herrlich unsre Bestimmung, wie ausgezeichnet das Glück und der Vorzug ist, ein Mensch, ein vernünftiges Wesen zu seyn.

Und welchen Dank bin ich dir dafür schuldig, daß du mich von christlichen Aeltern hast geboren werden lassen! Lebte ich in einem finstern Lande und unter abgöttischen, unwissenden Menschen; so würde ich dich, der du allein wahrer Gott bist, und den du gesandt hast, Jesum Christum nicht kennen; so würde ich ganz falsche und verkehrte Vorstellungen von dir haben, und dich vielleicht fürchten, aber nicht lieben. Nein, ohne Jesum und seine Lehre würde ich nicht von deiner anbetungswürdigen Größe, nicht von der Weisheit und Güte deiner Vorsehung, nicht von der Heiligkeit und Gerechtigkeit deiner Wege, nicht von deinen huldreichen Absichten mit uns und von deinen gnädigen Gesinnungen gegen die Menschen unterrichtet seyn. Ohne Jesum und seine Lehre würde ich nicht wissen, daß ich einen Vater an dir habe und daß ich dein Kind bin; nicht wissen, was ich dereinst hoffen darf und zu werden vermag; nicht wissen, daß mein Geist unsterblich ist, und daß ich dem Himmel angehöre. Ohne Jesum und seine Lehre würde ich dich durch thörichte, abergläubige Gebräuche zu verehren, durch eitle, unkräftige Mittel zu versöhnen, durch sinnlose Gewohnheiten, oder wohl gar durch unmenschliche Laster mir geneigt zu machen suchen.

Ja, deine Wohlthaten, o Gott, sind unzählich, und deine Güte ist unendlich viel größer, als ich mir dieselbe denken kann. Jeder Tag und jeder Zuwachs meiner Einsichten giebt mir neue Beweise deiner Huld. Alles, was ich bin und habe und genieße, ist dein Werk. Himmel und Erde rufen mir zu: uns hat Gott gemacht; er ist die Liebe. Wie müßte ich mich da vor mir selbst schämen, wenn ich dich nicht wieder lieben, wenn ich deiner, meines Erhalters und Versorgers vergessen, wenn ich von deinen Wohlthaten Gebrauch machen könnte, ohne an dich, den Geber derselben zu denken!

Nein, mein Herz ist von kindlicher Ehrfurcht und von inniger Dankbarkeit gegen dich erfüllt. Und das soll meine Freude seyn, daß ich mich zu dir halte, daß ich nach deinem Wohlgefallen strebe und wissentlich nichts thue, was deinen Geboten zuwider, wissentlich nichts unterlasse, was deinem heiligen Willen und meiner Pflicht gemäß ist. Dein ist mein Leben; und dir und deiner Verehrung sey und bleibe es geweiht!

2.

Gehorsam gegen die Aeltern.

Gott, deine Güte gegen mich ist groß; denn du hast mir Aeltern gegeben, die meine ganze Liebe und meine aufrichtigste Verehrung verdienen; Aeltern, die an allen meinen Schicksalen den thätigsten Antheil nehmen und unermüdet für mein Wohl sorgen. Und womit kann ich ihnen zur Zeit ihre Wohlthaten vergelten? Was kann ich für sie thun, die schon so viel für mich gethan haben? Wodurch kann ich meine dankbaren Gesinnungen gegen sie an den Tag legen? — O mein Herz läßt mich die Antwort leicht finden; ich bin ihnen Gehorsam und Liebe schuldig.

Ja, schwach und ohnmächtig wurde ich geboren, hülflos und von Gefahren umringt kam ich auf die Welt; und nur der Fürsorge meiner Aeltern verdanke ich es, daß ich noch lebe. Möchte ich doch also oft an diesen meinen ersten Zustand zurück denken! Möchte ich mich oft an die Arbeit und Mühe, die ich meinen Aeltern verursachte, oft an die Beschwerden und Sorgen, die sie meinetwegen übernehmen, an die Furcht und Angst, die sie um mich ausstehen, an die Vergnügungen und Bequemlichkeiten, die sie mir aufopfern mußten, lebhaft erinnern! Möchte ich nie vergessen, daß sie für dieses alles Ersatz in der Hoffnung fanden, ich werde dereinst die Freude ihres Alters seyn! Und diese schöne Hoffnung sollte ich durch meinen Ungehorsam täuschen? Ich sollte ihnen Verdruß und Kummer dadurch machen? Ich sollte nicht gern und willig alles thun, was ihre Absichten mit mir befördern kann?

O dann würde ich nicht nur meine guten Aeltern beleidigen, dann würde ich mich auch gegen dich, o Gott, empören, der du den Gehorsam gegen dieselben von mir forderst. Du giebst mir ja deinen Willen deutlich genug zu erkennen. Ich darf nur mich selbst und meinen Zustand betrachten, um einzusehen, wie ich gegen meine Aeltern gesinnt seyn muß. Ich darf nur bedenken, wie abhängig von Andern der Mensch in die Welt tritt, und wie lange diese seine Abhängigkeit dauert. Er hat viele Jahre nöthig, ehe er dahin gelangt, daß er selbst für sich sorgen, sich selbst erhalten und beschützen kann. Denn er soll in seiner Kindheit und Jugend zu einem vernünftigen Geschöpfe gebildet, sein Verstand soll mit nützlichen Kenntnissen bereichert, sein Herz soll mit der Liebe zum Guten erfüllt, er soll weise und tugendhaft werden. Aber dazu gehören nicht Monate, sondern Jahre; das kann nur dann gelingen, wenn das Kind während seiner ganzen Jugend genau mit den Aeltern verbunden bleibt. Und so lange diese Verbindung fortdauert; so lange ich noch nicht geschickt und fähig bin, ohne Führer und Aufseher in die Welt zu treten: so lange bin ich denen, an deren Hand ich einhergehe, uneingeschränkten Gehorsam schuldig.

Ich würde mir also selbst schaden, wenn ich mich

dieser Pflicht entziehen wollte; dieser süßen und angemen Pflicht, die mir und meinen Aeltern das Leben erleichtert; dieser wohlthätigen und belohnenden Pflicht, die mir so unaussprechliche Vortheile verschafft. Denn wenn ich meinen Aeltern ungehorsam bin, und mich in Gefahren stürze, wovor sie mich warnen, mich nicht in Dingen übe, die sie mir als nützlich anpreisen; oder wenn ich mich ihrem Willen nur zum Schein, nur aus Zwang unterwerfe, und mich blos in ihrer Gegenwart, blos so lange ich entdeckt und gestraft zu werden fürchte, nach ihren Vorschriften richte; wenn ich ihnen meine Gesinnungen, meine Absichten, meine Entschlüsse, meine Fehler und Vergehungen verberge und mich nicht in allen Stücken mit der größten Aufrichtigkeit gegen sie betrage; können sie dann noch ihren Zweck mit mir erreichen? Müssen nicht vielmehr alle ihre Bemühungen um mich vergeblich seyn? Täusche ich nicht hier mich selbst, indem ich Andere täuschen will? Beraube ich mich nicht aller der Vortheile, die mir durch die Erziehung zufließen sollen?

Ich würde demnach sehr thöricht urtheilen, wenn ich meine Aeltern für Tyrannen und ihre Vorschriften für eigensinnige Befehle halten wollte. Nein, sie sind meine Freunde, die es gut mit mir meynen und bey allen ihren Veranstaltungen nicht auf sich selbst, sondern nur auf mein Bestes sehen. Sie schränken mich nie ohne gegründete Ursachen ein. Sie versagen mir kein Vergnügen blos deßwegen, um es mir zu versagen. Sie sind stets bereit, meine nützlichen Wünsche zu erfüllen, wenn es in ihren

Kräften steht. Sie lieben mich, wie sich selbst, und beweisen mir ihre Liebe eben so gewiß durch ihre Strenge, als durch ihre Milde. Denn nur weil sie älter und verständiger sind, als ich, und besser einsehen, was mir gut und heilsam ist, nur weil sie dir, o Gott, Rechenschaft davon geben müssen, wie sie mich erzogen haben, nur darum sind ihre Ansichten und Urtheile nicht immer die meinigen. Wohl mir daher, daß ich, die ich die Welt noch so wenig kenne und die Folgen meiner Handlungen noch so selten überschauen kann, nicht mir selbst überlassen bin und nicht täglich Gefahr laufe, eine kurze, vorübergehende Lust mit langem, empfindlichem Schmerze zu erkaufen!

Möchte ich dieß oft in deiner Gegenwart bedenken, o Gott, und mich durch Gebet im Gehorsam gegen meine Aeltern stärken! Dann würde ich nicht nur an Alter, sondern auch an Verstand und Tugend zunehmen, und allen guten Menschen werth, und dir, meinem himmlischen Vater wohlgefällig seyn.

3.

Ermunterung zur Lernbegierde.

Gott, du hast dem Menschen Vernunft gegeben, und ihn dadurch zu deinem Bilde gemacht. Durch sie kann er die Erde beherrschen und alles auf derselben zu seinem Nutzen und Vergnügen gebrauchen. Durch sie kann er die schwersten Dinge ausrichten und die größten Hindernisse besiegen. Sie ist also unser edelster Vorzug, unsre höchste Würde. Sie übertrifft Reichthum und Schönheit und alle andere Güter. Sie macht den Menschen zum Menschen und erhebt ihn über alle Geschöpfe der Erde.

Auch mich, o Gott, hast du so hoch begnadigt; auch mir hast du Vernunft geschenkt; und in ihr besitze ich das Mittel, mir alle die Kenntnisse zu erwerben, deren ich bedarf; durch sie werde ich fähig, mich selbst zu unterrichten und durch Andere belehrt zu werden. Und diese Belehrung wird mir itzt zu Theil; sie ist die unaussprechlichste Wohlthat für mich, wofür ich dir und meinen Aeltern nicht genug danken kann. Denn ohne Unterricht würden meine Geisteskräfte ungeübt und unentwickelt bleiben. Ohne Unterricht würden sich meine Anlagen und Fähigkeiten immer mehr vermindern und endlich ganz verlieren. Ohne Unterricht würde ich bald zu den Thieren des Feldes herabsinken und in mancher Hinsicht noch unter ihnen stehen.

Wohl habe ich also Ursache, o Gott, deine weise Einrichtung zu ehren und deinen gütigen Willen zu befolgen; wohl ist es meine Pflicht, täglich zu lernen, um täglich verständiger zu werden. Und dazu hast du mir den stärksten Trieb ins Herz gelegt. Ich fühle eine immer rege Neigung in mir, die Dinge in der Welt zu kennen und ihre Beschaffenheit, ihre Absichten, ihren Nutzen zu erfahren. Meine Unwissenheit ist mir lästig, da ich hingegen jederzeit das lebhafteste Vergnügen empfinde, wenn ich eine Sache besser verstehen lerne, und dadurch ältern und klügern

Personen ähnlicher werde. O möchte ich diese Freude oft und in recht reichem Maaße genießen! Möchte sie mich zu einem immer größern und anhaltendern Fleiße ermuntern! Möchte ich sie allen den Vergnügungen vorziehen, die ich im Spiele oder im Müssiggange zu finden glaube, und es fühlen, daß sie die edelste und anständigste ist, deren ich in meinen itzigen Jahren fähig bin!

Ja, Dank dir, o Gott, daß du mir die Pflicht des Lernens durch ihre angenehmen Folgen so sehr erleichterst! Ich kann sie nun gern und willig erfüllen, diese mich so sehr belohnende Pflicht, die auch dann, wenn sie schwerer und mit keinem Vergnügen verbunden wäre, dennoch Pflicht für mich bliebe. Aber daran erkenne ich deine Güte, die nichts von mir verlangt, als was mir gut und nützlich ist. Daraus ersehe ich deine Vaterliebe, die mir den Weg, welchen sie mich gehen heißt, mit Blumen bestreut. Denn dieser Weg ist der einzige, auf dem ich meine Bestimmung erreichen und zu einem verständigen Menschen heranwachsen kann. Der Unterricht, den ich itzt erhalte, ist so wichtig und betrifft so ernsthafte und unentbehrliche Dinge, daß ich mich gezwungen fühle, ihm meine ganze Aufmerksamkeit zu schenken. O wie bedaure ich die Unglücklichen, die desselben entbehren müssen! Wie kann ich es meinen lieben Aeltern genugsam verdanken, daß sie für mein Wohl so eifrig sorgen und theils mir selbst ihre Kenntnisse mittheilen, theils mir Lehrer geben, die sich so angelegentlich mit mir beschäftigen! Denn wie viel Gutes und Schönes habe ich nicht schon durch ihre gemeinschaftlichen Bemühungen gelernt! Wie ganz anders, als ehemahls, sehe ich schon itzt viele Dinge, mich selbst und den Menschen an! Wie viel richtiger kann ich itzt über manche Gegenstände urtheilen, als da ich noch ganz Kind war! Kenne ich doch schon die Ursachen vieler Begebenheiten, die Folgen vieler Handlungen, und bin von Jahr zu Jahr einsichtsvoller geworden. Und ich sollte dieß nicht immer mehr zu werden suchen? Ich sollte nicht fortfahren, meinen Verstand fleißig anzubauen? Ich sollte auf dem halben Wege stehen bleiben und meinen Lauf nach dem Ziele nicht unermüdet verfolgen?

Nein, je weiter ich vorwärts schreite, desto mehr müssen mein Eifer und meine Lernbegierde zunehmen; denn je mehr meine Einsichten wachsen, desto deutlicher leuchtet mir ihr Werth und Nutzen in die Augen. Alles, das sehe ich schon gegenwärtig ein, alles, was ich lerne, hat Einfluß auf mein Leben, auf meine Denkart, auf meine Gesinnung, auf meine Zufriedenheit und Glückseligkeit. Je besser ich dich, meinen Schöpfer und Vater kenne; je vollständiger ich von deinem Willen und von meinen Pflichten unterrichtet bin; je mehr ich mich davon überzeuge, wozu du mich bestimmt hast, was ich künftig seyn und werden soll, und welche Ansprüche die Welt auf meine Dienste hat: desto besser und tugendhafter, desto brauchbarer und nützlicher werde ich einst an der Stelle seyn, die du mir anweisen wirst.

Ja, die glücklichen Jahre, in welchen ich nun stehe, kehren nie zurück und verfließen geschwind.

Lasse ich meine Jugendzeit ungenützt verstreichen; verschwende ich itzt Tage und Wochen im Müssiggange: so kann ich diesen Verlust nie ersetzen und das Versäumte nie einbringen. Und wie würde ich künftig meinen jugendlichen Leichtsinn bereuen, welche Vorwürfe würde ich mir über meine Trägheit machen, wenn ich unvorbereitet in die Welt treten und die traurigen Folgen meiner Unwissenheit erfahren müßte! Nein, ich will die Gelegenheit zum Lernen, die sich mir itzt darbietet, sorgfältig gebrauchen. Ich will fleißig und thätig seyn, um meinen Aeltern und Lehrern Freude zu machen. Ich will deinem Gebote gehorchen und dir durch Gehorsam meine Dankbarkeit und Liebe beweisen.

4.

Die Vortheile der frühzeitigen Tugend.

Gott, du verlangst eben sowohl gute und rechtschaffene Kinder, als du die Tugenden von erwachsenen Personen forderst. So bald ich dich als meinen Schöpfer und Vater, als meinen Erhalter und Versorger kenne; so bald ich mir die Bestimmung des Menschen denken und Gutes und Böses unterscheiden kann; so bald bin ich auch zur Beobachtung deiner Gebote verpflichtet. Denn diese sind so leicht zu fassen und zu behalten, daß sie keineswegs meine

Einsichten übersteigen, sondern auch meinem jugendlichen Verstande als höchst wohlthätig erscheinen, wenn ich nur darüber nachdenken will. Und meine Aeltern und Lehrer kommen mir ja freundschaftlich dabey zu Hülfe. Es ist ihr ernstlicher Wunsch und ihr eifrigstes Bestreben, mir Gesinnungen einzuflößen, welche dir wohlgefallen, und mich zu Handlungen zu ermuntern, wie du sie von mir forderst.

Gewiß würde es also eine eitle Entschuldigung seyn, wenn ich mich in meinem itzigen Alter für zu schwach zur Tugend halten wollte. Denn wie viel vermag ich nicht über meine Neigungen und Triebe, wenn ich von meinen Aeltern ein Lob oder eine Belohnung erwarte! Welche Standhaftigkeit zeige ich da nicht, um mich selbst zu besiegen! Wie viel kann ich da leisten, was mir sonst schwer oder gar unmöglich schien! Wie viel vermag ich da zu unterlassen, woran ich mich gewöhnt habe! Wie viel kommt doch also bey der Erfüllung meiner Pflicht auf mich selbst und auf meinen Willen an! Ist nur also dieser gut und redlich, wünsche ich nur das aufrichtig, was ich soll, und stimmt das Herz mit der Zusage meines Mundes überein: so bin ich auch gewiß fähig, mich vernünftigen Vorschriften zu unterwerfen. Und wenn ich es mit dir zu thun habe, o Gott; wenn ich fromm seyn und dir meine Liebe und Dankbarkeit beweisen soll: da wollte ich anders handeln und mich mit meinem Unvermögen entschuldigen? Da wollte ich vergessen, daß ich Kräfte zum Guten besitze und viel damit ausrichten kann?

Und welche Vortheile können größer seyn, als die mir die Tugend verspricht? Freylich sind es nicht immer irdische, in die Augen fallende Vortheile; aber ich bin auch nicht mehr ganz Kind, und muß mich täglich von dem, was ganz kindisch und sinnlich ist, immer mehr loszureissen suchen. Ich werde immer älter, und muß mithin immer verständiger werden. Ich sehe meine Aeltern und Freunde vieles thun, was ihnen keinen sichtbaren Gewinn bringt, wodurch sie weder reicher, noch mächtiger werden, und wovon sie mich dennoch versichern, daß es recht und gut sey und größern Werth habe, als Reichthum und Ehre. Auch habe ich das schon an mir selbst erfahren. Denn wenn ich redlich thue, was mir meine Aeltern und Lehrer auftragen und meine kleinen Geschäfte so gut verrichte, als ich kann; wenn ich einen mich beherrschenden Fehler glücklich bestreite und ablege; wenn ich einem armen Kinde, einem unglücklichen Menschen aus Mitleid und Liebe eine Wohlthat erzeige und seine Dank- und Freudenthränen fließen sehe; wenn ich mich deinem heiligen Willen, den Geboten der Religion gemäß verhalte: ist mir da nicht wohl? Fühle ich mich da nicht froh und zufrieden? Erwarte ich da nicht getrost alles Gute, ohne etwas Böses zu fürchten? Bin ich nicht an einem solchen Tage des Beyfalls meiner Aeltern, nicht deines göttlichen Wohlgefallens versichert? Gäbe ich dieses erfreuliche Bewußtseyn für Tand und Spielwerk hin?

Und dieß sind ja eben die wahren, bleibenden Vortheile der Tugend. Diese Freude und Zufriedenheit, diese Furchtlosigkeit und Zuversicht beseligen mich immer, wenn ich dir gehorsam bin, wenn ich die Pflichten, welche du mir auflegst, gern und aus Liebe gegen dich erfülle; wenn ich mich auch in der Einsamkeit, wo ich keinen Beobachter zu scheuen habe, vor dem Bösen hüte, weil ich weiß, daß du, der Allgegenwärtige mich dennoch siehst.

Oder kann ich etwa zu bald anfangen, für die Veredlung meines Herzens und für mein wahres, dauerhaftes Wohl zu sorgen? Sehe ich nicht ein, daß mir die Tugend desto leichter und natürlicher werden muß, je früher ich mich derselben widme? Ja, itzt bin ich noch jung und biegsam und jeder guten Gesinnung fähig, weil das Böse noch nicht Wurzel in mir geschlagen hat und mein Herz noch jede Bildung annimmt. Itzt lebe ich unter der Aufsicht meiner Aeltern und Freunde, wo ich lauter gute Beyspiele sehe, die mich zur Nachfolge ermuntern. Itzt habe ich von den verführerischen Künsten schlechter Menschen noch wenig zu fürchten, weil ich selten und nie ungewarnt in ihre Gesellschaft komme. Itzt zerstreuen mich weder Geschäfte, noch Nahrungssorgen, die so manchen an der Erfüllung seiner Pflichten verhindern. Itzt ist also die beste Zeit für mich, tugendhaft zu werden, um mich in der Liebe zum Guten recht zu befestigen. Und von meinen gegenwärtigen Jahren hängt es großentheils ab, wie ich mein ganzes Leben hindurch denken und handeln werde. Was itzt zur Gewohnheit bey mir wird, weil ich es oft und gern thue, davon werde ich mich schwerlich in Zukunft losreissen können. Wenn sich itzt, wo alles einen tiefen, bleibenden Eindruck auf mich macht, Stolz, Neid, Eitelkeit, Trägheit, Menschenhaß, Geitz, Unbarmherzigkeit, Verstellung und Falschheit bey mir festsetzen; so laufe ich Gefahr, daß ich diesen verderblichen Leidenschaften mein ganzes Leben hindurch dienen muß.

Gott, ich zittere vor diesem schrecklichen Gedanken und kann mir kein größeres Elend denken, als Zeitlebens lasterhaft und deines Wohlgefallens unwürdig zu seyn. Nein, dir widme ich meine Jugend; dir übergebe ich mein Herz zum Eigenthume; dir heilige ich schon itzt ein Leben, das dir gehört und zu deiner Verherrlichung bestimmt ist. Ja, Herr, lehre mich thun nach deinem Wohlgefallen, und dein guter Geist führe mich itzt und künftig auf rechter Bahn!

5.

Entschluß, wahrhaft tugendhaft zu seyn.

Ja, Frömmigkeit und Tugend, o Gott, sind zu allen Dingen und in jedem Alter nütze. Du forderst sie auch von mir; und ich kenne keinen andern Weg, dir wohlgefällig zu werden. Wohl mir also, wenn ich auf diesem Wege wandle und in dieser Absicht alle meine Pflichten recht genau kenne! Wohl mir, wenn meine Einsichten und Gesinnungen mit einander übereinstimmen und mein Wissen und Thun sich nie widersprechen!

Nein, sehe und erfahre ich es mit jedem Tage aufs neue, daß du die Liebe bist, daß ich dir und deiner Güte alles schuldig bin, und daß du als Freund und Vater für mich sorgst; o so will ich dich wieder lieben und dir für deine Wohlthaten herzlich danken. Ich will oft und mit Vergnügen an dich denken und mich gern im Gebete mit dir unterhalten. Ich will deine Gebote ehrerbietig beobachten und was du von mir forderst, freudig und mit kindlichem Sinne thun. Ich will mir die Ausübung meiner Pflichten durch die Ueberzeugung erleichtern, daß alle deine Vorschriften auf mein Bestes abzwecken, und mich frühzeitig daran gewöhnen, Frömmigkeit und Tugend nicht für Zwang, sondern für den höchsten Vorzug vernünftiger Wesen zu halten.

Je mehr ich deine Weltregierung, deine Gerichte und Wege bewundern und meine gänzliche Abhängigkeit von dir fühlen lerne; desto demüthiger will ich deine Vorsehung anbeten. Ich will es mir schon in der Jugend zur Pflicht machen, alle meine kleinen Begebenheiten und Schicksale auf dich zurückzuführen, sie als deine Anordnung zu betrachten, und mich in deiner Weisheit und Güte zu beruhigen, wenn nicht alle meine Wünsche und Hoffnungen erfüllt werden. Ich will mein Vertrauen auf dich setzen und mich in deinen Schickungen beruhigen. Ich will es dem einstimmigen Zeugnisse der Verständigen und Gutgesinnten glauben, daß alles, was du thust und zulässest, heilbringend ist, daß auch die Uebel in der Welt wohlthätige Absichten und ersprießliche Wirkungen haben, daß nichts Böses geschieht und geschehen kann, was nicht unter deiner Aufsicht und Leitung Gutes befördern müßte, und daß auch Schmerz und Krankheit, Verlust und Mangel, Leiden und Gefahren Mittel zu unsrer Besserung sind.

Höre ich aus dem Munde Jesu, daß ich meinen Nächsten wie mich selbst lieben soll, weil der, welcher seinen Bruder nicht liebt, den er sieht, auch dich, den Unsichtbaren nicht lieben kann; o so will ich mein Herz dieser allgemeinen Menschenliebe öffnen und allen meinen Brüdern und Schwestern Achtung und Wohlwollen beweisen. Fern sey es von mir, den Armen und Niedrigen geringzuschätzen, oder mich seiner zu schämen! Fern sey es von mir, den Nichtchristen zu hassen, oder ein Geschöpf in ihm zu erblicken, dem ich nicht beyzustehen, nicht Gutes zu thun nöthig habe! Denn was könnte ich selbst dafür, wenn ich nicht von christlichen Aeltern geboren wäre? Und unter allerley Volk, wer dich fürchtet und Recht thut, der ist dir angenehm. Fern sey es von mir, auf meine äußern Vorzüge, auf meinen Reichthum, auf meine Gestalt, auf meine vornehme Abkunft stolz zu seyn und andre Kinder deßwegen geringzuschätzen, weil sie dieser Vortheile entbehren müssen! Fern sey es von mir, mich meiner glücklichen Anlagen zu überheben, oder mich besser, als Andre in meinen Jahren zu dünken, weil ich sie etwa an Wissenschaft übertreffe! Denn ich gab mir ja meine Fähigkeiten nicht selbst, sondern verdanke sie deiner Güte. Es ist ja nicht mein Verdienst, daß ich Aeltern habe, die mir eine gute Erziehung geben und auf meine Bildung so viel verwenden können. Lieber will ich also meine Kräfte recht anstrengen und mir meine günstige Lage recht zu Nutze machen. Lieber will ich bedenken, daß viele Kinder, die bey weitem nicht so glücklich sind, als ich es bin, doch durch Fleiß und Anstrengung dasselbe leisten.

Höre ich in der Religion die Mäßigkeit jeder Art empfehlen; o so will ich mich dieser Tugend schon itzt befleißigen, damit keine heftige Begierde mein Herz einnehme und mich zur Sclavin mache. Ich will den Zorn und die Rachbegierde fliehen, die jedem Menschen und besonders dem Kinde so übel anstehen, und die vorzüglich mein Geschlecht so sehr erniedrigen. Ich will vielmehr sanftmüthig und versöhnlich seyn und jedem gern verzeihen, wie auch ich von Andern, und von dir, meinem Vater Verzeihung hoffe. Ich will mich vor aller Ausschweifung im Genusse des sinnlichen Vergnügens, vor wilder, ausgelassener Lustbarkeit, vor unanständigen Spielen und Zerstreuungen, vor leichtsinnigen Reden und Urtheilen, vor gewagten und gefährlichen Schritten hüten. Ich will mein Herz dem Neide und jeder niedrigen, jeder stürmischen Leidenschaft sorgfältig verschließen, damit meine Denkart und Gesinnung nicht auf immer dadurch vergiftet werde.

Dieß, o Gott, ist mein fester, aufrichtiger Entschluß, und so fromm und tugendhaft wünsche ich zu werden. Aber du siehst auf die That; und darum Heil mir, wenn ich meinen rühmlichen Vorsatz standhaft ausführe.

6.

Gewöhnung zur Arbeitsamkeit und zur Ordnung in Geschäften.

Gott, alles ermuntert den Menschen zur Arbeitsamkeit; alles heißt ihn das unverdrossen thun, was du ihm aufgetragen hast. Jeder Stand hat seine besondern Geschäfte; und jedes Geschäft, sey es groß oder gering, will mit Fleiß und Aufmerksamkeit verrichtet seyn. Kein Mensch, auch nicht der Reichste und Vornehmste ist zum Müssiggange geboren; und wer sich der Trägheit ergiebt, der erniedrigt sich selbst und macht sich der edelsten Vorzüge seiner Natur verlustig.

Auch uns Kindern, o Gott, hast du gewisse Verrichtungen aufgetragen, und mithin ist es dein Wille, daß ich mich schon frühe zur Arbeitsamkeit gewöhnen soll. Mögen meine Geschäfte immerhin nur klein und unbedeutend seyn; für mich sind sie groß und wichtig, weil sie meinen Kräften entsprechen und mir in meiner Lage Vortheil bringen. Ich muß demnach die leichtern Arbeiten, welche mir itzt obliegen, mit Sorgfalt und Aemsigkeit verrichten.

Ich muß ihren Werth nicht nach dem beurtheilen, was ich durch sie außer mir hervorbringe, sondern nach dem, was ich für mich selbst dadurch gewinne.

Und dieser Gewinn ist in jeder Betrachtung groß. Ich lerne auf diese Weise meine Gedanken sammeln und meine Aufmerksamkeit festhalten. Ich lerne nachdenken, Ueberlegungen anstellen und die Dinge um mich herum von mehr als einer Seite betrachten. Ich befreye mich dadurch von der so drückenden und lästigen langen Weile, die jeden plagt, der mit seiner Zeit und mit seinen Kräften nichts anzufangen weiß. Ich verhüte dadurch Thorheiten und Fehler, worein ich verfallen würde, wenn ich unbeschäftigt wäre. Ich finde das sicherste Mittel wider den Leichtsinn darin, bekomme Geschmack an ernsthaften Gegenständen, höre früher auf, Kind zu seyn und entwöhne mich von Spielwerken, die ich sonst noch lange beybehalten würde. Ich kann mir bey eigener Thätigkeit eine Vorstellung davon machen, wie sauer es sich die meisten Menschen in ihrem Stande und bey ihrer viel beschwerlichern Lebensart müssen werden lassen, und fühle mich verbunden, diejenigen, welche die niedrigsten Geschäfte für mich und Andere verrichten und unser Vergnügen befördern, dankbar zu ehren. Ich bin bey immer regem Fleiße weit weniger den Gefahren der Verführung ausgesetzt und übe mich, schon selbst indem ich arbeite, in der Tugend.

Du hast mich für das häusliche Leben bestimmt, und dieser Beruf fordert mich noch dringender zur Arbeitsamkeit auf. Denn welchen unermüdeten Fleiß, welche geduldige Beharrlichkeit verlangen nicht unsre weiblichen Geschäfte! Und ich kann mich itzt nicht an Trägheit und Müssiggang gewöhnen, ohne mich an Geist und Körper zu verzärteln, und ohne mir für die Zukunft, wo meine Geschäfte immer vielfacher und schwerer werden, unendlich dadurch zu schaden. Nein, ich fühle Kräfte, und will sie zu der Absicht gebrauchen, wozu du mir dieselben verliehen hast. Ich will sie fleißig üben und durch Uebung immer mehr verstärken. Ich will meinen Aeltern und Freunden hülfreiche Hand leisten, ihre Mühe theilen, und was ich leisten kann, gern auf mich nehmen. Denn welche Schande für mich, wenn ich mich erst durch Zwang oder Strafe zu dem antreiben ließe, wozu mich schon Natur und Vernunft auffordern!

O wie leicht und angenehm ist es, sich mit nützlichen Dingen zu beschäftigen, wenn man es auf die rechte Art thut! Wie leicht und angenehm werden mir meine Arbeiten, wenn ich sie in der gehörigen Ordnung verrichte! Ja, Ordnung ist die Seele der Thätigkeit und erleichtert uns dieselbe ungemein. Auf sie kommt es vorzüglich an, ob unsre Unternehmungen glücklich von statten gehen. Und sie ist Pflicht und Vorrecht des vernünftigen Menschen, der überlegen, urtheilen, beschließen, wählen kann und alles mit Verstand thun soll. Wo hingegen Unordnung herrscht, da herrschen auch Widerspruch und Verwirrung; da trifft man allenthalben Hindernisse an, und die leichtesten Geschäfte werden ohne Noth erschwert; da beginnt man Vieles, ohne es zu vollenden, und läßt überall Lücken, die den Gang der Geschäfte unterbrechen.

Viel ist also daran gelegen, daß ich alles mit Ordnung, alles zur rechten Zeit und am rechten Orte thue. Und viel kommt darauf an, daß ich diese unentbehrliche Tugend, die in einem vorzüglich hohen Grade von meinem Geschlechte gefordert wird, so bald als möglich lerne, und mich schon itzt daran gewöhne, wo meine Geschäfte noch leicht zu übersehen sind. Denn welche Vortheile würde mir das gewähren! Welchen glücklichen Einfluß würde es selbst auf die Bildung meines sittlichen Charakters haben! Wie gewiß würde es auch in meine Gesinnungen, Neigungen, Wünsche und Absichten Ordnung und Uebereinstimmung bringen! Welche Stärke würde es meiner Seele und meinen guten Entschließungen geben! Wie viel geschickter mich machen, in allen Dingen einen höhern Grad der Vollkommenheit zu erreichen!

Ja, o Gott, wie du unaufhörlich zum Besten aller deiner Geschöpfe thätig bist, so hast du auch uns Menschen zur Thätigkeit geschaffen. Wie du die Ordnung liebest, so müssen auch wir dieselbe lieben, um dir ähnlich zu werden. Und so soll denn wohlgeordneter Fleiß mein Leben verschönern und itzt und künftig meine Tage beglücken!

7.

Bey der Krankheit des Vaters oder der Mutter.

Gesundheit und Leben sind dein Geschenk, o Gott; du giebst und du erhältst sie uns. Aber auch Krankheit und Tod kommen von dir, ohne dessen Willen nichts geschieht. Dieß allein kann mich gegenwärtig beruhigen; diese trostvolle Ueberzeugung ist es, die mich am Krankenbette meines geliebten Vaters (meiner geliebten Mutter) unterstützen muß.

Ich weiß, o Gott, daß du meinen Schmerz und die Thräne des Kummers, welche ich weine, nicht mißbilligst. Denn wie leichtsinnig und undankbar müßte ich seyn, wenn ich eine Person, die mir das Leben gab, die mir so werth und theuer seyn muß und die schon so viel für mich gethan hat, wenn ich den besten Vater (die beste Mutter) ungerührt krank und in Gefahr sehen könnte! Nein, ich leide bey diesem traurigen Anblicke mehr, als ich noch je gelitten habe; und der Gedanke, wie viel mir itzt der Tod entreißen kann und vielleicht wirklich entreißen wird, verwundet mein Innerstes. Ja, ich fühle es tief, wie groß der Verlust für mich seyn müßte, wenn ich mich von diesem guten Vater (von dieser guten Mutter) getrennt sehen sollte. Kein anderer Mensch würde mir das ersetzen können. Kein Wohlwollen und keine Freundschaft ist so stark und ausdauernd, als die älterliche Liebe. Niemand ist der Geduld und Sanftmuth gegen ein so oft irrendes und fehlendes Kind fähig, welche Aeltern gegen dasselbe an den Tag legen. Und in wessen Umgange finde ich die Zärtlichkeit und Nachsicht, die Güte und Freundlichkeit wieder, die mir den Umgang mit einem Vater und einer Mutter so angenehm und lehrreich machen?

Ist es demnach deinem heiligen Willen gemäß, o Gott; kann es mit den Absichten deiner höchsten Weisheit und Güte bestehen: o so erhalte mir den besten Vater (die beste Mutter) und schenke mir ihn (sie) aufs neue! Wie froh und zufrieden bin ich bisher an dieser liebevollen Hand durch das Leben gegangen! Wie sicher hat sie mich geleitet! Von wie vielen Abwegen und Gefahren mich zurückgezogen! Wie sanft und treu mich der Tugend zugeführt! Wie viel Gutes habe ich aus dem holden Munde vernommen, der sich vielleicht bald auf immer schließen wird! Welche heilsame Lehren hat er mir ertheilt! Wie überzeugend mir die Schönheit der Tugend dargestellt! Wie eindringend mir die Schändlichkeit und die fürchterlichen Folgen des Lasters geschildert! Ja, ist es deinem heiligen Willen gemäß, so erhalte mir das Glück, an einer so treuen Hand meine jugendliche Laufbahn zu vollenden und von dem mir so theuern Munde noch ferner unterrichtet zu werden!

Aber freylich weiß ich auch, daß deine Gedanken nicht unsre Gedanken und unsre Wege nicht deine Wege sind. Du siehst und beurtheilest alles so, wie es ist; dir stellen sich alle Folgen der Dinge in ihrem wahren Zusammenhange dar; du erblickst in dem gegenwärtigen Schmerze die Quelle künftiger Freuden, in dem Uebel, welches uns drückt, fruchtbare Keime des Guten, in dem Verluste, welcher uns schreckt, den daraus zu erwartenden Gewinn. Das Auge des Menschen hingegen sieht nur das, was in der Nähe liegt; die Zukunft ist uns verborgen, und der scharfsinnigste Verstand begreift nicht, wie das Kommende in dem Vergangenen und Gegenwärtigen gegründet ist. Und ich o Gott, ich vermag es am allerwenigsten, in deinen weisen Plan einzudringen und die wunderbaren Wege zu erforschen, worauf du mich meiner Vervollkommnung entgegenführen willst. Aber daß alle deine Wege gut und heilsam sind, wie rauh und unangenehm sie mir immer vorkommen mögen; daß du deiner Absichten nie verfehlen kannst, weil du der Allweise bist; daß du alle Menschen väterlich liebest und nur ihr Bestes willst; daß deine Fürsorge auch mich umfaßt, und daß ich unter deiner Aufsicht ohne meine Schuld nicht elend werden kann: das weiß und glaube ich zuversichtlich; und daran will ich mich halten; damit will ich mich itzt trösten und aufrichten, wenn es dir gefallen sollte, das Leiden, welches mir droht, wirklich über mich zu verhängen.

Auch weiß ich ja wohl, daß mein Gebet deinen Plan nicht ändert und daß alles, was geschieht, nach ewigen, unwandelbaren Gesetzen erfolgt. Ich denke auch nicht so klein von dir, mir einzubilden, daß ich dich erst durch mein Bitten und Flehen zur

Barmherzigkeit erweichen müßte. Nein, du bist die Liebe selbst, und wirst auch ohne mein Gebet das thun und veranstalten, was das Heilsamste für mich ist. Aber ich trage dir meine kindlichen Wünsche vor, um mich an meine Abhängigkeit von dir zu erinnern und mir die große Wahrheit zu vergegenwärtigen, daß du alle unsre Schicksale anordnest; daß ohne deinen Willen und ohne deine Zulassung nichts geschieht; daß Glück und Unglück allein von dir kommt, und Gesundheit und Krankheit, Leben und Tod in deiner Hand steht.

Ja, so erwartungsvoll ich dem Tage entgegensehe, der mir den besten Vater (die beste Mutter) aufs neue schenken soll; so ernstlich muß ich mich auch auf die Stunde vorbereiten, die mir ihn (sie) durch den Tod entreißen kann. Ich unterwerfe mich also dir, meinem Oberherrn und erwarte getrost, was du über mich beschlossen hast. Ich nehme in Demuth an, was du mir zuschickst. Ich bin überzeugt, daß du ein so fest geknüpftes Band nicht auflösen wirst, wenn nicht überwiegende Vortheile die Trennung nöthig machen. Ich beruhige mich in dem Glauben, daß du deinem Kinde seinen besten Freund und Führer nicht entziehst, wenn es nicht höhere Absichten verlangen. Ich vertraue deiner Vorsehung, die alles ohne Ausnahme wohl macht, und hoffe auf deine Fürsorge, die keinen verläßt. Du kannst und wirst auch mich nicht verlassen, sondern Mittel und Wege wissen, wo kein Mensch rathen kann, und da Licht schaffen, wo mich itzt Nacht und Finsterniß umgiebt.

Und so bist und bleibst du meine Zuversicht; so lasse ich dich walten und spreche: es geschehe dein Wille!

8.

Bey der Wiedergenesung des Vaters oder der Mutter.

Gott, mein Herz ist von Dank und Freude durchdrungen, und ich empfinde, was ich nicht auszudrücken vermag; ich fühle mich glücklicher, als ich mich je gefühlt habe. Du hast meinen heißesten Wunsch erfüllt; du hast mich mit meinem lieben Vater (mit meiner lieben Mutter) wieder vereinigt; die Gefahr, die über seinem (ihrem) Haupte schwebte, ist vorüber. Wie kann ich dir für diese Wohlthat genugsam danken? Welche menschliche Sprache ist überhaupt stark und reich genug, um deine Güte würdig zu erheben? Und wie könnte insbesondere ich bey meinen geringen Fähigkeiten im Stande seyn, dir das gebührende Lob zu ertheilen? — Aber du siehst auch nicht auf Worte, sondern auf das Herz; und darum will ich dir durch meine Gesinnungen und Handlungen, durch Gehorsam und Liebe danken. Ich will dir dadurch danken, daß ich die Größe des mir von dir erzeigten Guten erkenne, daß ich über deine Absichten dabey nachdenke und den Gebrauch davon mache, der deinem Willen gemäß ist.

Ja, aus diesem Vorfalle will ich die Weisheit und Güte deiner Anstalten bewundern lernen, die auch in dem Verhältnisse zwischen Aeltern und Kindern so sichtbar sind. Denn ich hatte die Stärke der kindlichen Liebe noch nie so sehr gefühlt, ich kannte das unschätzbare Geschenk, welches du mir in meinen Aeltern gemacht hast, noch nie so ganz, als itzt, wo ich in Gefahr war, einen Vater (eine Mutter) zu verlieren. Es waren bange, schmerzliche Empfindungen, die während der Krankheit mein Herz zerrissen; und an diese Empfindungen will ich mich erinnern, wenn mich jugendlicher Leichtsinn etwas unternehmen heißt, das mit der Liebe zu meinen Aeltern nicht bestehen kann; die zärtlichen Gesinnungen, die ich am Krankenbette äußerte, sollen mich in Zukunft stets beseelen und mein Verhalten bestimmen.

Ganz will ich mich von nun an der Leitung dieses Vaters (dieser Mutter) überlassen, weil ich itzt deutlich einsehe, wie viel an einem so guten Führer gelegen ist. Gewissenhaft will ich die Belehrungen und Zurechtweisungen, die Warnungen und Ermahnungen beherzigen, welche ich von ihm (ihr) erhalte. Sorgfältig will ich jeden bedeutungsvollen Wink von ihm (von ihr) benutzen und mich jeder Gelegenheit freuen, wo ich Gebrauch davon machen kann. Ich will nichts Wichtiges beschließen, ohne zuvor den Rath meiner Aeltern gehört zu haben, und mich für glücklich halten, daß ich Vertraute in ihnen finde, denen ich meine geheimsten Wünsche und Absichten unbesorgt mittheilen darf.

Und uneingeschränkt soll nun der Gehorsam seyn,

womit ich mich meinen Aeltern unterwerfe. Durch Liebe und Zärtlichkeit soll sich mein Verhalten gegen dieselben immer auszeichnen. Meine heiligste Pflicht soll es bleiben, mich vorsichtig vor allem dem zu hüten, was ihnen Verdruß und Kummer machen, was ihrer Gesundheit und ihrem Leben auf irgend eine Art nachtheilig werden kann. Trägt doch meine Folgsamkeit so viel dazu bey, ihre Tage zu verschönern. Und welche Vorwürfe kann ich mir dadurch ersparen! Wie peinigend muß der Gedanke für ein Kind seyn: ich habe durch Widersetzlichkeit und schlechte Aufführung den Tod meiner Aeltern befördert, und sie würden vielleicht noch leben, wenn ich ihnen weniger Kränkungen verursacht hätte! Möge dieses traurige Loos mich nie treffen! Möge keine zu späte und fruchtlose Reue dieser Art mein Gewissen belasten!

Und möge ich von nun an nie an deiner Fürsorge verzweifeln, mein gütigster Gott und Vater, da du mir itzt einen neuen überzeugenden Beweis davon gegeben hast! Nein, du erhörst meine Wünsche, wenn sie nicht mit deiner höchsten Weisheit und Güte und mit meinem wahren Wohl streiten; und dieß muß mein Vertrauen auf dich stärken, meinen Muth beleben und mich Ergebung in deinen Willen lehren. Ja, du bist ein Gott, der da hilft, und ein Herr, der selbst vom Tode zu erretten vermag. Wohlthun ist deine Lust, und deine Geschöpfe beglücken, ist deine Seligkeit. Von dir kann ich Gutes und Böses getrost annehmen, weil du auch dann, wenn du schlägst und betrübest, nur aus Liebe handelst und weder mich, noch irgend ein anderes empfindendes Wesen ohne heilsame Absichten leiden lässest.

Wohlthätig hat demnach der gegenwärtige traurige Vorfall schon itzt auf mich gewirkt; und wohlthätig soll sein Andenken für mein ganzes künftiges Leben seyn. Er soll mich in der Liebe zu meinen Aeltern stärken, im Glauben an deine Vorsehung befestigen und zu einem frommen, religiösen Sinne ermuntern.

9.

Bey dem Tode des Vaters oder der Mutter.

Hart, o Gott, ist der Schlag, welcher mich trifft; tief bin ich gebeugt und schmerzhaft ist mein Herz verwundet. Es ist geschehen, was ich gefürchtet habe; er (sie) ist nicht mehr! Und wie viel habe ich dadurch verloren! Welcher treue Freund und Führer auf dem Wege des Lebens ist mir durch den Tod entrissen! Welche reiche Quelle der Freude ist nun für mich versiegt, und welche trübe Aussichten haben sich mir für die Zukunft geöffnet! Und doch, o Gott, doch sind alle meine Klagen vergebens; doch darf ich mich meinen traurigen Empfindungen nicht so ganz überlassen und ihnen nicht immer nachhängen; doch muß ich wieder zum Bewußtseyn meiner selbst kommen, wenn ich das Uebel nicht immer mehr verschlimmern will.

Denn du hast es gethan, o Gott, du, mein und aller deiner Geschöpfe Vater; und in diesem Gedanken liegt Trost für mein verwundetes Herz, wenn ich mich fest an ihn halte. Du hast es gethan, der du alles wohl machest, von dessen Weisheit und Güte Himmel und Erde zeugen, und der du die Liebe selbst bist. Und diese große Wahrheit darf ich auch itzt nicht bezweifeln; dich, meinen Wohlthäter darf ich auch in den Tagen des Kummers nicht kleinmüthig und undankbar verleugnen.

Nein, sehe ich auf die verflossenen Jahre meines Lebens zurück; erinnere ich mich an die zahllosen Beweise deiner Huld und Gnade; vergesse ich nicht, was du mir sonst gewesen bist und an mir gethan hast; so kann ich der Zukunft wegen nicht hoffnungslos seyn. Zwar scheint mir das, was ich itzt erfahre, hart und drückend; aber du wirst mir nicht mehr auflegen, als ich tragen kann; wirst mich nicht über Vermögen versucht werden lassen, und ich würde dich ganz verkennen, wenn ich dieß fürchtete. Weiß ich doch, daß deine Wege immer zum Ziele führen, wie rauh und beschwerlich sie mir auch vorkommen, und daß deine wohlthätigen Absichten immer erreicht werden, wenn ich sie gleich nur selten entdecken kann. Habe ich doch gelernt, daß jedes Leiden, welches uns trifft, heilsame Früchte bringt, wenn diese auch erst nach Jahren, erst in der Ewigkeit für uns reifen. Und so glaube ich mit Zuversicht, daß auch dieser mein Glück und meine Ruhe störende Todesfall früher oder später gute Folgen für mich haben wird.

Fern sey es jedoch von mir, daraus zu schließen, daß mich der Verlust eines so guten Vaters (einer so guten Mutter) nicht tief rühren, oder daß ich sein (ihr) Andenken nicht in meiner Brust erhalten müsse! O dieses soll mir stets heilig und unvergeßlich seyn. Nichts soll die guten Lehren, die liebreichen Warnungen und Ermahnungen aus meinem Herzen vertilgen, die ich aus dem Munde einer mir so theuern Person vernommen habe. Ich will mich selbst bey jeder Versuchung zum Bösen fragen: ist dieß dem Unterrichte und Beyspiele gemäß, die mir der (die) für mein Glück besorgte Vater (Mutter) gab? Würde er (sie) das billigen und gutheißen? Würde ich ihn (sie) nicht dadurch betrübt und beleidigt haben?

Kann ich nun dem (der) Verstorbenen meine Liebe und Dankbarkeit nicht mehr beweisen, so will ich meinem noch lebenden Vater (meiner noch lebenden Mutter) mit desto größerem Eifer ergeben seyn. Ich will den wärmsten Antheil an seinem (ihrem) Kummer nehmen, und ihm (ihr) durch mein Verhalten desto mehr Freude zu machen suchen, da er (sie) einen so vorzüglichen Gegenstand des Vergnügens verloren hat. Ich will nach meinen Kräften alles dazu beytragen, was ihm (ihr) den erlittenen herben Verlust nur einigermaßen ersetzen kann.

Ja, das wird der beste Trost und die gewisseste Beruhigung für mich seyn; dadurch werde ich es am sichersten verhüten, daß ich nicht in übermäßige

Traurigkeit und Schwermuth versinke. Und habe ich nicht den mächtigen Beystand der Religion, nicht Glauben und Hoffnung? Giebt es nicht noch ein anderes und besseres Leben, als dieses gegenwärtige ist? Werden sich einst nicht alle gute Menschen wieder vereinigen? Werde ich nicht auch dann meinen Vater (meine Mutter) wieder finden? O ich will tugendhaft seyn, um künftig einmahl mit ihm, (ihr,) der (die) so edel war, Gemeinschaft haben zu können.

Und hier, an diesem Grabe will ich die Hinfälligkeit aller irdischen Dinge bedenken; denn so jung ich bin, so bald kann ich doch eine Beute des Todes werden; und mag dieser Zeitpunkt itzt noch weit entfernt seyn, er kommt dereinst gewiß. Hier, an diesem Grabe will ich dem Stolze und der Eitelkeit, der Pracht- und Zerstreuungssucht entsagen; hier will ich das würdigen lernen, was mir nicht in jenes Leben folgt, was ich hier zurücklassen muß, was mir den Abschied von der Erde und die letzten Lebensstunden nur erschweren kann. Hier, an diesem Grabe will ich der Tugend huldigen; und der Erdhügel, der die mir so theuern Gebeine deckt, soll Zeuge meines feyerlichen Versprechens seyn.

Und du, o Gott, schenke mir Trost und Beystand, und stärke mein Herz, daß ich mich allen willig unterwerfe, was mich dein heiliger Wille thun und dulden heißt!

10.

Das ganz verwaisete Mädchen.

Gott, wie einsam und verlassen würde ich mich fühlen, wenn ich dich nicht hätte! Denn zu wem kann ich meine Zuflucht nehmen, als zu dir, der du verheißen hast, dich der Waisen zu erbarmen und ihr Versorger zu seyn? Ja, mein Vater und meine Mutter haben mich verlassen; aber du, o Gott, nimmst mich auf. Von allen, die mich beschützten, getrennt, sehe ich nun blos und allein auf dich und erwarte, was du zu meiner Hülfe und zu meinem Fortkommen in der Welt beschlossen hast. Denn noch nie hast du deine Hand von denen abgezogen, welche dich suchen; noch ist Keiner zu Schanden worden, der dein harret. Und darum setze ich mein unumschränktes Vertrauen auf deine Hülfe, fest überzeugt, daß ich in deiner Fürsorge und Vaterliebe alles wiederfinde, was ich verloren habe.

Und schon hast du mir gutgesinnte Menschen zugeführt, die sich meiner annehmen und Aelternstelle bey mir vertreten wollen. Es ist also gewiß kein Ohngefähr, daß ich in diese Umstände gekommen bin; es ist gewiß deinem weisen Plane und meinem Wohl gemäß, daß ich unter fremden Personen aufwachsen und gebildet werden soll. In dieser Absicht darf ich denn auch sicher hoffen, daß du die Herzen meiner Pflegeältern mit Liebe zu mir erfüllen und ihnen solche Gesinnungen gegen mich einflößen wirst, daß ich einen Vater und eine Mutter in ihnen verehren kann.

Doch es wird großentheils auf mich selbst ankommen, ob sie mir einen hohen Grad ihrer Gewogenheit schenken. Ich muß mich ganz als ihr Kind verhalten, wenn sie einigermaßen älterliche Zuneigung zu mir fühlen sollen. Möchte ich dieses immer und mit Freuden thun, und keine Gelegenheit dazu versäumen, und mich täglich bestreben, sie durch ein folgsames und dankbares Herz immer mehr an mich zu fesseln! Möchte ich jedoch nie vergessen, daß ich von ihnen, als von fremden Personen nicht die völlige Anhänglichkeit an mich und nicht die großen Aufopferungen erwarten darf, deren nur Aeltern fähig sind, bey welchen die Bande des Bluts und der Natur wirken! Nein, ich will nie mehr von ihnen fordern, als ich in meiner Lage billig verlangen kann; aber ich will gern alles und noch mehr für sie thun, als ich für einen Vater und eine Mutter zu thun nöthig hätte.

Ueberhaupt darf ich mich in meinen Umständen weniger auf andere Menschen verlassen. Ich muß mich bey Zeiten von der Nothwendigkeit überzeugen, in mir selbst und in den Kräften, welche du mir verliehen hast, die Mittel zur Befriedigung meiner Bedürfnisse zu finden. Da ich keine Aeltern habe, die für mich erwerben und sammeln, so ist es dein Wille, daß ich mich frühzeitig zur Arbeitsamkeit gewöhnen soll; so ist es offenbar Pflicht für mich, recht viel Nützliches zu lernen und mich in häuslichen Geschäften anhaltend zu üben, um einst im Stande zu seyn, selbst für meinen Unterhalt zu sorgen. Denn dieß war gewiß eine der Absichten, warum du mich zur vater- und mutterlosen Waise machtest. Vielleicht würde ich durch Ueberfluß träge und unthätig geworden seyn. Vielleicht würde ich die Nachsicht meiner Aeltern gemißbraucht und meinen Geist und Körper durch Weichlichkeit verzärtelt haben. Vielleicht hätten sich Stolz und Selbstsucht meines jungen Herzens bemächtigt und mich von dem Pfade der Pflicht abgeführt. Vielleicht wäre ich unverträglich, trotzig, herrschsüchtig, unbiegsam und dadurch früher oder später unglücklich geworden, wenn ich nicht bey der größern Abhängigkeit, worin ich mich nun befinde, meine Neigung dazu gewaltsam unterdrücken mußte.

So wenig ich itzt genau bestimmen kann, welcher von diesen Fällen wirklich für mich eingetreten seyn würde; so gewiß ist es Pflicht für mich, daß ich mich sorgfältig vor allen den Fehlern hüte, vor welchen du mich durch meine gegenwärtige Lage warnen willst. Denn wie übel würden mich Prachtliebe und Hochmuth kleiden! Wie thöricht würde ich handeln, wenn ich mich der Zerstreuungssucht und dem Hange zur Bequemlichkeit überlassen wollte! Wie strafbar würden mich in meinen Umständen Eitelkeit und Modesucht machen, die Niemanden und am wenigsten mir geziemen! Wie sehr würde ich mir selbst schaden, wenn ich mir alles das erlaubte, was sich Andere in ihren günstigern Verhältnissen erlauben! Wie verächtlich würde ich in den Augen der Vernünftigen seyn, wenn ich den Mangel an Glücksgütern durch Thorheiten und unanständige Mittel zu ersetzen suchte!

Nein, o Gott, du hast mir die deutlichsten Winke in Absicht auf mein Loos gegeben. Du hast mich recht eigentlich in eine Schule der Demuth, der Genügsamkeit, der Sparsamkeit, des Fleißes und aller weiblichen Tugenden geführt. Hier kann ich verständig und gut werden. Hier habe ich auch die beste Gelegenheit, Theilnahme an den Schicksalen Anderer und Mitleid bey fremder Noth zu lernen. — O daß ich deine väterliche Absicht nicht verkennen, sondern mir alles das Gute aneignen möchte, was du mir in meinen Verhältnissen darbietest! Daß ich mich einer recht christlichen Denkart befleißigte und deines Beyfalls dadurch versicherte! Dann würde es mir nie an Ruhe und Zufriedenheit fehlen. Dann würde ich die wunderbaren Wege deiner Vorsehung ehrfurchtsvoll anbeten und frohen Herzens mit dem heiligen Dichter sagen: der Herr legt uns zwar eine Last auf; aber er hilft uns auch.

II.

Die Macht und der Einfluß böser Beyspiele.

Alle deine Werke, o Gott, sind Weisheit und Güte; und wohlthätig ist auch ganz gewiß die Einrichtung unsrer Natur, die uns geneigt macht, alles das zu billigen und zu begehren, wovon wir sehen, daß es von vielen Andern gesucht und geschätzt wird. Und diese Macht der Gewohnheit wirkt am stärksten auf jugendliche Herzen. Je weniger Uebung ich noch im eigenen Nachdenken habe; je geringer und unvollständiger noch meine Einsichten sind; je beschränkter der Kreis meiner Erfahrungen ist: desto mehr bin ich geneigt, das für gut und schön zu halten, was von andern, besonders von ältern und angesehenen Personen dafür erklärt wird. — Und dadurch kann ich freylich auch leicht das Böse billigen; dadurch kann ich in Gefahr kommen, auch schlechten Beyspielen zu folgen und zum Laster verleitet zu werden. Ja, es ist nur zu gewiß, daß die meisten lasterhaften Menschen schon in ihren jungen Jahren und auf diese Art der Verführung unterliegen. Denn es giebt wohl nur wenige, die so ganz schwach am Verstande sind, daß sie ihre Pflichten nicht erlernen und die Verbindlichkeit dazu nicht begreifen könnten; nur wenige, die gar keinen Unterricht in der Religion genössen und in Absicht der Tugend ganz unwissend blieben. Aber wie viele mag es nicht geben, die bey den besten Kenntnissen doch lasterhaft handeln, weil sie keine Beyspiele sahen, wornach sie sich bilden konnten, und durch die verkehrte Denkart ihrer Gesellschafter zu schlechten Gesinnungen verleitet wurden!

Ich habe also Vorsicht und Behutsamkeit im Umgange mit Andern nöthig. Ich muß da sorgfältig über mich wachen, daß ich unter Leichtsinnigen nicht selbst leichtsinnig werde. Ich kann mit dem größten Fleiße im Christenthume unterrichtet seyn und von meinen Aeltern und Lehrern ernstlich zur Tugend ermuntert werden, und doch dem Laster huldigen, weil ich es oft ausüben sehe, weil ich dadurch gleichgültig gegen dasselbe werde, weil ich mich endlich an schändliche Reden und Handlungen so sehr gewöhne, daß sie mir nicht mehr auffallen. Ich kann vielleicht in der Einsamkeit oder in Gegenwart guter Menschen noch den Antrieben meiner bessern Natur folgen und Achtung für meine Pflicht fühlen; aber haben erst böse Beyspiele ihre verderbliche Wirkung auf mich gethan, so werden sie auch gewiß, wenigstens in Gesellschaft derer, welche mir dieselben geben, ihren Einfluß auf mich äußern.

Und wie groß ist nicht die Macht des Beyspiels bey mir und meinem Geschlechte! Wie gern ahmen wir nicht gemeiniglich die Thorheiten nach, die wir bewundert sehen! Wie herrschend sind nicht gewisse Fehler und Vorurtheile unter uns, die sich immer weiter fortpflanzen! Wie sehr wird nicht unser

Nachahmungstrieb durch die falsche Schaam und durch übelverstandenen Ehrgeitz mißgeleitet! Wie viel Sinnloses und Schlechtes läßt uns nicht die Mode vernünftig und schön finden! In welcher reitzenden Gestalt erscheint uns da oft das Laster und beschleicht uns, ehe wir es für das halten lernen, was es ist! Da werden wir zur Eitelkeit, zum Stolze, zur Verschwendung, zur Zerstreuungssucht, zum Neide, zur Falschheit, zur Verstellung geneigt, ohne daß wir es selbst merken und uns die geringste Mühe geben, ihnen entgegen zu arbeiten. Da denken, wünschen, urtheilen, handeln wir, wie die Uebrigen, ob wir schon bey unsern Einsichten wissen könnten und oft wirklich wissen, daß wir vernünftiger denken, etwas ganz anderes wünschen, nach richtigern Grundsätzen urtheilen und besser handeln sollten.

Ich habe demnach gegründete Ursache, mich besonders in den Jahren, worin ich gegenwärtig stehe, gegen den Eindruck verführerischer Beyspiele zu waffnen, und mir oft die wichtige Wahrheit zu wiederholen, daß das Böse darum, weil es häufig begangen und von Vielen entschuldigt wird, nicht aufhört, strafbar zu seyn. Ich habe Ursache, mich an gute Beyspiele zu halten, um mir die Ausübung meiner Pflichten dadurch zu erleichtern, um mich von der Schönheit und Ehrwürdigkeit der Tugend zu überzeugen, um etwas zu haben, was ich den Lokkungen des gepriesenen Lasters mit Erfolg entgegensetzen kann. Und in dieser Absicht will ich besonders in der Wahl meiner Jugendfreundinnen behutsam seyn. Ich will mir nur diejenigen zum Muster nehmen, welche es verdienen, und dann mein ganzes Bestreben darauf richten, ihnen ähnlich zu werden, und mich oft unpartheyisch mit ihnen vergleichen, um mir nicht besser zu scheinen, als ich bin.

Ja, o Gott, ich bin entschlossen, meinen Weg unsträflich zu wandeln, und will diesem Entschlusse dadurch Festigkeit und Stärke geben, daß ich mich an dein Wort halte.

12.

Das kränkelnde und schwächliche Mädchen.

Gott, du hast uns vielerley und sehr verschiedene Quellen der Freude geöffnet, und wem einige derselben unzugänglich sind, der kann aus den übrigen schöpfen. Niemand ist ohne seine Schuld ganz unfähig, Vergnügen zu genießen; so wie Keiner alles das vereinigt besitzt, was mit großer Weisheit unter Alle von dir vertheilt ist. — Möchte ich in meinen Umständen das Gewicht dieser Wahrheit fühlen und mich mit derselben beruhigen! Möchte ich den Mangel der Gesundheit so ertragen, daß er mir nicht noch weit höhere Vorzüge raubte! Freylich ist das Gefühl eines schwächlichen Körpers ein unangenehmes und schmerzhaftes Gefühl; freylich fallen mir nun viele Dinge äußerst schwer, die Andern leicht werden; freylich kann ich in mancher Hinsicht weniger Gutes thun und genießen, als diejenigen, welche sich einer dauerhaften Gesundheit erfreuen: aber ich bin darum noch nicht elend, und selbst dieser empfindliche Körper gewährt mir den Vortheil, daß er mir zu Eigenschaften verhilft, die ich mir ohne ihn nicht so leicht erwerben würde.

Und bleibt mir doch der Trost, daß ich meine Gesundheit nicht durch eigene Schuld zerrüttet habe. Denn nur wer sich diesen schrecklichen Vorwurf machen muß, nur wer seinen Körper durch Laster und Ausschweifungen entkräftet, hat sein trauriges Schicksal als Strafe zu betrachten. Wohl mir daher, daß ich nur am Körper, und nicht zugleich an der Seele leide! Wohl mir, daß ich auch in diesem Stücke alles, was ich erdulde oder entbehre, deine Schickung nennen kann! Wohl mir, daß es mir gelungen ist, mich deinem Willen zu unterwerfen und in deiner Anordnung meine Zufriedenheit zu finden! Und bey dieser Denkart und Gesinnung will ich beharren und dir auch fernerhin vertrauen. Ich will mich durch stille Gelassenheit täglich mehr davon überzeugen, daß der Mensch Stärke genug besitzt, unverdiente Leiden, welche du selbst ihm auflegst, standhaft zu ertragen.

Oder wie kann es mir an dieser Stärke und Standhaftigkeit fehlen, wenn ich die Religion zu Hülfe nehme und mich an den Ausspruch des christlichen Apostels erinnere, daß denen, die dich lieben, alle Dinge zum Besten dienen müssen? Wie sollte ich meinen Zustand nicht erträglich finden, wenn ich aus Erfahrung einsehe, daß er mir hinwiederum, deinen weisen Absichten gemäß, beträchtliche Vortheile bringt? Wie leicht kann ich dann an geistiger und sittlicher Vollkommenheit mehr gewinnen, als ich in Absicht auf körperliche Vorzüge zu verlieren scheine!

Fern sey es also von mir, ein Leben, das ich aus deiner Hand empfangen habe, darum zu verachten, weil ich bisweilen mit schmerzhaften Empfindungen kämpfen muß! Denn schon die Freude, welche ich dann genieße, wenn ich mich auf kürzere oder längere Zeit gestärkt und munter fühle, und die nur mir in meinen Umständen eigen ist, schon diese Freude ist ein unschätzbares Gut, welches diejenigen nicht kennen, die bey dem ungestörten Besitze der Gesundheit gleichgültig gegen dieselbe werden. Nur muß ich freylich das, was ich entbehre, nicht zu hoch schätzen und laute, geräuschvolle Vergnügungen nicht für die einzigen halten. Nur darf ich freylich nicht an Lustbarkeiten Theil nehmen, deren Genuß ich durch schmerzhafte Nachempfindungen zu theuer bezahlen würde. Aber es bleiben mir ja Freuden genug übrig, welche unschädlich und mir angemessen sind. Kann ich doch in der schönen Natur alle meine Sinne und zugleich meinen Verstand und mein Herz ergötzen. Kann ich doch das Glück der Freundschaft und des vertrauten Umgangs mit tugendhaften Personen genießen. Kann ich doch Geschmack am Nachdenken über wichtige Gegenstände und an der Einsammlung nützlicher Kenntnisse finden. Und mit welchem hohen Entzücken ist nicht die Andacht verbunden, die mich durch die erhabensten Empfindungen beseligt, deren der Mensch fähig ist! Welche unerschöpfliche Quelle der Freude steht mir nicht im Wohlthun und in der Menschenliebe offen! und ist nicht die Tugend das wirksamste Mittel, um immer froh zu seyn und sich das Leben zu versüßen.

Ja, fern sey es von mir, durch heftige Leidenschaften und Begierden meinen Körper noch mehr zu schwächen und meine Gesundheit völlig zu untergraben! Denn Selbstbeherrschung und Enthaltsamkeit sind Pflicht für jeden, der sein Leben nicht selbst verkürzen will; aber ich insonderheit würde doppelt strafbar handeln, wenn ich mich stürmischen Neigungen irgend einer Art überlassen wollte. Ich muß vielmehr durch genaue Aufmerksamkeit auf die schlimmen Folgen solcher Dinge alles vermeiden lernen, was mir schädlich ist. Ich muß durch Gleichmüthigkeit, durch Seelenruhe, durch Genügsamkeit und frohen Sinn alles dazu beytragen, was zur Wiederherstellung meiner Gesundheit dienen kann, oder was sie doch wenigstens vor der gänzlichen Zerstörung bewahrt. Ich muß das zu entbehren wissen, was ich ohne Nachtheil nicht genießen darf, und mich nicht für unglücklich halten, daß dem also ist.

Und fern sey es von mir, den Wink zu verkennen, welchen du mir durch das Gefühl meiner körperlichen Schwäche geben willst; den Wink, daß ich wahrscheinlich früher, als Andere meine irdische Laufbahn vollenden werde! Nein, auch darin geschehe dein guter und heiliger Wille! Und mag die Zeit meines Aufenthalts auf dieser Erde nur kurz seyn; ich will mich auf diesen Fall vorbereiten. So zu denken und zu handeln, daß ich täglich vernünftiger und tugendhafter und der Beschäftigungen und Freuden jenes höhern Lebens immer fähiger werde; frühzeitig das Gute zu lieben und mir einen festen, entschiedenen Geschmack am Recht- und Wohlthun zu erwerben: dessen will ich mich mit Ernst und Eifer befleißigen. Gebietest du dann bald über mich, so war es offenbar dein Wille, daß ich nicht lange, sondern gut leben sollte. Verlängerst du meine Jahre, so will ich dir auch dafür danken und jeden Tag zu deinem Preise und zu meiner Vervollkommnung anwenden.

13.

Vorbereitungsgebet zur ersten Abendmahlsfeyer.

Durch deine Güte, o Gott, bin ich bis hieher gekommen; unter deinem Schutze habe ich den ersten Abschnitt meines Lebens, die Jahre der Kindheit zurückgelegt. O welch ein huldreicher Vater bist du gegen mich gewesen! Wie viel Gutes hast du mir seit meinem Eintritte ins Leben erwiesen! Mit welcher Schonung und Nachsicht hast du mich behandelt! Welche Gelegenheiten und Antriebe, verständig und rechtschaffen zu werden, hast du mir gegeben! Ja, jeder Tag war mit deinen Wohlthaten und Segnungen bezeichnet, und ich muß, von Dank und Liebe gegen dich durchdrungen, mir selbst zurufen: lobe den Herrn, meine Seele, und was in mir ist seinen heiligen Namen! Lobe den Herrn, meine Seele, und vergiß nicht, was er dir Gutes gethan hat! — Und Dank dir, o Gott, daß ich nun den Tag erlebt habe, welchem ich schon lange mit freudiger Erwartung entgegensah; den festlichen Tag, an dem ich zum ersten Mahle das heilige Abendmahl feyern werde! O möchte ich es würdig feyern und von den Empfindungen nnd Gesinnungen dabey beseelt seyn, welche eine so erhabene und bedeutungsvolle Handlung erfordert!

Ja, durch den Genuß des heiligen Abendmahls lege ich ein öffentliches Bekenntniß meines Christenthums ab. Ich bezeuge dadurch, daß ich mir den Inhalt der Religion Jesu bekannt gemacht und ihre Lehren wahr und glaubwürdig gefunden habe. Ich verspreche, daß ich diese Religion aus eigener Ueberzeugung annehmen und dabey verharren will. Ich mache mich anheischig, die Pflichten, welche sie mir auflegt, mein ganzes Leben hindurch treu und gewissenhaft zu erfüllen.

Durch den Genuß des heiligen Abendmahls begehe ich das feyerliche Andenken an Jesum, meinen Herrn und Erlöser; da erinnere ich mich an seine Wohlthaten und Verdienste, an seine vortrefflichen Lehren, an sein heiliges Leben, an seine großmüthige Menschenliebe, an seine reine, fleckenlose Tugend, an sein unschuldiges Leiden und an seinen heilbringenden Tod, an alles, was er zum Besten der Welt gethan und aufgeopfert hat. Da verpflichte ich mich zum Gehorsam gegen ihn, zur Beobachtung seiner Gebote und zur Nachahmung seines Beyspiels. Da erkläre ich, daß ich ihn als deinen Sohn und Gesandten, als meinen Heiland und Erlöser verehre, daß ich an ihn glaube und mich für immer seiner Leitung übergebe.

Durch den Genuß des heiligen Abendmahls erkenne ich alle Menschen für meine Brüder und Schwestern, nicht nur diejenigen, welche an dieser Handlung mit mir Theil nehmen, sondern alle ohne Ausnahme, zu welchem Volke und zu welcher Religionspartheyen sie auch gehören mögen, weil Jesus, dessen Gedächtniß ich begehe, ihrer aller Bruder und für sie alle gestorben ist. Hier verpflichte ich mich zur allgemeinsten und uneingeschränktesten Menschenliebe, indem ich gemeinschaftlich mit Andern von Einem Brodte esse und aus Einem Kelche trinke. Hier gelobe ich dir, dem Vater aller, sie alle als deine Kinder hochzuschätzen, ihnen allen Gutes zu wünschen, Gutes zu gönnen, und wo ich es vermag, Gutes zu thun, mich auch des Niedrigsten und Aermsten nicht zu schämen, mich ihrer Würde und Bestimmung, ihrer Aussichten und Hoffnungen zu freuen und immer menschlich und christlich gegen sie gesinnet zu seyn.

Wie wichtig ist also die Feyerlichkeit, welcher ich nun zum ersten Mahle beywohnen will! Wie bedeutungsvoll ist alles, was ich da thue und verspreche! Wie theuer und unverletzbar sind die Pflichten, welche ich da mir selbst auflege! O ich muß mit einem frommen, ehrerbietigen, von christlicher Freude durchdrungenen Gemüthe dabey erscheinen. Ich muß diese heilige Handlung so wenig mit zerstreuter Seele und mit leichtsinniger Gedankenlosigkeit, als mit abergläubiger, ängstlicher Furcht und mit peinlichen Empfindungen verrichten.

Nein, hier muß ich das Glück, eine Christin zu seyn und zu deinen vorzüglich begnadigten Menschen zu gehören, lebhaft fühlen. Hier darf ich mich ohne Bedenken der Freude überlassen, weil es die edelste und erhabenste ist, welche ich genießen kann. Es ist Freude über dich und deine weise

Güte, der du mich nach deinem Bilde geschaffen, mit den herrlichsten Anlagen und Fähigkeiten begabt und mir eine so hohe Bestimmung angewiesen hast. Es ist Freude darüber, daß ich dich als meinen Vater und als den Gott der Liebe kenne; daß ich von deinem heiligen Willen, von deinen huldreichen Gesinnungen gegen uns und von deinen wohlthätigen Absichten mit uns unterrichtet bin; daß ich mich in deiner allesumfassenden Vorsehung beruhigen und dir alle meine Schicksale getrost übergeben kann. Es ist Freude über Jesum, der die Welt erleuchtet und beseligt, die Menschen mit dir versöhnt, das Reich der Finsterniß zerstört und Leben und unvergängliches Wesen ans Licht gebracht hat durch sein Evangelium.

Ja, hier muß ich mich meiner Unsterblichkeit, meiner Hoffnung, meiner Verwandtschaft mit dem Himmel freuen. Denn Jesus, dessen Gedächtnißmahl ich begehe, lebt in Ewigkeit; und ich feyere nicht blos seinen heilbringenden Tod, sondern auch das wohlthätige Andenken an seine Auferstehung; ich erinnere mich zwar an sein unschuldiges Leiden, aber auch daran, daß du ihn, der sich erniedrigte, erhöhet und ihm einen Namen gegeben hast, der über alle Namen ist. Ja, Jesus lebt, und mit ihm sollen auch wir leben; das hast du uns durch ihn verheißen, und das heilige Abendmahl wiederholt und versinnlicht mir diese Verheißung. Jesus lebt im Himmel; und dort ist auch mein Bürgerrecht und das Ziel meiner Bestimmung; dort wird auch mir ein unvergängliches und unverwelkliches Erbe vorbehalten; dort werde auch ich dereinst leben, wenn ich mich dieses meines hohen Berufs würdig mache. Himmlisch also muß schon hier mein Sinn und Wandel, theuer muß mir der Gedanke an das Ewige, heilig müssen mir die Pflichten seyn, welche mir diese Aussicht in die Zukunft auflegt; und ich darf an deinem Altare nicht erscheinen, ohne ihnen im frohen Gefühle meiner Unsterblichkeit aufrichtig zu huldigen.

Ja, sey mir gesegnet, Tag der Weihe, an dem ich mich Gott, meinem Schöpfer und Vater und Jesu, meinem Herrn und Erlöser aufs neue widmen werde! Mit frommer Sehnsucht gehe ich dir entgegen, und unvergeßlich soll mir deine Feyer seyn!

14.

Gebet nach dem heiligen Abendmahle.

Gott, welch eine feyerliche Handlung habe ich begangen! Welche selige Empfindungen durchdrangen mich, als ich in Gemeinschaft mit meinen Mitchristen dem Gedächtnißmahle Jesu beywohnte! O heilig soll mir dieser Tag, und heilig sollen mir die Verpflichtungen seyn, welche ich da übernommen habe! Nie will ich vergessen, was ich in deiner Gegenwart angelobt, welches Bekenntniß ich abgelegt, wie feyerlich ich mein Bekenntniß und Gelübde versiegelt habe. Nie will ich die guten Gesinnungen, welche mich dabey beseelten, und die frommen Entschlüsse, welche mich begeisterten, durch meine Handlungen wieder verleugnen.

Nein, nun bin ich aus dem Stande der Kindheit herausgetreten und in die Classe der erwachsenen Christen aufgenommen. Nun werde ich nicht mehr als unmündig, sondern als eine Person behandelt, die sich ihres Verstandes zu erfreuen hat. Nun genieße ich mancherley Rechte und Vorzüge, die ich sonst nicht besaß, und werde unabhängiger und freyer. Aber möchte mich doch kein eitler Wahn dabey bethören und kein falscher Schein verleiten. Möchte ich mir nicht einbilden, daß ich die Lehren der Religion deßwegen schon vollkommen verstehe, weil nun die Jahre des eigentlichen Unterrichts vorüber sind! Möchte ich nicht glauben, daß es nun unnöthig sey, viel Zeit auf die Kenntniß des Christenthums zu wenden, weil ich itzt schon für eine Christin gehalten werde! Denn nun habe ich erst recht die Verpflichtung auf mir, über die Religion nachzudenken, weil ich dieses Nachdenkens immer fähiger werde. Nun liegt es mir ob, meine religiösen Begriffe selbst zu erweitern und zu berichtigen, weil ich mir selbst überlassen bin und nicht mehr von dem Munde der Lehrer, sondern von dem Gebrauche meiner eigenen Vernunft abhänge. Und wehe mir, wenn ich die größere Freyheit, welche mir nun zu Theil wird, schändlich mißbrauche! Wehe mir, wenn ich dieses edle Kleinod verkenne und es mit frecher Gesetzlosigkeit, mit zügelloser Ungebundenheit verwechsle! Denn von nun an muß ich mich selbst einschränken, mich selbst beherrschen lernen, mir selbst freywillig vieles versagen und mein eigener strenger Aufseher seyn. Ich muß meine Freyheit darin suchen und dadurch behaupten, daß ich meinen Leidenschaften gebiete und mich den Vorschriften der Vernunft unterwerfe. Ich muß von der unleugbaren Erfahrung ausgehen, daß nur der nachdenkende und gutgesinnte Mensch frey seyn kann, weil mich Unwissenheit und Aberglaube, Laster und Leichtsinn unvermeidlich zur Sclavin machen und mir ihre thörichten, verderblichen Gesetze aufdringen.

Nun bin ich ein Mitglied der Gesellschaft, ein Mitglied des Staats geworden, und zu allen den häuslichen und bürgerlichen Pflichten verbunden, die von meinem Geschlechte gefordert werden. Itzt nehme ich eine höhere Stelle in meiner Familie ein. Itzt sind meine Aeltern und Freunde berechtigt, Hülfe und Beystand von mir zu verlangen, da sie mir bisher blos dieselben geleistet haben. Itzt muß ich mich zur Arbeitsamkeit, zu größerer Theilnahme an den häuslichen Geschäften gewöhnen und entschlossen seyn, ganz dem Berufe zu leben, den du mir angewiesen hast.

Nun muß ich ernsthafter werden und Vieles anders beurtheilen, anders behandeln lernen. Ich muß zugleich mit meinen kindischen Spielwerken auch meine kindische Denkart ablegen und wie an Jahren, so auch an Einsichten zunehmen. Ich muß anständigere Vergnügungen suchen und nicht blos an dem, was auf Augenblicke die Sinne befriedigt, sondern was Geist und Herz nährt, Geschmack finden.

Nun hat sich der Kreis meiner Wirksamkeit und mit demselben der Umfang meiner Pflichten erweitert. Nun habe ich Geschäfte auf mir und stehe in Verbindungen mit Andern, die mich dringend zu jeder menschlichen und christlichen Tugend auffordern. Nun haben meine Reden und Handlungen mehr Gewicht und Einfluß, und es kommt auf das gute und böse Beyspiel, welches ich gebe, ungemein viel an. Nun verlangt die Welt täglich mehr von mir, so daß ich nun strenger gegen mich werden muß und nicht mehr so viele Fehler und Uebereilungen mir verzeihen, nicht mehr auf die große Nachsicht von Andern rechnen darf, welche mir bisher zu Theil wurde.

Ja, nun habe ich mich durch den Genuß des heiligen Abendmahls zur wahren christlichen Frömmigkeit und Tugend verpflichtet. Ich habe gehört und bekannt, daß mir nicht die bloße Theilnahme an dieser feyerlichen Handlung deinen Beyfall erwirbt, sondern daß mein Christenthum in Gesinnungen und Thaten bestehen muß, wie du sie von mir verlangst. Ich weiß und glaube, daß auch die heiligsten religiösen Gefühle nicht letzter Zweck, sondern nur Mittel sind, und daß du einzig und allein auf Rechtschaffenheit des Herzens siehest. Möchte ich doch also dem Wahne entsagen, daß es schon genug sey, wenn ich nur solchen feyerlichen Handlungen oft und mit Andacht beywohne, wenn ich nur zu gewissen Zeiten meine Fehler erkenne und bereue und gute Vorsätze fasse! Möchte ich nie vergessen, daß mein Christenthum nur dann rechter Art ist, wenn ich alles Böse immer gleich sehr verabscheue, alle meinen guten Entschlüsse standhaft ausführe und den frommen Empfindungen und Gesinnungen, welche mich bey dem heiligen Abendmahle beseelen, mein ganzes Leben hindurch treu bleibe!

Und so will ich mich denn dir und der Tugend weihen, gütigster Gott und Vater, und dir unbedingten Gehorsam geloben. Jesu Lehre und Leben, sein Muster und Vorbild sollen mir stets vor Augen seyn, und mir Liebe und Dankbarkeit gegen ihn, meinen Erretter und Wohlthäter, Liebe und Dankbarkeit gegen dich, der du ihn zu meinem Heil gesandt hast, einflößen. Dir und deiner Führung übergebe, dir und deiner Verehrung widme ich mich. Deine Gnade sey mit mir und stärke mich! Dein Geist lebe und wirke in mir!

15.

Morgengebet allgemeinen Inhalts.

Gott, alles, was lebet, freuet sich deines Daseyns. Dich preisen alle denkende und empfindende Wesen; und jeder neue Tag bringt neue Beweise deiner Güte; jeder Morgen weckt Millionen Geschöpfe aus dem Schlummer und verbreitet neue Kraft und neue Thätigkeit. Auch ich fühle mich nun gestärkt und heiter; und alles um mich herum ermuntert mich zu deinem Lobe; alles heißt mich dir vertrauen und auf dich hoffen. Denn nie hast du es mir an irgend einem wahren Gute fehlen lassen; immer habe ich erfahren, daß deine Güte mit jedem Morgen neu und deine Treue groß ist. Mit dieser Ueberzeugung gehe ich dem kommenden Tage entgegen, und was ich an demselben erfahre, wird meinen Glauben rechtfertigen.

Ja, Herr, du erbarmest dich zwar aller deiner Werke und verherrlichest dich an allen deinen Geschöpfen; aber was ist doch der Mensch, daß du sein so vorzüglich gedenkest, und des Menschen Kind, daß du dich sein so annimmst? Wie herrlich ist unsre Bestimmung, und welche Kräfte und Mittel hast du uns verliehen, sie immer völliger zu erreichen! Freylich ist es auch möglich, daß ich sie verfehle und mich auf Abwege verliere, wo kein Heil für mich zu finden ist; aber dieß ist dann meine eigene Schuld; dann habe ich mich wider die Ordnung empört, welche du mir vorgeschrieben hast; dann habe ich deine Gebote übertreten, meiner Pflichten vergessen, meinem Gewissen entgegengehandelt und die Bahn der Tugend mit dem Pfade des Lasters vertauscht. O daß ich diese traurige Erfahrung nie selbst machen möchte! Daß ich mir nie vorwerfen dürfte, mich von dem Wege der Religion entfernt und mein Wohl dadurch verscherzt zu haben!

Dieß ist wenigstens der Vorsatz, womit ich diesen Tag anfange, und den ich treu und standhaft auszuführen hoffe. Ich kann zwar die Hindernisse der Tugend und die Reitzungen zum Laster, die mir heute vielleicht aufstoßen werden, nicht im voraus bestimmen; aber ich kann und will mich doch gegen sie waffnen, damit sie mich nicht unvorbereitet finden. Ich will, wo ich auch sey, als in deiner Gegenwart und unter deinen Augen wandeln und mir den Gedanken tief einprägen, daß du überall bey mir bist und mich auch im Verborgenen beobachtest, daß du meine geheimsten Gesinnungen und Neigungen kennst, und daß ich dir eben so sehr mißfalle, wenn ich das Böse will und wünsche, als wenn ich es wirklich vollbringe.

Und durch diesen Gedanken gestärkt will ich meinen Aeltern auch dann gehorchen, wenn sie mich nicht sehen, nicht belohnen und bestrafen können, sondern ihre gutgemeinten Vorschriften als die deinigen ehren und befolgen. Ich will mich nicht meinem kindischen Leichtsinne und meiner Unwissenheit, sondern ihrer Erfahrung und Einsicht überlassen, und nichts für ein Vergnügen halten, was sie betrüben, keine Freude suchen, welche die ihrige stören kann. Durch den Gedanken an dich gestärkt soll es mir heute die angenehmste Beschäftigung seyn, meine Kenntnisse zu vermehren und verständiger zu werden. Der Tag wäre ja für mich verloren, der mir ganz ungenützt verschwände; und wie könnte ich mir deinen Beyfall versprechen, wenn ich die Wohlthaten, welche ich dir verdanke, ungebraucht ließe? Durch den Gedanken an dich gestärkt will ich mich heute bestreben, meine Fehler ernstlich zu bekämpfen und durch immerwährende Wachsamkeit und Aufmerksamkeit auf das, was ich denke und thue, mich in jeder Tugend zu üben, die mir bisher schwer geworden ist.

Ich will heute froh und heiter seyn, weil ich weiß, daß dieses mit deinen Absichten übereinstimmt; denn du selbst führst das herbey, was uns, deine Kinder zufrieden machen kann, und deine Welt ist zu schön, als daß wir in derselben traurig einhergehen sollten: aber ich will mich als ein vernünftiges Geschöpf freuen, mäßig im Genusse des Vergnügens seyn und mir keine Art von Ausschweifung erlauben. Ich will nie so ausgelassen werden, daß ich darüber in Gefahr zu sündigen komme. Ich will nichts für wahre, unschuldige Freude halten, was ich späterhin bereuen, wessen ich mich vor den Menschen und vor mir selbst schämen, wovon ich in der Folge bittere, schmerzhafte Nachempfindungen fürchten muß. Und jede erlaubte Freude soll mich an dich, den Freudengeber erinnern, damit ich nie vergesse, wem ich sie verdanke, und mich das Andenken an dich vor strafbarem Mißbrauche bewahre.

Ich will mich aber auch auf die Beschwerden und Unannehmlichkeiten dieses Tages gefaßt machen und nicht lauter Glück und Freude erwarten. Es können mir mit und ohne meine Schuld mancherley widrige Vorfälle begegnen, die meine Zufriedenheit stören; aber auch diese sollen zu meinem Besten dienen, und sie befördern es gewiß, wenn ich mich vernünftig und pflichtmäßig dabey verhalte. Habe ich mir die Leiden selbst zugezogen; sind sie die Folge meines Ungehorsams, meines Leichtsinns, meiner Untugenden: so will ich mich künftig sorgfältig vor dem hüten, dessen schlimme Wirkungen ich nun an mir erfahre. Trifft mich ein Uebel ohne meine Schuld; so will ich es als ein Mittel betrachten, wodurch du mich zum Guten ermuntern, in der Geduld üben und in der Liebe zur Tugend befestigen willst. — Ja, schon itzt, in meiner frühen Jugend will ich lernen, Gutes und Böses dankbar von dir anzunehmen und mich allen deinen Schickungen in Demuth zu unterwerfen. Und bey diesem Vorsatze erhalte, zu seiner Ausführung stärke du mich um deiner Liebe Willen!

16.

Abendgebet allgemeinen Inhalts.

Mit Dank und Freude, o Gott, sehe ich auf den verflossenen Tag zurück, der mir in jeder Betrachtung ein Zeuge deiner Huld und Güte war. Du hast mir mein Leben und meine Gesundheit erhalten; du hast es meinen Aeltern und Freunden wohlgehen lassen; du hast alles Unglück von mir und meiner Familie abgewandt. Ja, deiner Aufsicht und Leitung verdanke ich es, daß dieser Tag so froh und ruhig für mich war, und daß ich nun keinen bittern Verlust beweinen darf.

Aber mit welchen Empfindungen kann ich auf mich selbst und auf mein Verhalten zurückblicken? Kann ich mit gleicher Heiterkeit an das denken, was ich heute gethan oder nicht gethan habe? Bin ich besser oder schlechter geworden? Ich hatte Gelegenheit, viel Wahres und Gutes zu lernen und manche falsche Meinung, manche Thorheit abzulegen; und wie habe ich diese Gelegenheit benutzt? Habe ich dem mir ertheilten Unterrichte mit Lust und Eifer, oder nur aus Zwang und Gewohnheit beygewohnt? Bin ich lehrbegierig und aufmerksam, oder zerstreut und unachtsam dabey gewesen? Habe ich meinen Lehrern ihr Amt erleichtert oder erschwert, ihnen Freude oder Mißvergnügen gemacht?

Meine Aeltern gaben mir heute bey jeder Veranlassung Beweise ihrer Liebe und Zärtlichkeit; aber habe auch ich ihnen dieselben gegeben? Fühlte ich mich stets von recht kindlichen und dankbaren Gesinnungen gegen sie beseelt? Habe ich alles gern und willig gethan, was sie mich thun hießen? Habe ich ihnen nichts zu verhehlen gesucht, was ich ihnen nach meiner Einsicht offenbaren sollte? Nahm ich ihre Warnungen, ihre Ermahnungen, ihre Zurechtweisungen in einem guten und folgsamen Herzen auf? Unterwarf ich mich ehrerbietig ihrem Willen und ihrer bessern Einsicht; oder dünkte ich mich selbst klug und erfahren genug, um meinen eignen, von ihnen gemißbilligten Weg zu gehen? Konnte ich es gleichgültig ansehen, wenn sie meinetwegen Verdruß und Kummer hatten; oder empfand ich Schaam und Reue darüber, wenn ich ihnen ungehorsam war?

Vielleicht bin ich heute gelobt, hervorgezogen und Andern zum Muster vorgestellt worden; und wie verhielt ich mich dabey? Glaubte ich deßwegen nun schon alles geworden zu seyn, was ich zu werden vermag; oder nahm ich das mir ertheilte Lob, wofür ich es nehmen mußte, für Ermunterung zur immer größern Vervollkommnung? Habe ich durch diesen erhaltenen Vorzug meine Eitelkeit genährt und Andere deßwegen verachtet; oder blieb ich bescheiden und gefällig dabey? — Vielleicht bin ich heute getadelt, beschämt, zurückgesetzt worden; und wie habe ich dieses ertragen? Hielt ich mich durch die Wahrheit für beleidigt; oder gab ich ihr ein williges Gehör? Konnte ich diejenigen hassen, welche so aufrichtig gegen mich waren, mir meine Fehler und Schwächen zu entdecken; oder wußte ich es ihnen Dank, daß sie mir Gelegenheit gaben, dieselben zu verbessern?

Wie habe ich mich heute bey meinen Vergnügungen, in meinen Erholungsstunden verhalten? Bin ich stets in den Schranken der Mäßigung geblieben? Habe ich nie meine Pflichten dabey verletzt? Habe ich bey dem Genusse der Freude wieder keines deiner Gebote gesündigt? Und wie betrug ich mich im Umgange mit Andern? Habe ich Niemand gekränkt, beleidigt, verspottet, seiner Armuth und Niedrigkeit wegen geringgeschätzt? Hatte ich mit dem Dürftigen, mit dem Unglücklichen, mit dem Verlassenen Mitleid? Wies ich keinen, der mich um Hülfe und Barmherzigkeit ansprach, kalt und stolz, hart und trotzig zurück? Habe ich gegen Alle so viel Menschenliebe gezeigt, als ich es in meiner Lage und nach meinen Kräften vermochte?

O wie angenehm und beruhigend ist das Andenken an das Gute, dessen ich mir bewußt bin! Wie fühle ich mich doch so heiter und zufrieden, wenn mir mein Herz das Zeugniß giebt, daß ich meine Pflicht gethan habe! Aber wie traurig und niederschlagend ist auch der Gedanke an das begangene Böse! Wie mißvergnügt werde ich da, wenn ich mir selbst den Vorwurf machen muß, daß ich meiner bessern Einsicht und den Aussprüchen meines Gewissens entgegengehandelt habe!

Ja, du, mein Gott und Vater weißt, wie ich heute gesinnet war, und ich kann und will dir meine

Gesinnungen nicht verhehlen. Ich habe durch deinen Beystand Gutes gewollt und verrichtet; und darüber freue ich mich, und dafür danke ich dir. Ich habe mich aber auch manches Fehlers und mancher Vergehung schuldig gemacht; und dafür hoffe ich reuevoll deine väterliche Verzeihung. Weckt mich der morgende Tag wieder zum Leben; so soll er mich gewiß zur Besserung, zum Gehorsam gegen dich und zum Eifer in der Tugend erwecken. Mit diesem Vorsatze begebe ich mich zur Ruhe; und ihn will ich an jedem Abende in deiner Gegenwart erneuern.

Zweyter Abschnitt.

Stoff zu Andachtsübungen für die Jungfrau.

1.

Allgemeinen Inhalts.

Gott, du ordnest die Schicksale der Menschen; du bestimmest das Maaß ihrer Fähigkeiten und Kräfte; du wählst ihren Stand und ihre Verhältnisse und setzest jeden an die Stelle, wo er das meiste Gute stiften kann. Und auch mir hast du mein Loos beschieden; auch mir hast du die Geschäfte angewiesen, welche ich treiben soll. Du beherrschest das Kleine, wie das Große, und sorgst so väterlich für jeden Einzelnen, wie für das Wohl des Ganzen.

Welche Gründe habe ich nicht also, mit meinem Stande und Antheile zufrieden zu seyn! Wie gewiß kann ich mich meiner Lage freuen, da sie dein Werk ist! Wie getrost kann ich meine Laufbahn beginnen und meinem Ziele entgegengehen, da ich weiß, daß auch meine irdische, auch meine bürgerliche und häusliche Bestimmung deinem Willen entspricht! — Aber freylich muß ich meinen Weg mit Weisheit und Vorsicht, mit Muth und Eifer verfolgen, wenn er mich dahin führen soll, wohin ich zu gelangen wünsche. Ich muß nicht nur alle meine menschlichen und christlichen Pflichten treu erfüllen; ich muß auch den besondern Verbindlichkeiten ein Genüge thun, die mir mein Geschlecht auflegt, und mir die guten Eigenschaften erwerben, welche der jungfräuliche Stand erfordert. Und auf welche Irrwege kann ich mich nicht dabey verlieren! Welche Gefahren drohen mir nicht von allen Seiten! Welche Hindernisse treffe ich nicht allenthalben an! Wie sehr kann mir die Welt, wie sehr kann ich selbst mir meine Bestimmung erschweren! Wie weit können mich die Schwachheiten meines eigenen Herzens und die Thorheiten Anderer von meinem Ziele entfernen! Welche Feinde habe ich schon an den Fehlern zu bekämpfen, die bey meinem Geschlechte so gewöhnlich sind!

Ja, ich habe Ursache, mich von allen meinen Pflichten genau zu unterrichten und mich mit den besten und wirksamsten Mitteln bekannt zu machen, wodurch ich mich vor diesen Fehler verwahren kann. Ich habe Ursache, nach menschlicher und christlicher Klugheit zu streben und auf die Stimme der Vernunft und Religion zu hören, um mir die Einsichten und die Stärke zu erwerben, deren ich zur standhaften Uebung der Tugend bedarf. Und du läßt es mir nicht an Antrieb und Veranlassung dazu fehlen. Ich lebe in einer Zeit, wo die Macht des Irrthums und der Vorurtheile nachdrücklicher, als sonst bestritten, wo das Licht der Wahrheit immer weiter verbreitet und die Religion immer mehr als Sache des Herzens und Lebens behandelt wird. Ich genieße den Vortheil, daß itzt alles Gute und Gemeinnützige viel leichter und geschwinder in Umlauf kommt, und daß auch mein Geschlecht mehr Theil daran nimmt. Es stehen mir gegenwärtig reiche Quellen offen, woraus ich schöpfen und mich mit den Schätzen der Weisheit, die zur Führung des Lebens gehört, vertraut machen kann.

Möge ich nur also darnach trachten, daß sich mein Wissen und Thun nicht widersprechen, und mich sorgfältig davor hüten, meiner bessern Ueberzeugung in irgend einem Stücke vorsätzlich entgegen zu handeln! Und dazu, Allgütiger, flehe ich dich um deinen Beystand an, der mir bey meiner Schwäche so unentbehrlich ist. Darum verleihe du mir Kraft zur Erfüllung meiner Pflichten und einen frommen, dir ergebenen Sinn, daß ich deinen Willen stets als heilig und weise verehre. Schenke mir verständige und rechtschaffene Freunde, die es redlich mit mir meynen, die mir nicht schmeicheln, sondern meine Fehler und Mängel offenherzig entdecken, die es sich zur Pflicht machen, wahr mit mir zu sprechen, und mich da ermahnen und warnen, zurückhalten und ermuntern, wo ich zu viel oder zu wenig thue. Lehre mich aber auch dieses Glück gehörig schätzen und gebrauchen, daß ich dem aufrichtigen Freunde Ohr und Herz öffne; daß ich seine Vorstellungen Eingang bey mir finden lasse; daß mich keine Zurechtweisung beleidige; daß ich Keinen, der es gut mit mir meynet, durch Spott und Undank von mir entferne. Und dein Geist erleuchte mich, daß ich das Eine, was Noth thut, nicht verkenne, daß ich den Beyfall meines Gewissens höher, als die Lobsprüche der Welt, dein Wohlgefallen höher, als Menschengunst, und

Frömmigkeit und Tugend mehr, als alle Güter der Erde achte.

Ja, dieß, o Gott, sey mein fester Entschluß; dieß werde meine herrschende Gesinnung; so wünsche ich meinen itzigen Beruf zu erfüllen und meiner weitern Bestimmung entgegen zu gehen.

2.

Die Unschuld.

Gott, du bist heilig und willst, daß auch wir, deine Kinder, rein und unsträflich vor dir wandeln. Unser Geist und Leib sollen dein Tempel seyn, worin du wohnen kannst, und den wir durch böse Begierden, durch Laster und Leidenschaften nicht entweihen dürfen, wenn wir nicht tief unter unsre Würde herabsinken wollen. Ja, es muß meine größte Sorge seyn, daß ich mich vor aller Befleckung der Seele und des Körpers hüte. Es muß meine höchste Ehre und Freude seyn, daß ich meine Unschuld erhalte und Laster vermeide, die zwar jeden Stand und jeden Menschen erniedrigen, aber doch hauptsächlich mich und mein Geschlecht beschimpfen und uns mit den schrecklichsten Folgen belasten.

Nein, ich kenne kein größeres Glück, als das Glück der Unschuld. Diese Zierde, o Gott, habe ich aus deiner Hand empfangen; diesen Vorzug kann mir kein Zufall rauben; dieses Gut ist ganz mein und hängt nicht von äußern Dingen, nicht von andern Menschen ab. So lange ich mich meiner Unschuld erfreue, und dieses edle Kleinod unverletzt erhalte, so lange habe ich die Quelle meiner Ruhe und Zufriedenheit in mir selbst und kann vieler irdischer Vortheile entbehren, ohne elend darum zu werden. So lange mich ein reines Herz und das Bewußtseyn meiner Unschuld schützen; so lange ich mit frohem Muthe zu dir, meinem Vater hinaufsehen und mich deines Wohlgefallens versichert halten kann: so lange habe ich nichts zu fürchten und werde von keiner Angst gefoltert; so lange vermag ich jedes Leiden mit Geduld und Gelassenheit zu ertragen, weil ich nicht von mir selbst verlassen bin. Ja, die Unschuld ist mehr, als alles, selbst mehr, als meine Ehre werth, weil ich diese doch bisweilen, jene aber nie ohne meine eigene Schuld verlieren kann.

Aber welch ein trauriger Zustand müßte es auch für mich seyn, wenn ich so unglücklich wäre, meine Unschuld aufzuopfern! O keine äußere Pracht und Herrlichkeit, kein Schimmer der Geburt, kein Gold und Ueberfluß vermögen mir dann zu ersetzen, was Ein lasterhafter Augenblick auf immer vernichtet hat. Ich kann meinen Fehltritt bereuen und beweinen; aber keine Reue, keine Thräne ist im Stande, mir das einmahl Verscherzte wieder zu geben. Mein Rang, mein Reichthum, meine Verbindungen, meine Freunde und Verwandte können vielleicht manche traurige Folge von mir entfernen, die sonst gewöhnlicher Weise den Verlust der Unschuld begleitet; aber die erste und natürlichste Folge, die Vorwürfe meines eigenen Herzens, die wendet nichts ab, und keine Schätze der Erde sind hinreichend, ein verwundetes Gewissen zu heilen. Mein zerknirschtes Gemüth, meine wiedererwachte Liebe zur Tugend, meine Rückkehr auf den Weg der Pflicht können mich wohl vor neuen Vergehungen schützen; aber das Geschehene können sie nicht ungeschehen machen und das Andenken daran ist und bleibt unvertilgbar. Ich habe nur Eine Unschuld; ich kann sie nur Einmahl verlieren, aber nie wiederherstellen.

Und wie viel geht nicht mit derselben verloren! Welche vielversprechende Aussichten und Hoffnungen sind nicht auf immer vereitelt, wenn die Blume der Unschuld, von dem Hauche des Lasters vergiftet, dahin gewelkt ist! Mit ihr verschwindet der edle, sanft rührende Ausdruck des Auges. Mit ihr verlassen uns Heiterkeit und Frohsinn, an deren Stelle Gram und Kummer treten. Mit ihr wird zugleich die holde Schaam getödtet. Und zieht nicht in den allermeisten Fällen der Verlust der Unschuld auch den Verlust der Ehre nach sich? Sind nicht Spott und Verachtung das gewöhnliche Loos, welches diese Unglücklichen trifft? Wird nicht die gefallene weibliche Tugend der öffentlichen Schande preisgegeben? Wird sie nicht gemeiniglich ohne alle Schonung gerichtet? Oder ist unter solchen Umständen an häusliches Glück zu denken? Ist der Weg des Lasters die Bahn, worauf ich meine weibliche Bestimmung erreiche? Ist der Ruf, in welchem ich da stehe, so beschaffen, daß er Andern eine gute Meinung von mir geben und mich der Welt nützlich machen kann? Haben sich nicht schon Tausende meines Geschlechts für einen einzigen solchen Fehltritt Zeitlebens zurückgesetzt, verachtet, verworfen gesehen? — Und welcher Schmerz würde meine Brust zerreissen, wenn ich mich zugleich als die Ursache der Leiden betrachten müßte, die auch Andere meinetwegen erdulden! Was würde ich dabey empfinden, wenn ich das blasse, von Gram gebleichte Gesicht einer liebevollen Mutter, die durch Kummer entstellte Miene eines theilnehmenden Vaters, die allgemeine Niedergeschlagenheit einer durch mich in Trauer gesetzten Familie erblickte? O es ist keine leere Vorstellung, sondern gewisse, untrügliche Erfahrung, daß alles Glück und alle Freude des Lebens an die Erhaltung unsrer Unschuld gebunden ist.

Und wie leicht wird nicht diese zarte Frucht zerknickt! Wie bald ist nicht ein Schritt gethan, der zum Verderben führt! Ja, ohne die größte Vorsicht kann mich die sorgfältigste Erziehung, das beste Herz, der aufgeklärteste Verstand nicht dagegen schützen. Der jugendliche Leichtsinn, die Macht der Eitelkeit, die Zerstreuungen der Mode, ein schlüpfriges, die Phantasie befleckendes Buch sind Dinge, die mich in einem oft absichtlich von Andern vorbereiteten Augenblicke von der Bahn der Tugend entfernen können. Die Schmeicheley ist ein schleichendes, wirksames Gift, das meine Grundsätze erschüttern, meine Unerfahrenheit bethören und mich den schändlichen Absichten des geübten Verführers leicht überliefern kann.

Nein, ich darf mich nicht der Sicherheit überlassen, die schon oft den Verlust der Unschuld bewirken half. Das Gut, auf dessen Erhaltung es hier ankommt, ist zu kostbar und zu unersetzlich, als daß ich mit der Rechtschaffenheit meiner Gesinnungen nicht auch die strengste Wachsamkeit verbinden sollte. — Und dazu, Gott und Vater im Himmel, bedarf ich deines Beystandes und der mächtigen Hülfe der Religion. Sie erfülle mein Herz mit aufrichtiger Liebe zu dir und zu deinen Geboten! Sie flöße mir innige Achtung für die Tugend und tiefen Abscheu gegen das Laster ein! Sie lehre mich die Schande vor mir selbst eben so sehr, als die Schande bey Menschen fürchten; und die verborgenste Dunkelheit müsse mich zu keiner That verleiten, wobey ich das Licht des Tages zu scheuen Ursache habe!

3.

Die weibliche Ehre.

Allwissender Gott, du bist es, der mich richtet, du, der du jeden von uns auf das Genaueste kennst und unsre geheimsten Gedanken schon von ferne verstehst. Wichtig muß mir also dein Urtheil seyn, und so oft ich zwischen deinem Beyfalle und der Gunst meiner Nebenmenschen wählen soll, weil beyde nicht immer zusammen bestehen können; so oft muß ich, dem Gebote der Vernunft und des Gewissens gemäß, den Ruhm vor der Welt der Ehre deines Gehorsams aufopfern.

Aber auch nur in diesem einzigen Falle darf mir die gute oder schlechte Meinung, welche Andre von mir haben, gleichgültig seyn; denn im Allgemeinen ist es deinem Willen gemäß, daß ich auf die Aussprüche meiner Nebenmenschen achte und mich ihnen von der besten Seite zeige. Du hast die Ehre zur Belohnung für Weisheit und Tugend bestimmt, um der Liebe zum Guten auch äußern Reitz zu geben. Und wie viel ist nicht bey meinem Geschlechte an dem unbescholtenen Rufe gelegen! Wie streng erfordert nicht insbesondere der jungfräuliche Stand, daß ich meine Ehre unverletzt erhalte und die Achtung nicht verwirke, in welcher ich bey Andern stehen muß! Möchte ich demnach dem deutlichen Winke der Natur und deiner weisen Anordnung folgen, aber es auch auf die rechte Art, den Vorschriften der Vernunft und des Christenthums gemäß thun!

Ja, wenn du, o Gott, meine Ehrbegierde billigen sollst, so darf ich meinen Ruhm nicht in gleichgültigen und unbedeutenden, oder wohl gar in solchen Dingen suchen, die mich in den Augen verständiger Menschen verächtlich machen. Wenn ich nach wahrer Ehre, und nicht bloß nach einem täuschenden Schatten ringe, so muß ich bedenken, daß Stolz und Eitelkeit, die so Viele meines Gleichen beherrschen, nicht der Weg sind, der zum Ziele führt. Die eifrigste Vertheidigerin alles Neuen zu seyn und ohne Auswahl daran Theil zu nehmen; immerwährenden Lustbarkeiten und Zerstreuungen beyzuwohnen; mich von Thoren umringt und von Schmeichlern bewundert zu sehen: dieß erniedrigt mich, anstatt mich zu erheben, weil es mit meinen Pflichten streitet. Nein, die wahre Ehre ist nicht so leicht zu erwerben, als wir oft fälschlich wähnen. Ohne Bildung des Verstandes und ohne die Kenntnisse, die mir in meinen Verhältnissen unentbehrlich sind, ohne ein edles, aufrichtiges und liebevolles Herz, ohne Fleiß und Treue in meinem Berufe, ohne Gewissenhaftigkeit und Tugend bin ich derselben weder fähig, noch würdig. Keine Lobsprüche, und wenn ich sie noch so freywillig erhalte, können den Mangel an guten Eigenschaften bey mir ersetzen. Rechtschaffenheit und Unschuld sind und bleiben meine höchste Zierde; und die Mühe, welche ich mir gebe, um sie zu behaupten, dieß ist die einzige Ehrbegierde, wobey ich an sittlicher Vollkommenheit gewinnen kann.

Und so eine zarte, empfindliche Blume meine Unschuld ist, so zart und empfindlich ist auch die damit zusammenhängende Ehre meines Geschlechts und meines Standes. So leicht jene beschädigt wird, so leicht kann auch diese zerstört werden. So wenig ich jene wiederherstellen kann, so wenig vermag ich auch diese wieder zu erringen, wenn ich sie einmahl verloren und mich irgend einer verdienten Schande ausgesetzt habe. Ja, nicht blos das wirklich verübte Laster, sondern schon der mehr oder weniger gegründete Schein desselben kann meinen guten Ruf beflecken; und in dieser Absicht ist es nicht genug, daß ich nur die Tugend nicht thätig beleidige und mir der Reinigkeit meines Herzens selbst bewußt bin; ich muß auch dafür sorgen, daß Andere dieses glauben können. Ich muß keine der

Unschuld gefährlichen Oerter, keine der Zügellosigkeit verdächtigen Gesellschaften besuchen. Ich muß vorsichtig in der Wahl meiner Freunde und Freundinnen, vorsichtig in meinen Reden und Urtheilen, vorsichtig bey meinen Vergnügungen und Lustbarkeiten seyn. Es ist nicht genug, daß ich mich des Lasters vor mir selbst schäme und keiner sündlichen Neigung nachhänge; ich muß auch den Argwohn zu verhüten suchen, und keine, auch noch so entfernte Gelegenheit geben, das Gegentheil von mir zu denken. Ich muß auch in meinen Mienen, in meinen Geberden, in meiner Kleidung, in meinem äußern Betragen sittsam und bescheiden seyn und an nichts Theil nehmen, nichts nachahmen, nichts für gleichgültig halten, was die Ehrbarkeit beleidigt. Ich muß der Eitelkeit entsagen, die uns oft Dinge thun und Reden führen läßt, deren wir uns aus Ehrerbietung für die Tugend enthalten sollten, und wozu uns häufig nicht unser Herz und unsre Gesinnung, sondern nur kleinlicher Ehrgeitz verleitet.

Ja, bey diesen Grundsätzen, o Gott, will ich beharren und standhaft darnach handeln. Ich will meine Pflicht treu erfüllen, um mir in meinem Kreise verdiente Achtung zu erwerben. Ich will nicht meiner Bestimmung zuwider lauten und geräuschvollen Beyfall fordern; aber ich will mir alle Mühe geben, daß ich für vernünftig und tugendhaft gehalten werde und Ehre bey gutgesinnten Menschen, Ehre in deinen Augen habe.

4.
Die Liebe.

Zahlreich, o Gott, und innig verschlungen sind die Triebfedern unsrer moralischen Natur; und unsre geistigen und sittlichen Kräfte werden durch sehr mannichfaltige Bedürfnisse in Thätigkeit gesetzt. In dieser Absicht hast du auch die Liebe in unser Herz gepflanzt. In dieser Absicht hast du die Erhaltung und Fortpflanzung des menschlichen Geschlechts an diesen reitzbaren und reitzvollen Trieb gebunden. In dieser Absicht hast du ihn den mächtigen Zauber verliehen, wodurch er so stark wirkt und alle Herzen mit so sanfter Gewalt fesselt.

Aber vernünftige Geschöpfe müssen jedes Bedürfniß ihrer Natur und jeden darauf sich beziehenden Trieb so befriedigen, wie es ihrer Bestimmung und Würde, deinem Willen und ihrer Glückseligkeit gemäß ist. Dadurch müssen wir unsre Freyheit behaupten und unsre Tugend sichern; darin besteht die Herrschaft über uns selbst, die wir nicht aufgeben können, ohne die Menschheit in uns zu entehren. Ich muß also auch in diesem Stücke meiner Vernunft und deinen durch sie erkannten Gesetzen folgen. Ich muß das Gefühl der Liebe nie zu einem blinden, ungeleiteten Triebe bey mir werden lassen. Ich muß mich auf eine solche Art dagegen verhalten, wie es Pflicht und Ehre, die Verhältnisse meines Geschlechts und meines Standes von mir fordern.

Ja, gütigster Gott und Vater, du hast deinen Kindern das Geschenk der Liebe gewiß nur dazu verliehen, daß es das Glück ihres Lebens machen soll; und unsre weibliche Bestimmung insonderheit hängt damit zusammen. Die Liebe soll eine Quelle der höchsten Freuden für uns seyn, unsre Empfindungen verfeinern und veredeln, die innigste, vertrauteste Freundschaft erzeugen und uns die Widerwärtigkeiten des Lebens versüßen. Sie soll den Grund zur häuslichen Ordnung, zur häuslichen Tugend, zur häuslichen Glückseligkeit legen. Sie soll uns in Verhältnisse setzen, die so viel Anziehendes und Angenehmes, als Heiliges und Ehrwürdiges für uns haben.

Aber dieses Glück, o Gott, darf ich nach deiner Anordnung nur dann von der Liebe erwarten, wenn sie die Gefährtin der Unschuld und die Freundin der Tugend ist. Thöricht wäre es von mir, die Freuden der Liebe allein oder doch vorzüglich in dem sinnlichen Genusse derselben zu suchen, oder mir diesen Genuß zu einer Zeit zu erlauben, wo ich mein Gewissen dadurch verletzen und meine Ehre beflecken würde. Thöricht wäre es von mir, das so tiefe, als zarte Gefühl der Liebe zu einem Gegenstande der Mode, der Eitelkeit, des Leichtsinns zu erniedrigen und mich selbst dadurch herabzuwürdigen. Thöricht wäre es von mir, durch Leidenschaftlichkeit, durch Eroberungssucht, oder durch andre kleine und verächtliche Künste die Vortheile erringen zu wollen, welche nur wahre und freywillige Liebe gewähren kann.

Nein, wenn ich meine Verhältnisse und Pflichten aus den Augen verliere, so kann mir die Liebe das nicht leisten, was ich davon erwarte. Und ich verfehle meine Absicht nicht nur dann, wenn ich die Tugend und Unschuld beleidige; ich verfehle sie auch, wenn ich ohne Menschenkenntniß dabey zu Werke gehe und mich nicht von den Grundsätzen der Klugheit und Erfahrung, sondern von den Täuschungen einer erhitzten Einbildungskraft leiten lasse; wenn ich mir eine Welt erträume, die der wirklichen, worin ich lebe, ganz unähnlich ist, und Menschen mit solchen Eigenschaften und Vollkommenheiten verlange, wie sie nirgends anzutreffen sind. O wie Viele meines Geschlechts sind nicht schon durch diesen Irrthum unglücklich geworden! Zu welchen Thorheiten kann eine solche Denkart nicht verführen! Welche unvorsichtige und gefährliche Schritte werde ich thun, wenn ich mich nicht nach meiner Natur, nicht nach meiner Lage und nach meinen Umständen richte! Da unternehme ich dann unmögliche, oder gewagte Dinge und weiche von der Ordnung ab, welche du festgesetzt hast. Da verwerfe ich oft den Rath eines für mein Glück besorgten Vaters, einer mich zärtlich liebenden Mutter, zerreisse alle Bande, die mich an meine Familie fesseln und werde undankbar gegen meine größten Wohlthäter. Da verachte ich jedes nahe und sichre Glück der Liebe, welches sich mir darbietet, weil ich auf ein größeres, meinen schwärmerischen Wünschen entsprechenderes hoffe, und mache mich dadurch ungeschickt, meine Bestimmung zu erreichen. Da lege ich am Ende die Ursachen meines Mißvergnügens und meiner fehlgeschlagenen Absichten denen zur Last, die es gut und treu mit mir meinten; oder da klage ich wohl gar deine Vorsehung an, weil sie meine thörichten Wünsche nicht befriedigen und den Lauf der Dinge meinetwegen nicht abändern wollte.

Wohl mir also, o Gott, wenn ich mich selbst und meinen gegenwärtigen Stand ehre, und meine itzigen Jahre nicht als die Zeit des Genusses, sondern als die noch verschlossene Blüthe betrachte, welche nur unter dem Schutze der Tugend zur vollendeten Frucht reifen kann! Wohl mir, wenn ich itzt als eine Vertraute der Unschuld den edeln Keim pflege, aus dem sich das Glück meines Lebens entwickeln soll, und mit weiser Vorsicht dem Ziele entgegengehe, an welchem mir Genuß und Freude winken!

5.

Die Schaamhaftigkeit.

Gott, mit einem tiefen Gefühle für Ehre und Schande hast du die weibliche Natur ausgesteuert; und aus ihm geht die wohlthätige Empfindung der Schaamhaftigkeit hervor, die du meinen übrigen Trieben in der Absicht beygesellt hast, daß sie die

Aufsicht darüber führe. Sie soll die Beschützerin meiner Unschuld und Tugend seyn und mich auf meinem Pfade immerdar begleiten. Sie soll mich warnen und belehren, aufmuntern und zurechtweisen, wo ich in Gefahr zu straucheln komme. Ihrer Leitung kann ich mich mit Sicherheit anvertrauen, weil sie mich, wenn ich aufmerksam auf ihren Zuruf höre und ihre Winke befolge, nie irre führt.

Und wie sehr gereicht mir nicht diese holde Schaam zur Zierde! Wie allgemein wird sie nicht von meinem Geschlechte und besonders von meinem jungfräulichen Stande gefordert! wenn ich an ihrer Hand in der Welt erscheine; wenn sie aus meinem Auge spricht und aus meinem Blicke hervorleuchtet; wenn sie meine Reden, meine Scherze, meine Fröhlichkeit regelt; wenn sie meine Schritte leitet und meine Handlungen beseelt: so kann ich auf den Beyfall jedes Vernünftigen rechnen und der Achtung aller Tugendfreunde gewiß seyn. Wenn Stolz und Eitelkeit ihrer Absicht verfehlen; wenn mich die Ehre desto mehr flieht, je ängstlicher ich dieselbe suche; wenn ich mich der Achtung meiner Mitmenschen desto unwürdiger mache, je mehr ich dieselbe erzwingen will: so gewährt mir im Gegentheil die Schaamhaftigkeit dieß alles freywillig und in einem hohen Grade. Ihr verdanke ich es vorzüglich, wenn mich Andere lieben und an meinem Umgange Vergnügen finden. Ihr verdanke ich es, wenn der Schmeichler vor mir verstummt und der Verführer keine Angriffe auf mich wagt. Ihr verdanke ich es, wenn ich meine itzige Laufbahn unsträflich zurücklege und die Versuchungen, womit ich auf derselben zu kämpfen habe, glücklich besiege.

Aber wie leicht wird nicht die holde Schaam verletzt! Wie leicht kann sie unterdrückt werden und ganz verloren gehen! Wie unverträglich ist sie mit der Eitelkeit und Modesucht, die mich durchaus nicht beherrschen dürfen, wenn ich ihr treu bleiben soll! Denn jene fordern und erlauben Dinge, welche diese nicht billigen kann. Jene nennen das schön und rühmlich, was diese als unanständig verwirft. Jene lieben freye Witze und ungebundene Scherze, wodurch sich diese erniedrigt glaubt. Jene reissen zu jeder Zerstreuung hin, da diese ihre Vergnügungen mit behutsamer Vorsicht wählt. Der Modesucht und Eitelkeit ergeben, will ich da Aufsehen erregen und Aller Augen auf mich ziehen, wo mir die Schaamhaftigkeit ein bescheidenes Zurücktreten gebietet. Von der Modesucht und Eitelkeit verblendet, suche ich eine Ehre in Handlungen und Gesprächen, wodurch ich die Schaamhaftigkeit nicht wenig beleidige.

Nur daß ich auch diese nicht thörichter Weise übertreibe und nicht über die Grenzen hinausgehe, welche mir die Natur angewiesen hat! Nur daß ich mich weder an ein finsteres und menschenfeindliches, noch an ein geziertes, auffallendes Wesen gewöhne! Ich kann meine Bestimmung nicht besser, als bey frohem und heiterem Muthe erfüllen. Ich würde mir selbst schaden, wenn ich aus zu großer und ängstlicher, oder aus erkünstelter und heuchlerischer Schaamhaftigkeit unschuldige Scherze und Freuden verdammen, mich überall ausschließen und mir eine strengere Tugend auflegen wollte, als du von mir forderst. Ich würde in Gefahr kommen, mein Herz dem Wohlwollen zu verschließen und mich zu einer strafbaren Lieblosigkeit in meinen Urtheilen über Andre zu gewöhnen. Ich würde mich auch solcher Dinge schämen lernen, die mir zur Ehre gereichen, und die ich nicht unterlassen kann, ohne mich von dem Wege der Pflicht zu entfernen.

Nein, o Gott, ich will mich des Bösen, des Schändlichen, des Lasters schämen und mir nichts erlauben, worüber die Unschuld erröthen muß; aber ich will nicht mit meinen Gefühlen prahlen und sie nicht öffentlich zur Schau tragen. Ich will meine gleichgültigen Handlungen nicht mit ängstlicher Anstrengung und kindischer Sorgfalt bewachen; aber ich will mein Herz so zum Guten bilden und im Guten befestigen, daß mein Aeußeres von selbst anständig und ein Zeuge meiner Unschuld werden muß.

6.

Die Bescheidenheit bey den Ansprüchen des weiblichen Geschlechts.

Mein Stand und meine Verhältnisse lehren mich Bescheidenheit; alles, o Gott, zeigt mir die Grenzen, die ich bey meinen Ansprüchen nicht überschreiten kann, ohne mir selbst zu schaden. Ich darf das nicht unbedingt von Andern fordern, was ich erst verdienen muß, weil ich sonst deiner Anordnung entgegen handle und meines Zwecks verfehle. Ich darf keine Ansprüche auf Vorzüge machen, die mir in meiner Lage nicht zu Theil werden können, weil ich die dazu gehörigen Eigenschaften nicht besitze; und es würde Unbescheidenheit seyn, wenn ich mir das erlaubte. Ich darf nie vergessen, in welchen Verhältnissen ich stehe, damit ich nie von der Welt verlange, was sie mir verweigern muß.

Ja, nichts streitet mehr mit meiner Bestimmung, als wenn ich, unzufrieden mit dem, was du mir angewiesen hast, nach höhern Dingen strebe, die ich nicht besitzen kann; als wenn ich die Pflichten versäume, die mir wirklich obliegen, und mir andere auflege, wozu ich keine Verbindlichkeit habe; als wenn ich das nicht schätze, was in meiner Lage wirklich schätzenswerth ist, und meine ganze Aufmerksamkeit nur auf Gegenstände richte, womit ich weder mir noch Andern nützen kann; als wenn ich wahre Vortheile ausschlage, die mir mein Stand darbietet, und solchen nachjage, die ich nicht zu erreichen vermag. Dieß ist die Quelle des Stolzes, der Eitelkeit, des Neides und ähnlicher Laster, die unter uns herrschen. Dieß ist die Quelle des Mißvergnügens, der Unzufriedenheit, des häuslichen Elendes, wodurch wir häufig so viel leiden.

Nein, meine Bestimmung, o Gott, kommt von dir; und du hast mich nicht dazu bestimmt, daß ich große, glänzende Thaten verrichten und Aufsehen damit erregen soll. Meine ganze Natur, alle meine Fähigkeiten und Anlagen zwecken auf eine stille, ruhige Lebensart ab. Der Ruhm im eigentlichen Verstande ist nicht das Ziel, wornach ich laufen soll, weil ich es bey den mir gesetzten Schranken nicht erreichen kann. Ich bin mit meiner Thätigkeit an den häuslichen Wirkungskreis gewiesen; diesem allein sind meine Kräfte gewachsen; alles zieht mich zu ihm hin und hält mich in demselben fest; alles stellt sich mir entgegen, wenn ich aus diesem Kreise herausgehen und mich auf eine öffentliche Laufbahn wagen will. Andere mögen auf Tausende wirken und ihnen Gesetze vorschreiben; mir ist es Pflicht, auf diejenigen zu wirken, welche zunächst um mich und genau mit mir verbunden sind. Andere mögen Tausende beglücken; mir ist es genug, wenn ich zum Wohlstande meiner Familie alles beytrage, was in meinen Kräften steht. Andere mögen ihre Namen durch unsterbliche Thaten verewigen; meine Ehre ist die, daß ich die mir aufgetragenen Geschäffte treu und gewissenhaft verrichte und alles das Gute thue, wozu ich Mittel und Gelegenheit finde. So lange ich dieß mit Ueberzeugung glaube und meiner Ueberzeugung wirklich folge; so lange bin ich ein nützliches Glied der Gesellschaft und als solches zufrieden. Wenn ich dieß vergesse und mich aus falschem Ehrgeitze in fremde Angelegenheiten mische, um mein Ansehen zu verstärken; so bin ich durch meine Unbescheidenheit selbst Schuld, wenn ich auch diejenigen Rechte verliere, welche mir gebühren.

Du hast mich nicht dazu bestimmt, o Gott, daß ich mich durch Gelehrsamkeit auszeichnen, daß ich das Reich der Wissenschaften umfassen und neue Entdeckungen in demselben machen soll. So angenehm dieß seyn und so viele Vorzüge es bringen mag; so ist es doch nicht mein Beruf, und ich würde die Ordnung der Dinge umkehren, wenn ich es zu erzwingen suchen wollte. Mein Stand und Geschlecht fordern mich zu einem thätigen, nicht aber zu einem beschaulichen Leben auf. Ich soll zwar weise werden, meinen Verstand ausbilden und mir alle die Kenntnisse erwerben, deren ich bedarf; aber ich soll nicht nach Gelehrsamkeit streben, was mich daran nur verhindern würde. Wenn Andere neue Wahrheiten erfinden, oder die schon gefundenen in ein helleres Licht setzen; so kommt es mir zu, von diesen Wahrheiten Gebrauch zu machen. Wenn Andere die Pflicht auf sich haben, das Gebiet der Wissenschaften, wenigstens einen großen Theil desselben zu durchlaufen; so bin ich verbunden, mir die Einsichten zu verschaffen, die mich zu einer verständigen Mutter, zu einer sorgfältigen Hausfrau, zu einer liebenswürdigen Gattin, zu einer gutgesinnten Christin machen können. Wenn Andere dazu ausersehen sind, den öffentlichen Geist und die herrschende Denkart ihrer Zeitgenossen umzustimmen; so soll ich mein Licht in meinem kleinern Kreise leuchten lassen und zum Besserwerden derer beytragen, die meiner Aufsicht anvertraut sind. Und so gewiß es mir nicht an wahrer Ehre, nicht an Glück und Freude fehlen kann, wenn ich meiner Bestimmung treu bleibe; so unleugbar würde ich mich jener berauben, wenn ich diese aus den Augen verlöre oder ehrgeitzig zu erweitern suchte.

Du hast mich nicht dazu bestimmt, o Gott, daß ich durch Stärke, sondern daß ich durch Liebe herrschen soll. Schon das Gefühl meiner Schwäche muß mir dieses sagen; mein ganzer Zustand ist ein Zustand der Abhängigkeit; ich bedarf vielmehr des Schutzes Anderer, als daß ich sie beschützen könnte. Aber durch Sanftmuth und Liebe vermag ich alles; und darum liegen sie auch in meiner Natur und müssen ein Hauptzug meines Charakters seyn. Denn sie gewinnen mir die Herzen, und auf ihnen beruht meine Macht, mein Ansehen, mein Einfluß, meine Wirksamkeit.

Ja, groß, o Gott, sind die Ansprüche, welche ich mit vollem Rechte in meinem Stande machen kann; und wohl mir, wenn ich mich auf diese einschränke! Wohl mir, wenn ich die rechten Mittel wähle, um sie zu behaupten!

7.
Entsagung des Leichtsinns.

Gott, du hast mir Vernunft gegeben, daß sie meinen Pfad erleuchten und meine Handlungen regieren soll. Durch ihre Hülfe vermag ich das Gute von dem Bösen, das Wahre von dem Falschen, das Nützliche von dem Schädlichen zu unterscheiden. Durch sie bin ich mit höhern Geistern und selbst mit dir, meinem Schöpfer verwandt. Durch sie kann ich mich zur Weisheit und Tugend erheben und meine menschliche Würde behaupten. Wenn ich also nicht auf ihre Stimme höre und mich ihren Vorschriften widersetze; wenn ich bey den wichtigsten Angelegenheiten des Lebens nicht nach ihren Aussprüchen, sondern nach blinden Trieben, nach Leidenschaften und Vorurtheilen handle; wenn ich nicht auf die Gründe und Folgen meines Verhaltens, sondern blos auf die Befriedigung meiner sinnlichen Begierden sehe; wenn ich mich vom Leichtsinne beherrschen lasse und das ernsthafte Nachdenken scheue: so verliere ich meine edelsten Vorzüge und verleugne meine Natur und Bestimmung.

Und wie sehr ist nicht dieser Leichtsinn meinem Geschlechte eigen! Wie mächtig und hinreissend ist er nicht besonders in den Jahren, in welchen ich itzt stehe! Wie sehr wird er nicht durch einen Zusammenfluß von Umständen bey uns genährt und befördert! Wie sorgfältig muß ich doch also über mich wachen, daß ich mich nicht von ihm beschleichen und beherrschen lasse! — Ja, ferne sey es von mir, dem Leichtsinne zu huldigen, der mit dem frommen, religiösen Sinne und mit dem ächten Christenthume so unverträglich ist! Denn er würde mich verhindern, dich würdig anzubeten und im Geist und in der Wahrheit zu verehren. Er würde mich vergessen lassen, in welchen Verhältnissen ich gegen dich stehe und welche Pflichten ich gegen dich zu erfüllen habe. Er würde mich undankbar gegen deine Wohlthaten machen und zum strafbaren Mißbrauche deiner Gaben verleiten. Er würde mir meine religiösen Gefühle, meine religiösen Freuden rauben, dadurch die festesten Stützen meiner Tugend und Zufriedenheit untergraben und mich übermüthig im Glücke, verzagt in den Tagen der Leiden machen.

Ferne sey es von mir, Tugend und Laster mit leichtsinnigen Augen anzusehen und zu beurtheilen! Denn wie falsch würde ich sie da sehen und wie verkehrt sie beurtheilen! Wie oft würde ich das Eine mit dem Andern verwechseln und mich von dem bloßen Scheine täuschen lassen! Der Leichtsinn ist nur zu geneigt, die Tugend als eine traurige Freudenstörerin zu betrachten, und die Verbindlichkeit dazu blos auf gewisse Menschenclassen, oder auf das hohe Alter einzuschränken. Er ist nur zu geneigt, jedes Laster zu entschuldigen, das sich zu verfeinern, zu verbergen, in eine anlockende Gestalt zu hüllen weiß. Verführerisch ist seine Sprache, daß man es mit Frömmigkeit und Tugend nicht so genau nehmen, daß man bey Beurtheilung gewisser Fehler nicht zu strenge verfahren, daß man der Jugend gewisse Ausschweifungen nicht zu hoch anrechnen müsse. Verderblich ist sein Einfluß, weil er uns überredet, daß man schon seine ganze Pflicht thue, wenn man sich nur vor den groben Ausbrüchen der Laster hütet und die Folgen vermeidet, woran sie von der Welt erkannt werden; weil er uns verleitet, daß wir weniger dein Urtheil, o Gott, als das Urtheil der Menschen scheuen, uns mehr vor Andern, als vor uns selbst schämen, und uns jede Handlung erlauben, wobey wir keine Zeugen haben.

Ferne sey es von mir, daß ich aus Leichtsinn meine weiblichen und häuslichen Pflichten geringschätzen und sie von der wahren, christlichen Tugend trennen sollte! Denn bey dieser Verblendung würde ich die Geschäffte, welche du mir aufträgst, für eine drückende Last halten, mit der Stelle, die du mir angewiesen hast, unzufrieden seyn und meinen Beruf vernachlässigen. Bey dieser Verblendung würde ich Fleiß und Anstrengung fliehen, jede Arbeit von mir abzuwälzen suchen, und jede, die ich selbst übernehmen muß, schlecht verrichten. Das würde mich itzt zu einer ungehorsamen Tochter, zu einer überflüssigen, lästigen Person in meiner Familie, und künftig zu einer sorglosen, unglücklichen Gattin machen. Und dieser Leichtsinn, womit ich meine häuslichen Pflichten behandelte, würde bald herrschende Denkart und Gesinnung bey mir werden und in Unfähigkeit zu jeder wahren Tugend, in Abneigung gegen alles Gute ausarten.

Möchte dieß nie von mir gesagt werden können, gütigster Gott und Vater! Möchte ich in der Religion meine Freude, in der Tugend meine Seligkeit, in der treuen Abwartung meines Berufs meine Ehre finden! Möchte ich immer mit dem weisen Ernste handeln, der mir als einem vernünftigen Geschöpfe so angemessen ist, und nichts gering achten, was auf meinen sittlichen Charakter wohlthätig oder nachtheilig einwirken kann! Wie viel seltener würde ich mich dann auf Abwege verlieren, und wie bald meinen Irrthum bemerken und zur Wahrheit zurückkehren! Wie glücklich würde ich dadurch schon itzt, wie glücklich in jedem mich noch erwartenden Stande seyn.

8.

Entsagung des Stolzes.

Gott, was ist und hat und vermag der Mensch, worauf er stolz seyn könnte? Was darf er sein Eigenthum nennen, das er sich selbst zu verdanken, das er nicht von dir und deiner Güte empfangen hätte? Ja, der Stolz ist ein verächtliches Laster, das eine kleine und beschränkte Denkart verräth; und er bleibt selbst dann verächtlich, wenn auch der Mensch alle Macht der Erde und alle Weisheit der Sterblichen in sich vereinigen sollte. Aber wie eitel und thöricht ist nicht vollends dieser Stolz bey meinem Geschlechte! Wie sehr deckt er unsre Mängel und Gebrechen auf! Welch ein beschämendes Licht wirft er auf uns, die wir so wenig Ursache haben, uns über Andere zu erheben! Und der Stand, worin ich mich itzt befinde, die Jahre, in welchen ich gegenwärtig stehe, meine Jugend und die Gewißheit, daß ich mir bisher noch keine wahren Verdienste erworben haben und erwerben konnte, wie bescheiden sollte mich dieß alles machen! Wie gewiß jeden Keim des Stolzes in mir unterdrücken!

Denn worauf kann sich dieser bey uns gründen, das ihm nur einigermaßen zur Entschuldigung gereichte? Ist es das Gefühl unsrer Tugend und das Bewußtseyn unsrer Einsichten, die uns eine so hohe Meinung von uns selbst beybringen? Oder haben wir schon so viel Gutes gestiftet, daß wir Ursache hätten, uns dessen zu überheben? Oder besitzen wir etwa ausschließungsweise so hohe Vorzüge, daß wir mit Verachtung auf andere Menschen herabsehen? Oder verleitet uns vielleicht die Aussicht auf ein künftiges großes Glück dazu? Aber ist es nicht thöricht, sich in einem Alter, in welchem man seine Laufbahn erst antritt, so zu betragen, als ob man sie schon rühmlich vollendet hätte? Und ist es nicht unvernünftig, sich von Gütern und Vorzügen blenden zu lassen, die noch so zweifelhaft und ungewiß sind?

Nein, noch bin ich das nicht, o Gott, was ich seyn soll, und konnte es noch nicht werden. Noch habe ich meine Bestimmung nicht erreicht, und vermochte sie noch nicht zu erreichen. Noch bin ich eine Anfängerin in der Schule der Weisheit und Tugend und habe kaum die ersten Schritte auf dem

Wege gethan, der mich zur Vollendung führen soll. Und wenn ich wirklich das schon wäre, was ich zu seyn und zu werden wünsche; wenn ich alle die Vorzüge schon besäße, wornach ich strebe, und mir allgemein anerkannte Verdienste erworben hätte: so dürfte ich mich dennoch nicht dem Stolze überlassen. Denn der wahrhaft weise und gute Mensch ist nie stolz, und kann es nicht seyn. Wer ächte Verdienste besitzt, ist bescheiden, weil eben diese Bescheidenheit ein neues Verdienst und ein neuer Vorzug ist. Wer seine Mängel und Unvollkommenheiten fühlt; wer es weiß, wie viel ihm noch zu thun und zu lernen, zu bestreiten und zu verbessern übrig ist; wer das Gute auch an Andern erkennt und schätzt und ihnen Gerechtigkeit widerfahren läßt: der kann schon aus dieser Ursache nicht stolz seyn.

Und so blieben mir denn nur eitle und nichtsbedeutende Vorzüge übrig, die meinen Stolz nähren könnten. Aber welche Thorheit, sich solcher Dinge zu überheben, die keinen innern Werth haben und entweder blos zufällig oder eingebildet sind! Denn soll ich auf meine Geburt und auf meine Familie stolz seyn? Aber was habe ich denn zum Glanze meines Hauses beygetragen? Sind die Tugenden, die Einsichten, die Verdienste meiner Aeltern die meinigen? Kann ich mir ihre Thaten und Vorzüge zuschreiben? Und ist es nicht höchst unbillig, Andere deßwegen zu verachten, weil sie von unberühmten Vorfahren herstammen? Oder ist etwa Reichthum ein Gegenstand des Stolzes? Ich habe ihn ja nicht selbst, nicht durch meinen Fleiß und meine Geschicklichkeit erworben. Er ist ja kein Beweis, daß ich besser und würdiger, als Andere bin. Er kann mich ja unmittelbar weder verständiger, noch tugendhafter, noch zufriedner machen. Er ist ein unverdientes Geschenk, das ich aus den Händen der Meinigen erhalte, ohne Ansprüche darauf zu haben. Und ich könnte mich so sehr erniedrigen, andere Menschen darum weniger zu schätzen, weil sie von ärmern Aeltern geboren sind? Oder ist etwa die Schönheit des Körpers ein wahrer, wesentlicher Vorzug, der meinen Stolz entschuldigen kann? Habe ich denn mich, haben denn Andere sich selbst gebildet? Sind äußere Reitze nicht etwas Zufälliges und im Grunde sehr Unbedeutendes? Machen sie den Menschen zum Menschen? Beruht die Würde vernünftiger Wesen auf ihnen? Können sie den Mangel höherer Vorzüge ersetzen? Können sie mir in den Augen der Verständigen einen Werth geben? Und wie vergänglich, wie hinfällig sind sie nicht! Müssen sie nicht früher oder später verblühen? Kann sie mir nicht ein Zufall, eine Krankheit bald entreissen?

Nein, schmücken mich äußere Vorzüge, o Gott, so müssen sie mich zum Danke gegen dich und zum Nachdenken darüber ermuntern, wie ich sie pflichtmäßig anwenden soll, nicht aber zum Stolze verleiten, der ein so thörichtes und schändliches Laster ist und mich in deinen Augen so tief erniedrigt. Denn er vergiftet mein Herz und verschlimmert meine ganze Gesinnung, und ich habe Ursache, an das Wort der Schrift zu denken, daß du den Hoffärthigen widerstehest, aber den Demüthigen Gnade giebst.

9.

Entsagung des Neides.

Wenn sich die traurigen Wirkungen des Lasters immer sogleich zeigten; wenn dieses nicht Anfangs Vergnügen und Vortheil verspräche und mit falschen Erwartungen täuschte: würde es da noch so viele Freunde und Anhänger finden? Nein, diese falschen Versprechungen, diese scheinbaren Freuden der Sünde verlocken wohl die Allermeisten zur Einwilligung in das Böse; denn sonst ließe sich schwer begreifen, wie vernünftige, nach Zufriedenheit und Glückseligkeit strebende Geschöpfe von der Bahn der Tugend abweichen könnten. Aber betrachte ich den Neid, so frage ich billig, was hat er Angenehmes und Erfreuliches? Womit kann er dem Menschen schmeicheln? Wodurch weiß er sich zu empfehlen und Eingang zu verschaffen?

Ja, thöricht und qualvoll, o Gott, ist die Leidenschaft des Neides. Wenn andere Laster ihre schreckliche Gestalt verbergen und sich nur von ihrer verführerischen Seite zeigen, so kündigt sich jener sogleich als den Störer der Ruhe an. Er verengt das Herz, erzeugt feindselige Gedanken und Anschläge, erfüllt die Seele mit Bitterkeit und verhindert den frohen Genuß dessen, was man Gutes hat. — Und die Gegenstände, die den Neid erregen und die Ruhe so vieler Menschen stören, sind sie wohl so wichtig und begehrenswürdig, als sie zu seyn scheinen? Ist es die Tugend, um deren Besitz man Andere beneidet? O wer die Tugend für etwas Schönes und Wünschewerthes hält, der ist wohl einer edeln Nacheiferung, aber nicht des Neides fähig. Sind es Verstand und Weisheit, die man seinen Brüdern und Schwestern mißgönnt? O wer sich durch Neid erniedrigen kann, dem ist es wohl nicht um diese Vorzüge selbst zu thun, sondern der wünscht blos die Ehre, die Belohnung, die äußern Vortheile zu erringen, die mit einem großen Verstande und mit ausgezeichneter Weisheit bisweilen verbunden sind.

Nein, es liegen andere Ursachen bey diesem Laster zum Grunde, und man beneidet sich gemeiniglich um ganz andere Dinge. Die Mißgunst wenigstens, welche so häufig unter Personen meines Geschlechts herrscht, wird durch die geringfügigsten Gegenstände erzeugt. Denn eben die eingebildeten Vorzüge, welche zum Stolze Anlaß geben, erwecken auch den Neid; und Rang und Geburt, Reichthum und Schönheit, Witz und Annehmlichkeit sind fast immer die Güter, welche mit mißgünstigem Blicke an Andern betrachtet werden.

Aber nie, o Gott, nie will ich mich darüber betrüben, wenn ich höre, daß meine Jugendfreundinnen ihres Reichthums oder ihrer Schönheit wegen gepriesen und hervorgezogen werden. Oder kann ich mich denn durch das Gute, welches Andern zu Theil wird, beleidigt fühlen? Würden denn diese Vorzüge auf mich gefallen seyn, wenn sie auch jene nicht besäßen? Haben sie sich denn das Alles selbst gegeben? Haben sie mir etwas dadurch entzogen? Ist die wahre Zufriedenheit und Glückseligkeit an äußere Güter gebunden? Sind diese nicht sogar in vielen Fällen ein Hinderniß derselben? Und bist nicht du es, o Gott, der die irdischen Vorzüge mit Weisheit und Güte unter die Menschen vertheilt? Tadle ich nicht dich, nicht deine Vorsehung und Weltregierung, wenn ich Andere deßwegen beneide, weil du sie in diese oder jene Lage gesetzt hast? Oder kann ich mir durch Rechtschaffenheit und Tugend nicht auch Ehre und gegründetere Ehre erwerben, als Rang und Geburt geben? Kann ich durch Fleiß und wirthschaftliche Kenntnisse nicht auch ein mäßiges Vermögen erlangen? Und hat dieses selbsterworbene Vermögen nicht einen weit größern Werth, als blos ererbter Reichthum? Habe ich mich nicht des Glücks der Gesundheit zu erfreuen? Und ist Gesundheit nicht vorzüglicher, als Schönheit? Würde ich jene hingeben, um diese dafür zu erhalten?

Nie, o Gott, nie will ich mich darüber betrüben, wenn ich Andern in Absicht auf Witz und Annehmlichkeit im Umgange nachstehe. Zwar scheinen diese Vorzüge wichtiger zu seyn, und sie übertreffen auch wirklich Schönheit und Reichthum; aber es sind doch keinesweges die Eigenschaften, die meinem Geschlechte allein Ehre bringen. Es sind schimmernde, blendende Dinge, die eben so oft Mißvergnügen veranlassen, als Freude machen, eben so viel

Tadel, als Lobsprüche erhalten, eben so viele Feinde, als Bewunderer finden. Sie können leicht gemißbraucht werden, und sind es schon häufig zum eigenen Nachtheile ihrer Besitzer wirklich geworden. Oder sollte denn ein guter, treffender Verstand, eine geübte und richtige Urtheilskraft nicht größere Vortheile gewähren, als jene so beneideten Fähigkeiten? Und wenn sie auch in der That wären, was sie scheinen; dürfte ich sie darum Andern mißgönnen? Dürfte ich da scheel sehen, wo sich meine Mitmenschen freuen? Dürfte ich mich deßwegen für unglücklich halten, weil Andere glücklich sind? Dürfte ich meine Schwestern hassen, weil sie die Mittel besitzen, sich beliebt und wohlgelitten zu machen? Würde ich durch ein solches Verhalten nicht die Vernunft, nicht das Christenthum, nicht die Liebe beleidigen?

Nie, o Gott, will ich mich vom Neide beherrschen lassen, wenn ich sehe, daß eben das, wornach ich am eifrigsten ringe, Andern zu Theil wird; daß sich diese gerade da hervorthun und auszeichnen, wo ich es selbst so gern möchte; daß sie mich darin übertreffen, worin ich sie am liebsten zu übertreffen wünsche. Und hier ist es, wo ich mich ganz vorzüglich vor diesem Laster hüten muß, weil es mich am leichtesten beschleichen kann. Ich kann vielleicht bey solchen, die nicht meines Geschlechts und meines Standes sind, die glänzendsten Vorzüge ohne Mißgunst sehen; denn sie kommen mit mir in keine Berührung und ihre Absichten und Wünsche sind nicht die meinigen. Aber wenn ich es mit mir gleichen Personen zu thun habe, die auf Einem Wege mit mir laufen, Ein Ziel mit mir verfolgen und sich einerley Mittel mit mir bedienen, dann muß ich mit der größten Sorgfalt mein Herz bewachen, um dem Neide den Eingang zu verwehren.

Nein, Gott und Vater, Weisheit und Tugend sollen mehr, als Alles meine Aufmerksamkeit erregen; und wo ich dieselben an Andern gewahr werde, da soll nicht Neid, sondern edle Nacheiferung in mir erwachen. Keine Ehre soll mich stärker rühren, als die meine Freundinnen ihres sittlichen Wohlverhaltens wegen genießen. Diese will ich mit ihnen theilen; und hierin will ich es ihnen gleichthun, um nicht schimpflich zurückzubleiben.

10.

Die Vorsicht bey der Wahl eines Gatten.

Gott, ich stehe nun am Ende meiner gegenwärtigen Laufbahn, und soll bald eine neue, ungleich wichtigere antreten. O wie viel Gutes habe ich nicht bisher genossen! Wie froh und heiter war mein Gemüth! Wie leicht und sorgenfrey mein Leben! Wie wenig empfand ich noch von den mannichfaltigen Beschwerden und Widerwärtigkeiten desselben! Ja, schön sind die Jahre, welche ich zurückgelegt habe: denn es sind die Jahre der Kindheit und

Jugend, wo man mit innigem Vergnügen das Daseyn genießt und sich auf die ernstere Zeit erst vorbereitet.

Und dafür, o Gott, sey dir Dank und Lob von mir gesagt! Ich erkenne und verehre deine weise Güte, deine väterliche Fürsorge, deine unverdienten Wohlthaten. Ich preise dich dafür, daß unter deiner Leitung mein Geist und Herz gebildet worden sind; daß ich mich zu der Würde des Menschen und des Christen erhoben habe; daß ich mich fähig fühle, meine weibliche Bestimmung zu erfüllen und das zu leisten, was du von mir forderst. Ich sehe mit Dankbarkeit und Rührung auf das Vergangene zurück und denke an dich, der du bis hieher geholfen hast.

Aber ich sehe nun auch eine neue und längere Laufbahn vor mir geöffnet. Ich gehe deinem Willen und meinen Verhältnissen gemäß einem höhern und schwierigern Stande entgegen. Ich habe nun die Pflicht auf mir, die Schulden meiner Minderjährigkeit abzutragen, die vielen und großen Wohlthaten, welche ich bisher empfangen habe, zu vergelten und mich dem Besten der Gesellschaft zu widmen, welcher ich so viel verdanke. Du hast mir Mittel und Gelegenheit verliehen, mich zu diesem meinem Berufe geschickt zu machen; und nun nähert sich die Zeit, wo ich ihn antreten soll. Mein eigenes Glück erfordert und das Wohl meiner Nebenmenschen verlangt es, daß ich Gattin werde.

Freylich der wichtigste und bedeutungsvolleste Schritt, welchen ich thun kann! Der Freund, den ich zum Gefährten meines Lebens wähle, soll und muß in jeder Hinsicht der einzige Freund meines Herzens seyn und bleiben. Die Verbindung, welche ich mit ihm eingehe, ist die innigste, die festeste, die unauflöslichste. Von ihm und seiner Denkart, von seinem Verstande und seiner Tugend hängt großentheils meine Ehre, mein Glück und meine Ruhe ab. Durch mich und meinen Charakter kann hinwiederum auch Er unendlich viel gewinnen und verlieren. — O welche weise Vorsicht und Bedachtsamkeit werden dazu erfordert, wenn ich glücklich wählen und meine getroffene Wahl nie bereuen soll! Auf wie viele oft gleichgültig scheinende, nicht immer in die Augen fallende Umstände muß ich da Rücksicht nehmen, wenn ich alles sorgfältig erwägen und vernünftig zu Werke gehen will! Vor wie vielen Vorurtheilen habe ich mich zu hüten, um nicht ein trauriges Opfer meiner Unwissenheit oder meines Leichtsinns zu werden! Welch ein großer, oft zu spät bemerkter Unterschied ist nicht zwischen einem bloßen Gesellschafter und einem Gatten; zwischen einem Freunde, in dessen Umgange man sich nur bisweilen vergnügt, und dem, mit welchem man ein so heiliges und unzertrennliches Band knüpft!

Ja, schwer ist es, o Gott, da mit kalter Vernunft und mit ruhiger Bedachtsamkeit zu handeln, wo eine Leidenschaft, welche zu den stärksten gehört, das Herz erfüllt. Schwer ist es, den Gegenstand seiner Liebe und Zuneigung mit unpartheyischen Augen zu betrachten und seine Fehler nicht für Tugenden zu halten. Und doch muß ich dieser Ueberlegung fähig seyn, weil ich sonst meine Pflicht verletzen und das Glück meines Lebens dem Zufalle preisgeben würde. So gut es meine Freunde mit mir meynen und wie sehr sie auch für mein Bestes sorgen mögen; so gewiß ist es doch, daß sie zwar meine Wahl leiten, aber nicht für mich und an meiner Statt handeln können. War es also je nöthig für mich, über den Werth der Dinge ernsthaft nachzudenken und irdische Vorzüge, zufällige Güter richtig zu würdigen, so ist es itzt. War es je nachtheilig, mich vom Scheine blenden zu lassen und den Rath der Vernunft zu verachten, so ist es in dem gegenwärtigen Falle, wo die schlimmen Folgen des Leichtsinns so gewiß und unausbleiblich sind. War es je mit Gefahr für mich verbunden, Reichthum und Ehre und sinnliches Vergnügen über die Gebühr zu schätzen, Pracht und Ueberfluß für sichere Kennzeichen der Zufriedenheit zu halten und Glück mit Glückseligkeit zu verwechseln, so habe ich dieß itzt zu fürchten, wo alles darauf beruht, daß ich diese Irrthümer vermeide.

Ja, so unüberlegt und thöricht es von mir gehandelt seyn würde, wenn ich ohne Rücksicht auf die Zukunft zu nehmen, ohne an die erforderlichen Mittel zur Befriedigung einstiger Bedürfnisse zu denken, blos nach leidenschaftlicher Neigung das wichtigste Band knüpfte; so niedrig und unedel würde es doch seyn, wenn ich einem verständigen und tugendhaften Freunde, der mich liebt und hochschätzt, der mich glücklich machen kann und will, und bey dem ich nichts, als Reichthum und Würden vermisse, meine Hand versagen wollte.

Nein, ohne Weisheit und Tugend giebt es wie überall, so auch im häuslichen und ehelichen Leben kein Heil. Nur die wahre Liebe, die auf gegenseitigen ehrwürdigen Eigenschaften beruht, nur die Verbindung, welche sich auf die Aehnlichkeit guter Gesinnungen gründet, nur die Zuneigung, welcher sich Hochachtung beygesellt, nur diese können mir in dem Stande, worein ich treten werde, die Gewährung meiner Wünsche versprechen. — In diesem Sinne, o Gott, will ich denken und handeln, und den Erfolg deiner Aufsicht und Leitung überlässen.

II.

Die Verlobte.

Gott, der wichtige Schritt ist geschehen; ich habe gewählt und für mein ganzes Leben entschieden. Möchte meine Wahl glücklich, möchten die Folgen dieses Schritts gesegnet seyn! Ich habe damit deine Absicht und meine Bestimmung erfüllt; und du wirst nach deiner Weisheit und Güte meine Schicksale so leiten, wie es am besten für mich ist. Ja, mit diesem Vertrauen betrete ich die neue Laufbahn, welche sich mir öffnet, und erwarte mit Zuversicht, daß du dich mir auch in meinem künftigen Berufe nicht unbezeugt lassen wirst. Ich hoffe auf deine Vaterliebe, die mich von meiner Kindheit an geleitet und noch immer alles wohl mit mir gemacht hat.

Aber freylich hast du auch mir selbst in Absicht auf mein künftiges Glück viel überlassen; und ich werde in meinen neuen Verhältnissen größtentheils die Schöpferin meiner Freuden und Leiden seyn, wie ich es bisher gewesen bin. Keine Tugend wird so sichtbar von guten Folgen begleitet, als die eheliche und häusliche. Keine Pflichten belohnen sich vielfältiger, als die Pflichten der Gattin und Hausfrau. Möchte ich mir diese wichtige Wahrheit tief einprägen, und die Entschließungen fassen, welche ihr angemessen sind!

Habe ich frey gewählt; habe ich meinem künftigen Gatten aus Neigung und nach eigenem Antriebe Hand und Herz versprochen: so kann ich an seiner Seite glücklichen Jahren entgegensehen, wenn ich meinem Versprechen redlich nachkomme. Und das darf er mit Recht von mir erwarten, da ich ihm meine ungetheilte Liebe zugesagt habe. Je völliger er es meinem Willen überließ, das Band zwischen ihm und mir zu knüpfen; desto fester ist er nun überzeugt, daß meine Empfindungen und Gesinnungen, meine Absichten und Wünsche mit den seinigen übereinstimmen. Habe ich den Gefährten meines Lebens frey gewählt; so darf er sich schmeicheln, daß mich seine Verdienste, sein Verstand und seine Tugend, nicht aber sein Vermögen oder seine Ehrenstellen dazu bewogen haben. Er hat durch seine Liebe und durch sein Zutrauen zu mir bewiesen, daß er mich dieser edeln Denkart für fähig hält; und ich muß ihr entsprechen, wenn ich seine gerechten Hoffnungen nicht täuschen will; ich muß meine Zusage, die er auf keine Art von mir erzwang, unverbrüchlich halten und ihm alles Versprochene willig leisten. Habe ich meinen künftigen Gatten frey gewählt; so darf er erwarten, daß ich ihm kleine, unbedeutende Fehler gern übersehen und mich in diesem Stücke so gegen ihn verhalten werde, wie ich wünsche, daß er sich gegen mich verhalten möge. Er trauet mir zu, daß ich die Nothwendigkeit davon einsehe und den Willen dazu habe. Er hofft von meiner Liebe, daß ich seine Unvollkommenheiten sanft und mild zu verbessern suchen werde, und ist in Absicht auf meine Mängel und Gebrechen zu gleicher Schonung entschlossen.

Habe ich dieses unschätzbare Glück, nach Wunsch und Neigung zu wählen, nicht genossen; bin ich durch Verhältnisse, durch den Willen Anderer, durch gelindere oder strengere Mittel zu diesem Schritte überredet oder gezwungen worden; sehe ich aus diesem Grunde keinem vorzüglichen Loose entgegen: so ist diese Aussicht freylich trübe und beunruhigend; aber Vernunft und Religion lehren mich auch hier meine Pflichten und zeigen mir zugleich die Wege, mir mein Schicksal zu erleichtern. Ohne deine Zulassung konnte doch auch dieses nicht geschehen; denn du hast mich in die Umstände gesetzt, die mir itzt ein solches unfreywilliges Versprechen abgenöthigt haben. Ferne sey es also von mir, meine Aeltern und Freunde ihres Betragens wegen zu hassen, oder ihnen schlechte Absichten dabey anzudichten! Vielleicht sieht ihre größere Klugheit und Erfahrung mehr Gutes für mich voraus, als ich erwarte. Vielleicht habe ich zu einseitig, zu leidenschaftlich geurtheilt und bin durch falsche Nachrichten getäuscht worden.

Ich will mich daher hüten, meine Abneigung gegen den zu verstärken, in dessen Gesellschaft ich meine Tage durchleben und mit dem ich Glück und Unglück theilen soll. Ich will seine Liebe zu mir, die ihn alles anwenden ließ, zum Besitze meiner Person zu gelangen, nicht mit Haß vergelten. Ich will mich bemühen, seine Vorzüge und guten Eigenschaften zu entdecken, die mir bisher vielleicht blos darum entgangen sind, weil ich wider ihn eingenommen war. Ich will ihm wenigstens meine ganze Hochachtung schenken, ihn als meinen Freund ehren und mich so gegen ihn betragen, daß ich nicht ihm und mir selbst das Leben verbittere. Ich will ihn das Beleidigende seiner Zudringlichkeit und die Folgen seines unüberlegten Schritts so wenig als möglich fühlen lassen. Vernunft und Religion heißen mich meinen künftigen Stand als eine Schule ansehen, in welcher ich meine Geduld und Standhaftigkeit üben, mein Vertrauen auf dich stärken und mich in Absicht auf meinen sittlichen Charakter vervollkommnen soll. Mit dankbarer Zufriedenheit will ich demnach die mir beschiedenen, wenn auch geringern und sparsamern Freuden des häuslichen Lebens genießen; und durch Klugheit und Tugend will ich die Beschwerden und Leiden desselben abzuwenden oder zu vermindern suchen.

In jedem Falle aber, o Gott, will ich mit solchen Gesinnungen und Vorsätzen in den neuen Stand treten, daß ich meine menschliche und christliche Würde in demselben behaupten und meine weibliche Bestimmung erreichen kann. Unschuld, Tugend und Treue sollen mich dahin begleiten; sie sollen im Leben meine Zierde und im Tode meine Ehre seyn!

12.

Morgengebet allgemeinen Inhalts.

Gott, dir verdanke ich mein Leben und mit demselben zahllose Wohlthaten und Freuden; denn wenn du deinen Geschöpfen das Daseyn giebst, so schenkest du ihnen auch, was sie zum frohen Genusse desselben bedürfen. Und welchen hohen Werth hat nicht ein Menschenleben! Wie innig fühle ich das auch an diesem Morgen, der mich zu neuen Geschäfften weckt, mit neuer Kraft beseelt und zu deinem Lobe ermuntert! Und wie schön, wie ehrenvoll ist nicht meine weibliche Bestimmung! Wie groß und vielversprechend der Beruf, in welchem ich gegenwärtig stehe und künftig stehen werde! Wie trostvoll ist der Gedanke für mich: ich lebe, um viel Gutes zu genießen und viel Gutes für Andere zu wirken! Und welchen neuen, noch höhern Werth giebt nicht das Christenthum meinem Leben! Denn hier lerne ich den wahren Zweck desselben kennen. Hier werde ich davon unterrichtet, wie ich meine Fähigkeiten und

Kräfte gebrauchen, meine Würde behaupten und mich dem Ziele meiner Bestimmung nähern soll. Hier sehe ich dich und mich, deine Absichten mit mir und mein Verhältniß gegen dich in dem erfreulichsten Lichte. Das Christenthum hat nicht nur die Menschheit überhaupt von ihren drückenden Fesseln entlastet; es hat auch insbesondere für das Wohl des weiblichen Geschlechts gesorgt. Es hat unsern Zustand erleichtert, unsern Beruf verherrlicht, unsre menschlichen Rechte wiederhergestellt und uns einen Platz in der Gesellschaft angewiesen, der uns die wirksamsten Hülfsmittel zur Weisheit und Tugend darbietet.

Ja, nun kommt es blos auf mich selbst an, ob ich mich dieser wichtigen Vortheile so bedienen will, daß ich dadurch werde, wozu ich berufen bin. Ich habe in meiner glücklichen Lage keine rohe Tyranney, keine gewaltsame Unterdrückung, sondern blos die Macht der Sinnlichkeit und die Herrschaft meiner Leidenschaften zu fürchten. Ich wandle auf meinem Wege nicht im Finstern, weil mir die Religion ein wohlthätiges Licht anzündet, das alle meine Pfade erleuchtet und auch meine jugendliche Laufbahn erhellt. Ich kenne die Pflichten meines Standes, weiß erlaubte Vergnügungen von strafbaren zu unterscheiden, und laufe mithin weit weniger Gefahr, meine Unschuld, meine Ehre, meine Ruhe, mein gutes Gewissen zu verlieren. Das heilige Gebot der Religion verstärkt die Gründe der Vernunft, die mich zum Guten ermuntern, und läßt mich nie in Verlegenheit, wie ich mich verhalten, wofür ich mich entscheiden, wie ich mich unter allen Umständen des

Lebens betragen soll. Dein Wort unterrichtet mich von der Ehrwürdigkeit der Tugend und von der hohen Achtung, die ich auch meinen weiblichen und häuslichen Pflichten schuldig bin.

Ja, jeder Tag meines Lebens ist dazu geschickt, mich im Guten zu üben; und es wird mir auch heute nicht an Gelegenheit dazu fehlen. Ich werde meinen Aeltern und meiner Familie nützlich seyn, werde ihnen durch Fleiß und Arbeitsamkeit ersprießliche Dienste leisten, werde auch durch mein Beyspiel vortheilhaft auf Andere wirken können. Ich werde Veranlassung finden, Geist und Herz zu bilden, mich in rechtschaffenen Gesinnungen zu befestigen, manches Böse abzulegen und besser zu werden. Und ich bin entschlossen, o Gott, diese Gelegenheiten sorgfältig zu gebrauchen. Der Vorsatz, deinem Willen zu gehorchen und allen meinen Pflichten treu nachzukommen, ist aufs neue mit mir erwacht. Gesegnet soll mir jeder Augenblick seyn, wo ich der Tugend ein aufrichtiges Opfer bringe. Gesegnet soll mir jeder Freund, jeder Feind, jede Wohlthat, jedes Leiden, jedes neue Verhältniß, jeder Wechsel der Dinge seyn, die mich zur Beherrschung meiner selbst, zur Mäßigung meiner Begierden und zur Bekämpfung meiner Leidenschaften auffordern; die mich zur Erkenntniß meiner Fehler bringen und mir meine Besserung erleichtern.

Und ist jeder Tag meines Lebens ein Tag der Prüfung, so wird es auch der heutige seyn; so werde ich nicht von den Versuchungen und Gefahren frey bleiben, die den Menschen überhaupt, oder mein

Geschlecht und meinen Stand insbesondere bedrohen. Vielleicht wird meiner Unschuld und Tugend nachgestellt. Vielleicht soll ich zu unanständigen Zerstreuungen und zu leichtsinnigen Handlungen hingerissen werden. Vielleicht, daß mich Mode, Eitelkeit, Beyspiel und böse Sitte zur Verabsäumung meines Berufs verleiten wollen. Vielleicht sehe ich mich zum Stolze, zum Neide, zur Verleumdung, zur Schadenfreude und zu ähnlichen Lastern gereitzt. Aber ich will mich itzt in deiner Gegenwart darauf vorbereiten und gegen diese Gefahren waffnen, um sie zu bekämpfen. Dein Wille soll die Richtschnur meiner Gesinnungen seyn und meine Wünsche und Urtheile leiten. Ich will nicht daran zweifeln, daß ich meine Rechtschaffenheit und Tugend wider jeden Angriff vertheidigen kann, wenn mich das Bewußtseyn meiner Würde und der Gedanke an deine Nähe dabey unterstützt.

Und so stärke mich denn, gütiger Gott, daß ich dieser Ueberzeugung treu bleibe, meine guten Entschließungen wirklich ausführe und den heutigen Tag zu einem Tage der Freude für mich mache. Ja, durch deinen Beystand wird es mir gelingen; denn alle gute und vollkommne Gabe kommt von oben herab, von dir, dem Vater des Lichts.

13.

Abendgebet allgemeinen Inhalts.

Daß dir meine Handlungen nicht gleichgültig sind, o Gott, davon habe ich in mir selbst einen deutlichen Beweis. Denn mein Gewissen, dieser gerechte und unbestechliche Richter alles dessen, was ich will und thue, bezeugt mir deine Aufsicht auf mein sittliches Verhalten. Es vertritt deine Stelle, und seine Belohnungen sind so erfreuend, als seine Strafen schmerzhaft sind. Ich kann keinen Tag beschließen, ohne entweder durch den Beyfall dieses meines innern Richters erfreut, oder durch seine Vorwürfe betrübt zu werden; und wenn ich auf seine Stimme höre, so kann ich mit Zuverlässigkeit wissen, wie du von mir urtheilest, und ob ich dein Wohlgefallen zu hoffen oder dein Mißfallen zu fürchten habe.

Ich will mich also in dieser Abendstunde fragen, was ich dabey empfinde, wenn ich auf den heutigen Tag zurücksehe und meine Gesinnungen und Wünsche, meine Reden und Handlungen überdenke. Sind es Freude, Ruhe, Zufriedenheit, die ich nun fühle; oder wohnen Unruhe und Mißvergnügen in meinem Herzen? Kann ich mit Ueberzeugung sagen, daß der Weg, worauf ich mich heute befand, der rechte war, o daß ich auch künftig auf demselben fortgehen darf; oder muß ich mit Schaam und Reue bekennen, daß ich auf Abwege gerathen und von der Bahn der Tugend gewichen bin? Ja, nur dann kann ich mit getrostem Muthe und mit Freudigkeit an dich denken, wenn mir mein Gewissen das Zeugniß giebt, daß ich in deiner Gegenwart gewandelt und deine Gebote vor Augen gehabt habe. Aber jeder Tag, an dem ich mich von meiner Bestimmung und Pflicht entferne, an dem ich mich von schlechten Gesinnungen und von unerlaubten Begierden beherrschen lasse, an dem ich irgend einem Laster meine Tugend aufopfere, der Vernunft und Religion zuwider handle und meine Denkart verschlimmere, jeder so zugebrachte Tag führt die verdiente Strafe für mich herbey, daß ich nicht ohne Erröthen, nicht ohne Vorwürfe auf ihn zurücksehen kann, sondern mich seiner vor dir und vor mir selbst schämen muß.

O welch ein unschätzbares Glück ist doch also ein gutes Gewissen! Wie froh und zufrieden kann ich seyn, wenn ich ein reines Herz habe und mich nicht selbst verurtheilen muß! Da erscheint mir die Welt weit schöner, weil ich ein unverdorbenes Gefühl und für ihre Schönheiten Empfänglichkeit habe. Da findet jede, noch so alltägliche Freude Eingang bey mir, weil mein schuldloses Gemüth jedem unschuldigen Vergnügen offen steht. Da habe ich nicht Ursache, meine Zufriedenheit außer mir zu suchen und der entflohenen Ruhe auf gefährlichen, ungebahnten Wegen nachzujagen, weil ihre Quellen in mir selbst liegen. Da fließt mein Leben still und sanft dahin, weil nicht unersättliche Wünsche und Begierden meine Brust bestürmen und nicht heftige, einander widersprechende Leidenschaften in meinem Innern toben. Da habe ich Frieden mit mir selbst, Frieden mit der Welt, Frieden mit der ganzen Natur, Frieden mit dir, dem Beherrscher meiner Schicksale, und freue mich des Looses, das du mir bestimmt, der Stelle, die du mir angewiesen, der Aussichten, die du mir geöffnet hast. Da habe ich Muth und Eifer, auf dem Wege des Guten immer vorwärts zu schreiten und mich täglich mehr zu vervollkommnen, weil ich die Kraft dazu in mir fühle und sie schon so oft glücklich erprobt habe. Da macht mich kein Hinderniß, keine Schwierigkeit, keine Gefahr leicht verzagt, weil ich aus Erfahrung weiß, daß standhafte Liebe zur Tugend alle Hindernisse überwinden, alle Schwierigkeiten besiegen und allen Gefahren trotzen kann.

Ja, wenn ich ein gutes Gewissen habe, so kann ich auch die Widerwärtigkeiten des Lebens geduldiger ertragen und zweckmäßiger benutzen. Denn welch ein Trost ist es dann für mich zu wissen, daß ich nicht selbst die Urheberin meiner Leiden bin! Welche Beruhigung muß es mir dann gewähren, auch in den mir zugeschickten Trübsalen deine weisen und gütigen Absichten zu erkennen und deinen heiligen Willen zu verehren! Mit welcher Kraft und Standhaftigkeit wird mich der Glaube an deine Vorsehung erfüllen, die immer für mich sorgt und mich auch auf rauhen Wegen meiner Vollkommenheit entgegenführt! Welchen Muth wird mir die Religion, diese treueste Freundin der Leidenden zusprechen, wenn ich in glücklichen Tagen ihre aufrichtige Verehrerin gewesen bin!

O möchte ich doch also heute mein Gewissen nicht verletzt und nichts gethan oder unterlassen haben, worüber es mich bestrafen muß! Möchte ich wenigstens bereit seyn, jedes begangene Unrecht aus allen Kräften wieder gut zu machen und jede versäumte Pflicht so viel möglich nachzuholen, ehe die Folgen davon noch mehr Böses wirken! Möchte ich an jedem Morgen der Tugend huldigen und an jedem Abende Rechenschaft von mir fordern, und oft durch Gebet, oft durch das erneuerte Andenken an dich und an deine Allgegenwart mein Gewissen zu wecken suchen! Ja, keine Sünde für klein und unbedeutend zu halten, weil jeder Fehltritt stets mehrere und größere nach sich zieht; jede noch so geringscheinende Pflicht als unverletzlich zu betrachten, weil ich sie nicht übertreten kann, ohne durch sie und mit ihr auch andere zu vernachlässigen; Unschuld und Reinigkeit des Herzens höher, als alles und selbst höher, als das Leben zu schätzen, weil ich dieselben, wenn sie einmahl verloren sind, nicht wieder zurückrufen kann: dieß ist die Gesinnung, die ich mir eigen machen muß, wenn ich mich zur ächten Frömmigkeit und zur wahren, christlichen Tugend erheben will.

Feyerlich, o Gott, verspreche ich es dir in dieser Abendstunde, die Jahre meiner Jugend so anzuwenden, daß ich einst ohne Schaam und Reue auf sie zurückblicken kann. Dann wird auch der Abend meines Lebens heiter, und der Gedanke an dich noch im Tode beruhigend für mich seyn.

Dritter Abschnitt.

Stoff
zur Belebung des frommen Sinnes
für
die Gattin und Hausfrau.

1.

Die Wichtigkeit des ehelichen Standes und die Pflichten in demselben.

Wichtig und absichtsvoll, o Gott, ist der Stand, worein ich getreten bin; wichtig und vielumfassend sind die Verhältnisse, in welchen ich nun mit Andern stehe. Zwar werden die frühern Verbindungen mit meinen Aeltern und mit meiner Familie dadurch nicht ungültig; ich bin jenen noch immer Dankbarkeit und Liebe, und diesen eine vorzügliche Achtung und Theilnahme schuldig: aber das Band, welches zwischen mir und meinem Gatten geknüpft ist, bleibt doch in jeder Hinsicht das engste und festeste, und nur der Tod soll es deinem Willen gemäß lösen. — Ja, wichtig ist das eheliche und häusliche Leben; denn große und mannichfaltige Absichten willst du durch dasselbe befördern; und wirksame Mittel hast du hier vereinigt, um diese Absichten zu erreichen. Du hast die Erhaltung des Menschengeschlechts an diesen Stand gebunden und die weise Einrichtung getroffen, daß der mächtigste Trieb der Natur, der Trieb der Liebe nur im ehelichen Leben befriedigt werden soll. Dadurch allein kann die Menschheit bey ihrer Würde erhalten und ihrer Bestimmung zugeführt, dadurch allein können vernünftige Geschöpfe *so erzogen und gebildet werden, wie es ihre Natur* erfordert.

Und wie innig hast du nicht durch dieses Alles die Schicksale der Gatten in einander geflochten! Da kann der Eine kein Glück genießen, das nicht auch dem Andern zu Theil würde, und Keinem eine Widerwärtigkeit begegnen, die nicht auch den Andern träfe. Da hat jede Freude und jedes günstige Ereigniß einen höhern Werth, weil sie zum gemeinschaftlichen Genusse einladen, und jeder Unfall verliert von seiner Bitterkeit, weil er gemeinschaftlich erduldet wird. Da ist es weit leichter, gute Absichten zu erreichen und Hindernisse zu besiegen, weil beyde Gatten mit vereinigten Kräften daran arbeiten und mithin das Mühevolle weniger fühlen. Da findet jedes in der Liebe und Zärtlichkeit des Andern Ersatz und Belohnung für alles, was es gethan oder aufgeopfert hat.

Ja, wen du zum ehelichen Leben bestimmst, o Gott, dem hast du ein groses Feld angewiesen, worauf er nicht blos für das Wohl des mit ihm vereinigten Gatten, sondern auch an der Beförderung des gemeinen Besten arbeiten kann; dem hast du also schon dadurch wichtige Pflichten aufgelegt, an deren treuen Erfüllung alles gelegen ist. O daß sie mir heilig wären, diese Pflichten, und ich mich recht innig davon überzeugen möchte, daß mein häusliches Glück fast einzig und allein von meiner Tugend und Gewissenhaftigkeit abhängt!

Ich habe meinem Gatten Liebe versprochen; und schon dieses Versprechen umfaßt sehr viel. Es verlangt von mir, daß ich seine Gesellschaft allen außerhäuslichen Zerstreuungen und Lustbarkeiten weit vorziehe und ich ihm bey jeder Gelegenheit zeige, wie viel Vergnügen ich in seinem Umgange finde. Ich muß ihm meine Liebe dadurch beweisen, daß ich mich seiner guten Eigenschaften aufrichtig freue und ihm so viel Erholung und Aufheiterung verschaffe und so viele frohe Stunden mache, als ich nach meinen Kräften im Stande bin; daß ich mich ihm stets von der besten Seite zeige, um seine Hochachtung zu verdienen und mir seine Zufriedenheit zu erwerben. Er erwartet von meiner Liebe, daß ich an seinen Sorgen und Bekümmernissen thätigen Antheil nehme, daß ich ihm jede Last redlich tragen helfe und ihm auf alle Art sein Leben erleichtere.

Ich habe meinem Gatten Treue, ewige, unverbrüchliche Treue gelobt. Ich bin mithin schuldig, dieses Gelübde zu erfüllen und so zu erfüllen, daß ich alles meide, was einen bösen Schein wider mich erregen, was ihm Verdacht gegen mich einflößen, was seine Ruhe auch nur entfernter Weise stören kann. Ich bin verbunden, ihm nicht nur äußerlich anzuhängen, sondern auch im Herzen ergeben zu seyn, und nicht nur die wirkliche Untreue zu fliehen, sondern auch jeden Gedanken daran zu unterdrücken. Ich würde schon dann fehlen, wenn ich auch nur im Umgange mit Andern mehr Vergnügen, als in der Gesellschaft meines Gatten fände und mir die Verbindung mit jenen so reitzend dächte, daß mir mein Verhältniß zu diesem keine Befriedigung mehr gewährte.

Ich habe diesem Gehorsam versprochen; und es ist Pflicht für mich, daß ich in jedem erlaubten Falle auch wirklich diesem Versprechen willig nachkomme. Denn ich verleugne dadurch meine Würde nicht. Ich thue da nichts weiter, als daß ich deine Einrichtung ehre und deinen Willen befolge. Es ist der Natur der Dinge gemäß, daß ich meine Einsichten in vielen Stücken dem unterwerfe, der höhere und umfassendere Einsichten hat; daß ich dem Rathe dessen folge, der mehr Erfahrung, mehr Welt- und Menschenkenntniß besitzt, als ich in meiner Lage besitzen kann; daß ich den als das Haupt der Familie erkenne, der mich beschützen, der größtentheils für meine Bedürfnisse sorgen, der den schwersten Theil der Geschäffte übernehmen und für viele meiner Handlungen verantwortlich seyn muß.

Ja, an der Erfüllung dieser Pflichten ist alles gelegen; denn mit der Verabsäumung derselben ist mein eigenes Unglück und das Unglück meines Gatten entschieden. In meinem Stande muß ich allem Leichtsinne und allen jugendlichen Vorurtheilen entsagen, wenn ich das in ihm finden soll, was eine tugendhafte und verständige Gattin gewiß darin finden kann. Glücklich bin ich demnach, o Gott, daß ich seine Wichtigkeit erkenne und deutlich einsehe, was er von mir fordert. Aber weit glücklicher noch werde ich seyn, wenn ich diese meine Einsicht und Ueberzeugung nie durch meine Handlungen verleugne.

2.

Aussicht auf künftige Freuden und Leiden.

Jeder Stand, o Gott, hat seine Vorzüge und Freuden; jeder hat seine Unannehmlichkeiten und Beschwerden. Nirgends ist ununterbrochenes und unvermischtes Glück anzutreffen; überall ist Gutes und Böses mit einander verbunden und in stetem Wechsel. Dieß ist deine weise Einrichtung; so schickt es sich am Besten für uns sinnliche Geschöpfe, die wir so verführbar sind und uns nur auf diesem Wege der Vollkommenheit nähern können. Ich darf mir also in dem Stande, worein ich getreten bin, nicht lauter Genuß und Wonne versprechen; denn diese Hoffnung würde mich oft täuschen und elend machen. Ich muß es mir schon itzt als möglich, ja als nothwendig und unvermeidlich vorstellen, daß ich manches Unangenehme in meiner häuslichen Lage erfahren, manche Hindernisse auf meinem Pfade antreffen und manches Leiden zu erdulden haben werde. Das ist dem Laufe der menschlichen Dinge gemäß; das bringt insbesondere das häusliche Leben so mit sich, weil da die Schicksale Vieler in einander eingreifen und gegenseitigen Einfluß auf einander haben. Zwar kann und darf ich alles Gute von dir erwarten, o Gott; zwar bin ich gewiß versichert, daß du es mir und den Meinigen nicht an dem fehlen lassen wirst, was wir zu unserm wahren Wohl bedürfen: aber ich weiß auch aus Erfahrung, und das Christenthum stimmt damit überein, daß du uns eben sowohl durch Trübsale, als durch Wohlthaten erziehest, und daß wir unserm Ziele bald auf angenehmen, bald auf beschwerlichen Wegen entgegengehen müssen. Und diese Aussicht will ich immer im Auge behalten. Ich will nichts Anderes von deiner Vorsehung erwarten, als was uns dieselbe, in so fern wir Menschen sind, geben kann.

Ja, ich freue mich schon im voraus des Glücks, welches ich im häuslichen und ehelichen Leben genießen werde; denn die Freuden desselben sind allerdings groß und zahlreich, weil du diesen Stand vor allen andern auszeichnen wolltest. Gewiß werde ich also viele frohe Stunden in demselben haben. Gewiß werde ich mich in meiner vernünftigen Erwartung nicht betrogen finden. Unsre gegenseitige Liebe und zärtliche Theilnahme, unsre innige, feste Freundschaft, unsre Zusammenstimmung in unsern Wünschen und Absichten, unsre wechselseitige Hülfsleistung und Unterstützung, unsre eheliche Treue und Tugend, vielleicht unsre Kinder und die gemeinschaftliche Erziehung derselben, dieß alles wird uns reichen Stoff zum Vergnügen geben. — Und dieses Glück, o Gott, will ich dann mit einem dankbaren Herzen genießen. Diese Freuden sollen mir darum nicht gleichgültig werden, weil ich sie täglich wiederholen kann. Nie will ich aus Ungenügsamkeit ein Gut verachten, das ich besitze; nie so thöricht seyn, mir durch beständige Hinsicht auf die ungewisse Zukunft die Gegenwart zu verbittern. Aber jede Wohlthat soll mich in dem Glauben an deine Liebe befestigen; jeder erfüllte Wunsch soll mein Vertrauen auf dich neu beleben; und durch solche Gesinnungen will ich mich auf die widrigen Schicksale vorbereiten, die du früher oder später über mich verhängen wirst.

Denn freylich wird der Kelch der Freude auch oft mit Bitterkeit vermischt seyn; freylich werde ich in der Folge nicht von schmerzhaften Empfindungen frey bleiben. Ich werde vielleicht in der Zukunft Manches mit ganz andern Augen ansehen und von andern Seiten betrachten, als ich itzt thue. Ich werde kleinere und größere Fehler begehen, die nicht ohne unangenehme Folgen für mich bleiben. Oft wird die Unzufriedenheit meines Gatten auch meine Ruhe, oft wird mein Mißvergnügen auch seine Heiterkeit unterbrechen. Welchen Störungen ist nicht das Hauswesen unterworfen! Welche unerwartete Begebenheiten können nicht oft den Fleiß vieler Jahre vernichten und den Wohlstand der Familien erschüttern! Und welch ein schweres, mühevolles, oft undankbares Geschäfft ist nicht die Erziehung der Kinder! Welchen Gram und welche Sorgen können sie uns verursachen, wenn sie unsre Hoffnungen täuschen und andere Wege einschlagen, als die wir sie gehen heißen! Und so groß das Glück und die Freuden des häuslichen Lebens sind; so viele Opfer muß ich auch demselben bringen; so vielem Andern muß ich ihrentwegen entsagen; so streng muß ich mich alles dessen enthalten, was sich nicht damit verträgt. Und können nicht Krankheit, nicht Todesfälle die Ruhe selbst der glücklichsten Familie untergraben und das Haus der Freude in ein Haus der Klage verwandeln? — Aber auch diese widrige Begebenheit will ich mit christlicher Ergebung von dir annehmen und so ertragen, wie es mir gebührt. Nie will ich es bereuen, in diesen heiligen Stand getreten zu seyn und die Pflichten desselben übernommen zu haben. Nie will ich mich darum für elend halten, weil mein Weg auch mit Dornen besetzt ist. Ich muß und will und kann vielmehr auch diese Leiden zu meinem Besten benutzen. Ich will die Bürde meines Standes so tragen, daß ich den Werth der Dinge richtiger beurtheilen, auf meine Bestimmung sorgfältiger achten und dadurch vernünftiger denken, tugendhafter handeln lerne.

Und so übergebe ich dir, o Gott, alle meine und der Meinigen Schicksale mit getrostem Muthe und mit kindlicher Zuversicht. So erwarte ich von dir, was mir wahrhaft gut und nützlich ist. So sehe ich Freuden und Leiden, guten und bösen Tagen ruhig entgegen. Ich vertraue auf deine Vorsehung und hoffe auf deine Güte, fest überzeugt, daß mich diese Hoffnung nicht zu Schanden werden läßt.

3.

Die glückliche Gattin.

Gott, huldreichster Vater aller deiner Geschöpfe, wie groß, wie unendlich ist deine Güte! Wie groß, wie unzählich sind die Wohlthaten, die du mir von Kindheit an erwiesen hast! Wie groß, wie unschätzbar ist das Glück, das du mich in meinem ehelichen Leben finden lässest! O Dank und Preis sey dir dafür gebracht, daß du mich in solche Verhältnisse gesetzt und mir einen Gatten geschenkt hast, mit welchem ich meine Tage froh durchleben und mich meines Daseyns und meiner Bestimmung freuen kann. Ja, ich habe wirklich die Absichten erreicht, welche ich in diesem Stande zu erreichen wünschte. Ich bin ganz so zufrieden, wie ich als Hausfrau zu werden hoffte. Ich versprach mir viel Gutes von dieser Laufbahn, und meine Erwartung hat mich auch bisher nicht getäuscht. O wie wenigen wird dieses glückliche Loos zu Theil! Wie selten hört man die Sprache, welche ich führen kann! Wie Manche vermißt das in diesem Stande, was sie darin suchte! Wie Manche, die sich keine übertriebene Vorstellung von der Glückseligkeit des ehelichen Lebens machte, sieht doch ihre Hoffnung vereitelt, sieht sich in Umständen, die mehr Verdruß und Mißvergnügen, als Freude und Zufriedenheit erzeugen!

Möchte ich diese Minderglücklichen nicht verdammen und sogleich für schuldig erklären! Möchte ich mir nicht einbilden, daß ich mein Glück blos meiner Vollkommenheit verdanke, oder daß Andere, die es nicht genießen, desselben unwürdig sind! Vielleicht verdienen sie es mehr, als ich. Vielleicht haben sie mit mehr Klugheit und Vorsicht gewählt. Vielleicht hatten sie die schönsten Aussichten in die Zukunft, die sich ohne ihr Zuthun verdunkelt haben.

Ferne sey es also von mir, stolz auf ein Glück zu seyn, das nicht immer und nie ganz in der Macht des Menschen steht, und wozu ich selbst nur wenig beygetragen habe! Ferne sey es von mir, auf die ununterbrochene Fortdauer desselben mit Gewißheit zu rechnen und mich auch künftig von allen Leiden frey zu glauben! Denn diese Einbildung würde mir in jedem Falle nachtheilig seyn. Sie würde mich sicher und sorglos und in meinem Berufe träge und nachlässig machen. Sie würde mich zu falschen Vorstellungen von dem Zwecke des Lebens verleiten und mich am Wachsthume im Guten verhindern. Sie würde dazu beytragen, daß ich meiner Abhängigkeit von dir vergäße und mich allein für die Schöpferin meines Glücks hielt. Wie leicht könnte sie mich zur Eitelkeit, zur Unmäßigkeit, zu Ausschweifungen verführen! Wie leicht meine Sinnlichkeit reitzen und verstärken und mich dem Laster überliefern! Und schon jener elende Stolz, wie müßte er mich in den Augen jedes Vernünftigen erniedrigen! Wie gewiß würde ich schon durch ihn allein den Grund zu meinem künftigen Falle legen!

Nein, o Gott, das irdische Glück, welches du mir beschieden hast, darf meiner höhern, meiner geistigen und sittlichen Glückseligkeit nicht im Wege stehen. Es muß vielmehr das wirksamste Mittel seyn, mich besser und zur Erfüllung aller meiner Pflichten geschickter zu machen. Denn dazu erziehst du deine vernünftigen Geschöpfe; dahin führst du die Menschen auf den verschiedensten Wegen. Wohl mir freylich, daß ich dem Ziele meiner Bestimmung auf einem so anmuthigen, mit Blumen bestreuten Pfade zueilen kann! Aber wohl mir noch weit mehr, wenn mich dieser angenehme Pfad nicht auf Irrwege verlockt! Wohl mir, wenn ich mein Glück so ertrage und anwende, wie ich es nach deiner Absicht und zu meinem wahren Besten soll! — Ja, je größer mein irdischer Wohlstand ist, desto mäßiger und vorsichtiger muß ich im Gebrauche desselben seyn. Denn Freude und Ueberfluß sollen uns eben so gewiß in der Selbstbeherrschung üben, als Leiden und Mangel. Und diesem wichtigen Zwecke würde ich entgegen arbeiten, wenn mich der Besitz meiner Vorzüge unersättlich in Wünschen, ausschweifend im Genusse, stolz und übermüthig gegen meine Mitmenschen machte.

Nein, je glücklicher ich mich an der Hand meines Gatten fühle, desto eifriger muß ich mich bemühen, daß auch er sich an meiner Seite glücklich schätzen möge, desto sorgfältiger muß ich alles thun, mir seine Liebe zu erhalten, und mich vor den Fehlern hüten, welche die Eintracht unter uns stören können. Je mehr Freude ich in meinem Hause finde, desto weniger muß ich die Thorheit begehen, mein Vergnügen außer demselben zu suchen. Es wäre ja höchst unvernünftig von mir gehandelt, wenn ich dem, was ich so nahe und so gewiß habe, in der Entfernung und aufs Ungewisse nachjagen wollte. Es liegt ja in der Natur der Sache, daß mir keine noch so glänzende Rolle, die ich in Gesellschaften spielen kann, so viel wahre und unschuldige Erholung gewährt, als die Freundschaft meines Gatten, und daß jede unnöthige, jede zu lange Entfernung von ihm Verlust für mich ist. Ein aufrichtiger, herzlicher Lobspruch aus seinem Munde ist ungleich mehr werth, als die feinsten Schmeicheleyen, die mir Andere entweder aus bloßer Gewohnheit oder in schlimmer Absicht sagen. Der stille, ruhige Selbstgenuß im häuslichen Umgange trägt unendlich mehr zu meiner Zufriedenheit bey, als wenn ich meine Zeit unter Menschen zubringe, die nur aus Mode und langer Weile zusammenkommen.

Ja, mit einem solchen Herzen, o Gott, will ich mein Glück genießen. Mit solchen Gesinnungen will ich dir dafür danken. So soll der irdische Wohlstand meine Tugend befördern und mein häusliches Glück mich vor der Gefahr des Lasters bewahren!

4.

Die unglückliche Gattin.

Traurig, o Gott, unter Schmerz und Kummer schleichen meine Tage dahin. Meine schönsten Hoffnungen sind vereitelt und mein heißester Wunsch bleibt unerfüllt. Der Stand, der mir so viel Freude versprach und auch Andern so viel Freude giebt, hat keine für mich. Mein häusliches Leben ist mit großen und mannichfaltigen Widerwärtigkeiten verbunden. Der Gatte, von dessen Besitz ich mir so viel Vergnügen versprach, kann oder will mich nicht beglücken. Seine Denkart und Gesinnung hat zu viel Beleidigendes und Kränkendes für mich; ich kann bey der Art, wie er mich behandelt, nicht froh und zufrieden seyn. Und welche Furcht quält mich nicht in Absicht der Zukunft, die mir unter solchen Umständen mit immer neuen Trübsalen droht!

Gott, ich fühle das Gewicht dieser Leiden, die ich vielleicht lebenslang werde tragen müssen, und tröste mich blos mit dem Gedanken, daß du in meiner Lage nicht den heitern Muth von mir verlangst, der nur ein Gefährte des Glücks seyn kann. Aber so wenig ich mich dem Leichtsinne hingeben darf, um mir meinen Zustand zu erleichtern; so wenig werde ich ihn auch durch Klagen verbessern; und nur Vernunft und Religion bieten mir Rath und Beystand an. Möge ich auf ihre Stimme hören und ihnen willig folgen, die schon so viele Unglückliche beruhigt haben! Möge ich meine widrigen Schicksale so betrachten und benutzen, wie sie mir Anleitung geben!

Ich halte mich freylich für unschuldig; ich schmeichle mir, alles gethan zu haben, was meine Pflicht war; ich glaube, vorsichtig bey meiner Wahl und bedachtsam bey der Prüfung meines Gatten gewesen zu seyn: aber vielleicht kann ich mich hier selbst täuschen! Wie leicht kann ich mich solcher Fehler schuldig gemacht haben, die ich nun erst aus ihren bittern Folgen erkenne! Und in der That, hätte ich mich durch Rang und Reichthum täuschen lassen; hätte ich mehr auf äußere Vorzüge, als auf wahre Verdienste gesehen; hätte ich aus Vorliebe zu glänzenden Gütern nicht auf Verstand und Tugend Rücksicht genommen: so wäre meine itzige Lage die verdiente Züchtigung dafür. Aber wie belehrend und heilsam kann mir nicht selbst diese Züchtigung werden! Wie viel richtiger kann ich nun den Werth der Dinge schätzen lernen! Welche Irrthümer und Fehlschlüsse für die Zukunft dadurch vermeiden! Wie viel wichtiger müssen nun Weisheit und Rechtschaffenheit in meinen Augen seyn! Ja, ohne mein trauriges Loos wäre ich vielleicht noch lange, vielleicht auf immer verblendet geblieben. Ohne diese Erfahrung hätte ich vielleicht meine Glückseligkeit in lauter eiteln und nichtswürdigen Dingen gesucht und den sichern Weg zu jener ganz verfehlt. Ohne in diese Schule des Unglücks geführt zu werden, würde ich vielleicht nie zu der Einsicht gelangen, daß ich mich bessern muß.

Wohl mir jedoch, wenn ich mir solche Vorwürfe nicht machen darf! Denn welche Beruhigung kann größer seyn, als wenn ich in meinen Leiden deine Hand erkenne! Ja, kein blinder Zufall, kein absichtsloses Ohngefähr, keine unbedingte Nothwendigkeit konnte mein Schicksal bestimmen. Es kommt von dir, der du Glück und Unglück vertheilst; und was von dir kommt, das hat heilsame Zwecke und soll früher oder später reichen Gewinn bringen. So heißen mich Religion und Christenthum meine Leiden beurtheilen; sie heißen mich auf deine weise Güte sehen, mich in deiner alles regierenden Vorsehung beruhigen und auf deine Hülfe hoffen.

Ist dieses ganze Leben ein Stand der Prüfung; so darf es mich nicht befremden, wenn das auch von meinen häuslichen und ehelichen Verhältnissen gilt. Hast du selbst meine sparsamen Freuden mir zugemessen; so ist es dein Wille, o Gott, daß ich entbehren und mich einschränken lernen, daß ich mich in der Geduld und Ergebung üben, daß ich mehr geistiges, als sinnliches Vergnügen genießen, daß ich mich von der Liebe zum Irdischen nicht fesseln lassen soll. Da du meine Denkart kennst und mich in solche Umstände versetzest, so ist deine Absicht, daß ich mich an Sanftmuth und Milde gewöhnen, daß ich keine großen Ansprüche machen, daß ich meinen Neigungen und Wünschen gebieten und mir einen frommen, religiösen Sinn erwecken soll.

Und kann ich wissen, o Gott, ob nicht durch

deine Veranstaltung auf diese Tage der Traurigkeit noch Tage der Freude folgen? Wie oft ist nicht der gegenwärtige Kummer die Quelle künftiger Zufriedenheit! Wie oft und auf wie mannichfaltige Art entspringt nicht Gutes aus dem Bösen! Ich muß nur von meiner Seite alles thun, was zu dieser Veränderung beytragen kann. Ich muß nur nicht müde werden, den Fehlern meines Gatten die rechten Eigenschaften und Gesinnungen entgegen zu setzen. Ich muß ihn nur fortdauernd durch die wirksamsten Mittel zu gewinnen suchen. Denn welche Belohnung und Freude würde es für mich seyn, wenn es mir gelänge, sein Herz und seinen Charakter umzustimmen und mir einen Freund an ihm zu erwerben! Wie sehr würde dieses Glück durch meine vorhergegangenen Leiden erhöht werden! Wie viel inniger würde ich dir dafür danken, nachdem ich zuvor so manches harte Schicksal erfahren habe!

Ja, diese Hoffnung, o Gott, soll mir Kraft und Muth zur Ausdauer bey meinen itzigen Widerwärtigkeiten, und Eifer und Stärke zur Erringung eines bessern Zustandes einflößen. Auf jeden Fall aber will ich das, was du mir zuschickest, ohne Murren ertragen und mit dem Psalmisten denken: ich werde dir dereinst noch danken, daß du meines Angesichtes Hülfe und mein Gott bist.

5.

Die weise Führung der häuslichen Geschäffte.

Gott, du setzest jeden an die Stelle, wo er das meiste Gute stiften kann; du weisest jedem von uns seinen Beruf an und theilst die Gaben der Menschen nach den Verhältnissen aus, worin sie sich befinden. Mir und meinem Geschlechte hast du die Führung des Hauswesens aufgetragen; und was kann wichtiger seyn, als daß ich über meine Pflichten dabey ernstlich nachdenke und die beste Art, ihnen ein Genüge zu leisten, kennen lerne? — Dazu gehört nun aber vor allem Andern, daß ich Fleiß und Arbeitsamkeit liebe, und was mir zu thun obliegt, mit Eifer und Anstrengung thue. Denn wie viel ist nicht an meiner Aemsigkeit und Unverdrossenheit gelegen, da aller Augen auf mich gerichtet sind! Jedes Mitglied der Familie erwartet Rath und Belehrung von mir. Keines kann seine Schuldigkeit recht thun, wenn ich nicht erst die meinige gethan habe. Mein Beyspiel muß alle ermuntern und anfeuern; meine Aufmerksamkeit, meine Gegenwart, mein Einfluß müssen überall Leben und Thätigkeit verbreiten. Und in dieser Absicht muß ich die Vorurtheile ablegen, welche mich hierzu untüchtig machen. Ich muß mich durch keine Arbeit für erniedrigt halten, da mich keine entehren kann. Ich muß mich durch nichts verleiten lassen, meinen Beruf zu vernachlässigen und meine heiligen Pflichten thörichten Dingen nachzusetzen.

Aber will ich meinem Hauswesen auf eine vernünftige und gemeinnützige Art vorstehen, so muß ich von dem Geiste der Ordnung beseelt seyn und diesen auch Andern einflößen. Es ist ja billig, daß ich mir und den Meinigen jedes Geschäfft so viel möglich zu erleichtern suche. Es ist mein eigener Vortheil, wenn die Zeit sorgfältig benutzt und jede Arbeit bald und gut beendigt wird. Wie fruchtlos bleibt nicht die angestrengteste Thätigkeit, wenn man sie zu sehr vertheilt und sich durch Regellosigkeit ermüdet! Wie leicht geht hingegen alles von Statten, wenn Alles so auf und aus einander folgt, daß Eins dem Andern die Hand bietet und zur Vorbereitung dient!

Was kann in meinem Stande Tugend seyn, wenn es nicht die Sparsamkeit ist? Worin anders kann die große Kunst bestehen, das Glück einer Familie zu befördern und zu erhalten? Welcher Einsichten kann ich mich mit größerem Rechte rühmen, als der Kenntnisse, welche sich darauf beziehen, und die vorzüglich in unsern Tagen einen so hohen Werth haben? Wenn Leichtsinn, Verschwendung und verkehrter Gebrauch der irdischen Güter das ansehnlichste Vermögen bald verringern und endlich ganz erschöpfen; so gereicht es der Sparsamkeit zum Ruhme, daß sie bey einem mittelmäßigen Vorrathe doch der Dürftigkeit vorbaut und auch ein geringes Einkommen nach und nach vermehrt.

Und wie viel ist nicht zur glücklichen Führung

meiner häuslichen Geschäffte daran gelegen, daß ich meine Gehülfen und Untergebenen auf die gehörige Art zu behandeln weiß! O möchten mich das die Religion und die Menschenliebe lehren! Möchte mich der Geist des Wohlwollens, der Milde und Sanftmuth, nicht aber der Geist des Stolzes, der Herrschsucht und der Menschenverachtung dabey beseelen! Die Armen, welche mir für eine Kleinigkeit die wichtigsten Dienste leisten und die niedrigsten Geschäffte für mich auf sich nehmen; die Dienstboten, die ihr edelstes Gut, ihre Freyheit für eine geringe Belohnung an mich verpfänden; die sind doch alle meine Brüder und Schwestern, deine Kinder und meines Gleichen; die haben doch alle einerley menschliche Würde und Bestimmung mit mir; die fühlen, wie ich, das Bedürfniß der Erholung, die haben dasselbe Recht, welches ich habe, für ihre Schwachheiten und unvorsätzlichen Fehler Verzeihung zu hoffen; die sollen sich ebenfalls ihres Lebens freuen, und ich darf ihnen, wenn sie unter meiner Herrschaft stehen, diese Freude nicht verkümmern. Nein, ich will in meinem Wirkungskreise dazu beytragen, daß arme und von Andern abhängige Menschen zufrieden sind. Ich will in meinem Hause keinen Seufzer, keine Thräne erpressen, und mich nicht durch Härte und Unbarmherzigkeit an meinen Mitgeschöpfen versündigen. Ich will nicht vergessen, daß ich durch Güte und Sanftmuth ungleich mehr ausrichte und folgsamere Menschen ziehe, als wenn ich eine strenge und gefürchtete Tyrannin bin.

Ja, meinen häuslichen Stand als deine Anordnung zu ehren; die Geschäffte desselben für so wichtig zu halten, als sie sind, und durch die beste, gewissenhafteste Führung derselben das Glück meiner Familie zu befördern: das ist dein Wille, o Gott, und dadurch muß ich meine Tugend beweisen; darin muß ich meine Ehre und Freude finden.

6.

Die reiche Hausfrau.

Irdische Güter, o Gott, sind dein Geschenk; Reichthum und Ueberfluß kommen von dir, und wem du sie anvertrauest, dem giebst du sie zu wichtigen Zwecken. Zufall und Ohngefähr sind aus deinem Reiche verbannt; und nirgends können sie weniger Statt finden, als da, wo es auf die Mittel ankommt, wodurch wir weise und tugendhaft werden sollen. Denn dazu soll der Reichthum, wie die Armuth dienen; beyde sollen unsre Vollkommenheit befördern und uns zur Rechtschaffenheit führen.

Freylich scheint der Reichthum ein ungleich leichteres Mittel zu dieser Absicht zu seyn; und er ist es auch gewissermaßen, wenn ich mich desselben auf eine vernünftige und christliche Art bediene. Freylich scheint der Ueberfluß auf einem viel angenehmern Wege zu meinem Ziele hinzuleiten; und so ist es in der That, wenn ich diesen Weg nicht selbst mit Anstößen und Gefahren für mich besetze. Und darum muß ich mich sorgfältig vor allem Mißbrauche des Reichthums hüten. Darum muß ich die Pflichten, die er mir auflegt, so genau kennen und so treu erfüllen, daß ich vor dieser Gefahr gesichert bin.

Wohl habe ich also in meiner Lage Ursache, den Werth des Reichthums richtig zu beurtheilen und ihn nicht höher zu schätzen, als er geschätzt zu werden verdient. Wohl darf ich nie vergessen, daß alle irdische Güter und Vorzüge nicht Zweck, sondern nur Mittel sind, und daß alles auf den Gebrauch ankommt, welchen ich davon mache. Wohl muß ich beherzigen, daß der Reichthum allein nicht glückselig macht; und daß er die wahre Glückseligkeit sogar auf mannichfaltige Art verhindern kann. Denn wie würde ich es doch früher oder später bereuen müssen, wenn ich mich in diesem Stücke selbst täuschte! Wie ist es doch so gewiß, daß ich mich meines Reichthums, wenn ich vernünftig und christlich denken will, nur in so fern freuen darf, als er mir Gelegenheit giebt, recht viel Gutes zu thun und sowohl an meiner eigenen Vollkommenheit, als an dem Glücke meiner Nebenmenschen mit Erfolg zu arbeiten!

Und wie mannichfaltig sind nicht diese Gelegenheiten zum Guten, die der Reichthum jedem seiner Besitzer darbietet! Wie mannichfaltig sind sie nicht auch in dem Wirkungskreise, welchen ich als Hausfrau habe! Welche häufige Veranlassung finde ich da, meine Familie, meine Freunde, meine Untergebenen zu beglücken und ihnen ihr Leben angenehm zu machen! Und welch ein weites Feld für meine

Menschenliebe und Wohlthätigkeit öffnet sich mir nicht außer meinem Hause; mir, die ich in meinem Stande die Bedürfnisse der Menschen und die Mittel, ihnen abzuhelfen, am besten kenne und mithin die Pflicht auf mir habe, auf eine recht überdachte und gemeinnützige Weise wohlthätig zu seyn! Und dieß kann ich nur dann werden, wenn ich den Dürftigen nicht durch bloße Allmosen und auf wenige Tage vom Hunger befreye, sondern wenn ich ihm die Möglichkeit, selbst für seinen Unterhalt zu sorgen, zeige und ihn durch mein Vermögen dabey unterstütze; wenn ich dem Armen, der nicht durch eigene Schuld, nicht aus Trägheit, sondern aus Mangel an Beschäfftigung darbt, diese anweise und ihn und die Seinigen dadurch auf immer in bessere Umstände versetze. O welche hohe Freude wird mir dann mein Reichthum gewähren! Welches fruchtbare Mittel, Heil und Segen zu verbreiten, wird er dann in meiner Hand werden!

Ferne sey es demnach von mir, daß ich meinen Ueberfluß gedankenlos verschwenden und mich dadurch zur Wohlthätigkeit unfähig machen sollte! Nein, so unbedeutend der Reichthum an sich selbst ist; so wichtig wird er doch in seinen Folgen und durch die Art, wie ich ihn anwende. Und in dieser Hinsicht darf ich ihn nicht als mein völliges Eigenthum betrachten, womit ich nach Gefallen umgehen kann. Nach den Aussprüchen der Vernunft und des Christenthums muß ich ihn als ein Gut ansehen, das du, o Gott, mir anvertrauet hast und wofür ich dir Rechenschaft schuldig bin; als ein Gut, das ich in deinem Namen verwalten, und woran ich meine Brüder und Schwestern Theil nehmen lassen soll. Ueppigkeit und Verschwendung sind also eine Ungerechtigkeit, die ich an meinen ärmern Mitmenschen verübe; ein Raub, dessen ich mich gegen die Dürftigen schuldig mache; eine Untreue, die ich gegen dich selbst begehe, der du mir diese Güter zu ganz andern Absichten verliehen hast.

Und soll mir mein Reichthum menschenfreundliche Gesinnungen einflößen und mich zu wohlthätigen Handlungen ermuntern; soll er meine Denkart veredeln, meinen Geist bilden, mein Herz erweitern: so darf er mich nicht stolz und eitel machen. Denn der Stolz bewirkt von diesem Allen das Gegentheil und ist mit Selbstsucht und Eigennutz, mit Neid und Härte verbunden. Und die Eitelkeit denkt nur immer an sich allein; diene ich ihr, so verschwende ich das an Pracht und Putz, wodurch ich das Elend meiner Mitmenschen vermindern sollte; so werden mir Mitleid, Theilnahme und die wahre Empfindsamkeit immer fremder; so sind Kopf und Herz mit ganz andern Entwürfen und Vorsätzen angefüllt, als daß ich wohlthätig zu seyn vermöchte.

Dank dir, o Gott, daß ich diese strafbaren Mißbräuche des Reichthums für das erkenne, was sie sind, und mir nicht aus Unwissenheit und Verblendung in ihnen gefalle! Nein, ich weiß, daß ich dir verantwortlich bin, und will die mir verliehenen Güter so verwalten, daß ich vor dir bestehen kann.

7.

Die arme Hausfrau.

Gott, ich lebe hier nicht in der Absicht, um ein vollkommnes Glück zu genießen und lauter angenehme Empfindungen zu haben; ich lebe hier für einen höhern Zweck und zur Vorbereitung für die Ewigkeit. Und wenn ich meinen gegenwärtigen Zustand aus diesem Gesichtspunkte betrachte, so wird alles Licht um mich her; so verwirrt und ängstigt mich kein Ereigniß, das mich oder Andere betrifft; so macht mich auch meine Armuth weder muthlos noch unglücklich. — Viel kommt demnach darauf an, daß ich meine Schicksale richtig beurtheile; daß ich alles, was du mir bestimmst, so annehme und gebrauche, wie es meiner Pflicht gemäß ist. Denn meine Dürftigkeit selbst, wie sehr sie mich oft drückt, wird sich mir von andern und minder traurigen Seiten zeigen, ich werde viel zufriedener und heiterer dabey seyn, wenn ich sie als ein Mittel verehre, wodurch du mich zu einem höhern Leben erziehen und zu den Gesinnungen und Fertigkeiten gewöhnen willst, die ich dahin mitbringen muß.

Ja, du bist der Allweise, und kennst deine Kinder, und siehst, was ihnen nützlich ist. Du bist der Allgütige, und liebst deine Kinder, und führst sie in keine Versuchung, die sie nicht ertragen können.

Du bist auch mein weiser und gütiger Vater, und kennst meine Fähigkeiten und Kräfte, meine Fehler und Schwächen, meine Neigungen und Begierden, und weißt am besten, ob sich Armuth oder Reichthum für mich schicken. Du hast mich in dürftige Umstände gesetzt; und darum muß ich glauben, daß diese Lage die heilsamste für mich ist; daß ich mich in derselben am gewissesten vervollkommnen kann; daß ich bey Ueberfluß nicht so gesinnet seyn und handeln würde, wie ich es soll. Fordern mich meine Natur, meine Vernunft, das Gefühl meiner Kräfte, die Vorschriften der Religion zur Thätigkeit auf; so finde ich nun in meinen Umständen dringende Ermunterung, diesem Rufe zu folgen und mich an Fleiß und Geschäfftigkeit zu gewöhnen. Würde ich das auch so willig thun, wenn ich Ueberfluß besäße und vielleicht, durch ihn verleitet, in Eitelkeit, in Weichlichkeit, in Leichtsinn versunken wäre? Kann ich itzt, wo mich alles zur Mäßigkeit und Selbstbeherrschung antreibt, wissen oder nur vermuthen, welchen mächtigen Leidenschaften und Begierden, welchen verheerenden Lastern und Ausschweifungen ich bey dem Besitze des Reichthums fröhnen würde?

Nein, o Gott, ich will mich nicht darüber beklagen, sondern dir vielmehr dafür danken, daß du mich diesen Gefahren nicht blosgestellt hast. Denn ich sehe ja deutlich, daß mir auch meine Armuth große Dienste leistet. Sie lehrt mich Aemsigkeit, Sparsamkeit, Genügsamkeit, Bescheidenheit, Gefälligkeit, und erleichtert es mir, die Macht der Sinnlichkeit zu schwächen. Sie zeigt mir an meinem eigenen Beyspiele, daß der Mensch, wenn er nur gut und verständig ist, auch bey Wenigem vergnügt seyn kann; daß irdische Güter nicht den hohen Werth haben, der ihnen gemeiniglich beygelegt wird; daß sie schlechterdings nicht zu den wahren Vorzügen des Menschen und Christen gehören.

Nein, was den Menschen zum Menschen macht, was mir zum wirklichen Ruhme und zur Ehre bey dir gereicht, das sind gute Grundsätze und Gesinnungen; das ist Tugend und Zufriedenheit; das ist mein Vertrauen auf dich, meine Liebe zu dir, mein Gehorsam gegen dich: und dazu finde ich in meinen Umständen sehr kräftige Antriebe. Wie der Reichthum an sich, ohne weisen und christlichen Gebrauch keine Ehre giebt; so bringt auch die Armuth, wenn sie unverschuldet ist, keine Schande. Aber das würde mir Schande bringen, wenn ich mich schlechter Mittel bediente, um reich zu werden; wenn ich mir List und Betrug, Falschheit und Ungerechtigkeit erlaubte; wenn ich die Meinigen zur Ausführung solcher unedler Absichten verleiten wollte. Das würde mir Schande bringen, wenn ich mich durch Neid und Schadenfreude, durch Bitterkeit und Haß an den Reichen zu rächen und schadlos zu halten suchte. Und dann würde mich nicht meine Armuth, dann würde mich der Mißbrauch derselben und mein boshaftes Herz entehren.

Oft will ich daher, um mich gegen diese Laster zu waffnen, bedenken, daß es dir, o Gott, also gefallen hat, Reiche und Arme neben einander zu stellen, und daß deine Einrichtung gewiß die beste ist. Denn darf ich wohl deine Anordnung tadeln? Darf ich mich darüber beschweren, daß ich in die Classe der Armen und nicht der Reichen gehöre? Darf ich daran zweifeln, daß du mir den Platz angewiesen hast, wo ich mir und Andern am nützlichsten werden kann?

Und wie sehr wird mir nicht meine Armuth dadurch erleichtert, daß ich diese Bürde gemeinschaftlich mit Andern trage, und daß mein Gatte, meine Freunde die Last mit mir theilen! O wie viel weniger fühle ich doch in ihrer Gesellschaft das Drückende des Mangels? Wie sehr vermindern Liebe und Eintracht, Gefälligkeit und Freundschaft die Beschwerden der Armuth! Wie merklich verringern sich da die Bedürfnisse des Lebens, wo alle Glieder einer Familie darin übereinstimmen, mäßig und genügsam zu seyn! Wie gewiß wird da das Nothwendige errungen, wo vereinigte Kräfte und gemeinschaftlicher Fleiß darauf hinarbeiten!

Ja, so lange ich diese Ueberzeugung habe und befolge, kann ich nicht unzufrieden und elend seyn. So lange ich redlich meine Pflicht thue, sind Tugend und ein gutes Gewissen der größte Reichthum für mich. So lange ich deiner Fürsorge kindlich vertraue, kann es mir nicht an Trost und Beruhigung fehlen. So lange ich meine erhabene Bestimmung und die Hoffnung der Unsterblichkeit im Auge behalte, so lange ist das Gefühl meiner Würde und die Aussicht in die höhere Welt Seligkeit für mich.

8.

Die Hausfrau, die sich im mittelmäßigen Glücksumständen befindet.

Gott, wenn Reichthum und Armuth nur Mittel zu unsrer Erziehung sind und uns in der Weisheit und Tugend üben sollen; so kenne ich nichts Erwünschteres, als mittelmäßige Glücksumstände; so sind diese die leichteste und am wenigsten gefährliche Schule, worin wir uns zu guten und zufriedenen Menschen bilden können. Ja, von ganzem Herzen danke ich dir dafür, mein gütiger Vater, daß du mir weder großen Reichthum, noch drückende Armuth zu meinem Loose angewiesen, daß du mir die Mittel zu meinem Unterhalte verliehen und mich von Ueberfluß und Dürftigkeit gleich weit entfernt hast. O daß ich dieses Glück immer recht erkennte und gebrauchte und mich nicht verblenden ließe, nach einem größern zu streben! Daß ich mir nicht selbst durch Unzufriedenheit und ausschweifende Wünsche mein Leben verbitterte und mich meiner Vorzüge verlustig machte!

Ja, es ist ein Vorzug meiner mittelmäßigen Umstände, daß ich meine häuslichen Geschäffte viel leichter übersehen und verwalten kann; daß mich kein Mangel ängstigt und kein Ueberfluß beunruhigt; daß mich keine Furcht vor der Zukunft verwirrt und keine Sorge des Reichthums quält. Da darf ich meine

Kräfte nicht übermäßig anstrengen, und bin auch nicht in Gefahr, mich der Trägheit und Weichlichkeit zu überlassen. Da ist meine Tugend vor vielen Angriffen und Versuchungen gesichert, und ich brauche weder Andern zu schmeicheln, noch mir schmeicheln zu lassen. Da habe ich nicht nöthig, fremde Hülfe anzuflehen, und bin noch immer im Stande, Gutes zu thun.

Es ist ein Vorzug meiner mittelmäßigen Umstände, daß ich ganz für meine Familie leben und dieselbe recht genießen kann. Wenn Armuth und Mangel die Herzen nur gar zu oft der Freude verschließen; wenn jeder blos mit sich selbst beschäfftigt und nur auf den Erwerb des Nothwendigen bedacht ist; wenn da der frohe Muth fehlt und alles eine traurige, düstere Gestalt annimmt; — wenn bey großem Reichthume Ueberlästige zudringen, die der Wohlstand abzuweisen verbietet; wenn sich da die Familie sehr oft nur der Unterhaltung fremder Personen widmen muß; wenn in einem solchen Hause immerwährende Unruhe, ein beständiger Wechsel von Geschäfften und Zurüstungen, von Gehenden und Kommenden statt findet: so erlaubt mir meine günstigere Lage den ungestörten Genuß häuslicher Freuden. Da mischt sich kein betäubender Schwätzer, kein elender Schmeichler in unsre trauliche Unterhaltung. Da drängt sich uns kein Schwarm von Müssiggängern auf, weil wir nicht vermögend sind, ihre Wünsche zu befriedigen. Da kann ich mich meinem Gatten, meinen Kindern, meinen wenigen ausgesuchten Freunden ganz hingeben. Da wechselt dieser Selbstgenuß nur bisweilen mit größern Gesellschaften ab, und wird dann durch diese Abwechselung erhöht. Da sind wir als ächte Glieder einer Familie einander weniger fremd, leben mehr gemeinschaftlich und werden immer fester mit einander verbunden.

Es ist ein Vorzug, ein großer, wünschenswerther Vorzug meiner mittelmäßigen Umstände, daß ich in einer glücklichen Unabhängigkeit mich befinde und nicht gezwungen bin, an den herrschenden Thorheiten der sogenannten großen Welt Theil zu nehmen. Besäße ich mehr Reichthum und Ansehen; spielte ich eine größere und glänzendere Rolle: so hätte auch die Mode mehr Gewalt über mich; so würde ich oft wider meinen Willen und gegen meine Neigung in Zerstreuungen und Lustbarkeiten hineingezogen; so würde ich nicht selten aus solchen oder andern Ursachen der Ueppigkeit und Verschwendung ein Opfer bringen müssen. Und dieß alles trägt doch ganz gewiß dazu bey, die Eitelkeit zu nähren, die Sinnlichkeit zu verstärken und uns die Ausübung unsrer Pflichten zu erschweren. Und ich sollte mich nicht freuen, daß ich diese Gefahren nicht zu fürchten, diese Versuchungen nicht zu bekämpfen habe? Nicht freuen, daß ich in meiner Lage ungleich seltener in die Verlegenheiten komme, die bey Ueberfluß und Schimmer beynahe unvermeidlich sind? Nicht freuen, daß ich weniger zu den Fehlern verleitet oder in den Thorheiten bestärkt werde, die schon an sich bey meinem Geschlechte so leicht Eingang finden?

Nein, o Gott, ich würde höchst undankbar gegen dich seyn, ich würde deine Weisheit und Güte verkennen und feindselig gegen mich selbst handeln, wenn ich die Vorzüge meines Standes nicht einsehen, wenn ich mißvergnügt darüber seyn wollte, daß ich keinen Reichthum besitze. Fest sey also mein Entschluß, Niemanden zu beneiden, der mehr hat, als er bedarf, und niemanden blos deßwegen glücklich zu preisen, weil er von Glanz und Pracht umgeben ist. Zufrieden will ich seyn, daß ich das Glück der Liebe, der Freundschaft, der häuslichen Eintracht genieße, und mir nicht die gefährlichen Vorrechte der Reichen wünschen. Dann werde ich mich auch weniger von der strengen Tugend entfernen, werde öfter und ehrerbietiger an dich, meinen Oberherrn denken, werde mehr für die Ewigkeit und für meine künftige Bestimmung leben und mich einst meiner zurückgelegten Jahre nicht zu schämen haben.

9.

Die kinderlose Gattin.

Allesumfassend, o Gott, ist deine Güte und unpartheyisch dein Wohlthun. Kein Geschöpf kann sich mit Recht darüber beklagen, daß es von dir vernachlässigt sey. Kein Mensch kann dich des Mangels an Liebe beschuldigen; denn du hast jedem ohne Ausnahme große Vorzüge verliehen und reiche Quellen des Vergnügens geöffnet. Aber freylich will oft der Mensch diese seine Vorzüge nicht gebrauchen und aus diesen Freudenquellen nicht schöpfen, weil er nur leidenschaftlich nach solchen Gütern und Vergnügungen dürstet, welche ihm versagt sind. Und dann ist es seine eigene Schuld, wenn er bey der Fülle deiner Wohlthaten darben muß und sich in seiner Lage unglücklich fühlt.

Vielleicht, o Gott, befinde auch ich mich in diesem Falle; vielleicht beurtheile auch ich mein Glück und meine Vorzüge zu einseitig, und glaube aller Freuden beraubt zu seyn, weil ich nicht die süßen Mutterfreuden genieße. Und gewiß sind Kinder dein Geschenk, und ein sehr großes theures Geschenk; gewiß muß ihr Anblick einer zärtlichen Mutter hohes Vergnügen gewähren. Du hast mir dieses kostbare Geschenk und dieses schätzbare Vergnügen versagt; und dadurch scheine ich allerdings viel zu verlieren: aber ob ich wirklich dadurch verliere und verlieren kann, das darf ich nicht nach dem bloßen Anscheine, das muß ich mit reifer Ueberlegung und mit einem frommen, religiösen Sinne beurtheilen.

Denn deine Vorsehung erstreckt sich über Alles; sie umfaßt auch mich und meinen Zustand, welchen du auf das Genaueste kennst. Und du kannst nie irren; aber ich irre mich so oft, als ich deine Regierung zu tadeln wage. Du weißt am Besten, was zu meinem Frieden dient; aber ich halte tausend Mahl das Böse für gut und das Schädliche für nützlich. Du siehst alles so, wie es wirklich ist; mich verblenden meine Wünsche und Begierden, daß ich nur das an den Dingen gewahr werde, was mir gefällt.

Oder woher weiß ich denn, daß ich eine gute, eine verständige, eine glückliche Mutter seyn würde? Woran habe ich meine Fähigkeiten und Kräfte, die zu dieser Absicht erfordert werden, schon geprüft und zu prüfen vermocht? Kann ich nicht vielleicht durch die Schuld meiner Erziehung, oder bey meinem natürlichen Temperamente Fehler und Schwachheiten an mir haben, die mich zur Erfüllung der Mutterpflichten ungeschickt machen? — Oder kann ich etwa die Schicksale der Menschen im Voraus überschauen? Kenne ich die Zukunft und ihre Ereignisse so genau, als ich sie kennen müßte, wenn ich mich durch Kinder für beglückt halten sollte? Könnte nicht ihr Daseyn, ihre Lage, ihr Charakter peinvoll für mich werden? Wäre es unmöglich, daß sie durch einen Zusammenfluß von Umständen in Verhältnisse und Verbindungen kämen, die ihnen nachtheilig seyn müßten? Wäre es unmöglich, daß sie mit oder ohne meine Schuld in schlechte Gesellschaften, unter leichtsinnige, lasterhafte Menschen, in die Hände des Verführers geriethen? Wäre es unmöglich, daß sie den Saamen der Kränklichkeit und eines siechen Körpers in sich trügen und sich durch ein freudenloses, trauriges Leben hinschleppen müßten?

Doch wie vermag ich deine verborgenen Absichten zu errathen und deinen Plan zu durchschauen? Genug, daß ich dich als den Allweisen und Allgütigen kenne und versichert bin, daß Alles, was du thust, wohlgethan ist. Genug, daß ich einsehe, ich könnte auch eine unglückliche und bedauernswerthe Mutter geworden seyn. Genug, daß ich an deine unendliche Liebe glaube, die sich uns in dem, was sie giebt und versagt, gleich deutlich offenbaret.

Und so will ich denn die Güter und Vorzüge, die Kräfte und Fähigkeiten, welche du mir verliehen hast, auf eine andre Art gebrauchen und der Welt auf andre Weise nützlich zu werden suchen. Ich will nun um so viel freygebiger und wohlthätiger seyn, da ich für keine Kinder zu sorgen habe, und an verlassenen Waisen, an Armen und Unglücklichen Mutterstelle vertreten. Ich will gute Anstalten unterstützen, die zum Besten der Menschheit getroffen werden. Ich will durch überlegte Milde Leichtsinnige für die Tugend zu gewinnen, Lasterhafte zu bessern und Verirrte auf den Weg der Wahrheit zurückzuführen suchen.

Hauptsächlich aber will ich alle Pflichten meines Standes mit der größten Sorgfalt erfüllen, und die Zeit, welche ich dadurch gewinne, daß ich kinderlos bin, nicht auf eine unnütze Art, nicht durch Trägheit und Müssiggang, nicht durch Eitelkeit und Zerstreuungssucht verschwenden. Nein, mein Beruf, o Gott, ist noch immer schwer, meine Erndte noch immer groß, und was ich mir selbst und Andern schuldig bin, daran habe ich mein ganzes Leben hindurch zu lernen und zu arbeiten.

10.

Die mit Leibesfrucht gesegnete Gattin.

Gott, ich habe nun meinen Beruf ganz erfüllt; denn deine Vorsehung hat mich dazu ausersehen, daß ich einem vernünftigen Geschöpfe das Daseyn geben soll. O welche Ehre und welcher Vorzug ist das nicht! Wie wichtig und werthvoll ist ein Menschenleben! Wie sehr kann ich mich des Looses freuen, das du mir beschieden hast! — Aber möchte auch diese meine Freude vernünftig und reich an guten Folgen seyn! Möchte ich die Pflichten beherzigen, die mir in Absicht meines Kindes obliegen, und sie von nun an treu erfüllen!

Ja, meine Liebe und Sorgfalt müssen schon itzt für das Wohl des werdenden Menschen wachen, der mir sein Daseyn nicht nur, sondern auch sein Glück verdanken soll. Denn was ist das Leben ohne Gesundheit der Seele und des Körpers? Und wie viel kann ich nicht in meinem gegenwärtigen Zustande dazu beytragen, daß dereinst mein Kind dieser Gesundheit theilhaftig werde! Wie wichtig und einflußreich ist doch alles, was ich itzt will und wünsche, thue und genieße! Wie wenig gleichgültig dürfen mir von diesem Augenblicke an meine Wünsche und Empfindungen, meine Handlungen und Schritte seyn!

Nein, itzt fordert mich meine Bestimmung zur äußersten Mäßigkeit und zum vorsichtigsten Genusse der sinnlichen Vergnügungen auf. Itzt wirkt jede

Bewegung, jede Anstrengung, jede Behandlung meines Körpers auf den Körper meines Kindes ein. Itzt können viele kleine und an sich unbedeutende Dinge, itzt können meine Kleidung, meine Nahrungsmittel, meine beobachtete Ordnung in Geschäfften gute oder schlimme Eindrücke auf dasselbe machen. Itzt sündige ich durch jede Ausschweifung und durch jedes Uebermaaß von Sinnlichkeit zwiefach, weil ich dadurch nicht blos mir, sondern auch dem Kinde, das ich unter meinem Herzen trage, schade. O wie oft hat es nicht die Mutter verschuldet, daß ihr Kind bey einem siechen Körper, oder mit wirklichen Leibesgebrechen ein trauriges Leben durchseufzen muß! Wie oft hat es die Mutter verschuldet, daß ein durch ihre Nachlässigkeit verwahrloseter Mensch seinen irdischen Beruf nicht erfüllen, oder seine moralische Bestimmung nicht erreichen kann!

Itzt fordert mich meine Lage zur strengsten Tugend und zur ernstlichsten Selbstbeherrschung auf. Itzt ist jede unordentliche, heftige Neigung, jede stürmische Leidenschaft, jede wilde, ungeregelte Begierde nicht nur mir selbst, sondern auch meinem Kinde gefährlich. Itzt haben Zorn, Furcht, Schrecken, Wollust, Ueppigkeit, alles, was ich lebhaft denke und empfinde, nicht nur auf die körperliche Beschaffenheit desselben, sondern auch auf die Anlagen seines Geistes und auf die Neigungen seines Herzens Einfluß, und ich lege dadurch den ersten Grund zu seiner Denkart und Gesinnung. O wie oft wird das in der Folge einer fehlerhaften Erziehung oder dem vernachlässigten Unterrichte zugeschrieben, was blos auf diese Weise die Mutter zu verantworten hat! Wie oft hat diese schon ihrem noch ungebohrnen Kinde ihre Untugenden und Leidenschaften mitgetheilt!

Wichtig also sind die Pflichten, die ich in meinen itzigen Umständen auf mir habe; die Pflichten der Weisheit, der Mäßigkeit, der Selbstbeherrschung, des vernünftigen, vorsichtigen Genusses aller sinnlichen Freuden. O daß ich Kraft und Eifer genug hätte, das zu thun, was ich für recht und gut halte, und alles zu meiden, wovor mich Vernunft und Gewissen warnen! Die andern, nicht von mir abhängigen Gefahren und widrige, nicht in meiner Gewalt stehende Zufälle überlasse ich dir, o Gott, der du mich allein dagegen zu schützen vermagst.

Und so sehe ich denn im Vertrauen auf deine Hülfe der Stunde meiner Entbindung entgegen; der Stunde, deren Andenken mich mit Wonne und Schmerz, mit Hoffnung und Furcht erfüllt. Ist es doch meine Bestimmung, daß ich mich dieser Gefahr unterziehen soll; und kann ich doch auf deinen Schutz und Beystand dabey rechnen. Wird mir doch die Angst, welche ich vorher empfinde, durch die größte aller Freuden, durch die Freude, Mutter geworden zu seyn, ersetzt, die alle vorhergegangene Traurigkeit weit aufwiegt. So erwarte ich getrost und standhaft, was du mir zuschicken wirst, und übergebe mich ganz deiner väterlichen Fürsorge, die schon so lange über mich gewaltet hat. Du wirst mir werden lassen, was in jeder Betrachtung das Beste für mich ist; und ich will mir die entscheidende Stunde nicht durch Kleinmüthigkeit erschweren, sondern durch Vertrauen auf dich erleichtern.

Ja, solltest du auch, gütigster Gott und Vater, das über mich beschlossen haben, wovor unsre Natur am meisten zurückbebt, sollte mir auch meine Bestimmung das Leben kosten; du hast es mir gegeben; du kannst es zurückfordern, wenn es dir gefällt; du bleibst auch im Tode mein Wohlthäter, und rufst du mich von hinnen; so ist dein Ruf Liebe und Seligkeit. Erschrecken soll mich demnach dieser Gedanke nicht; wohl aber soll er mich mit Eifer für die Tugend erfüllen, damit ich auf alles vorbereitet seyn möge. — Jtzt aber, o Gott, will ich mich in Frömmigkeit meines Lebens freuen. Jtzt sollst du mein tröstlichster Gedanke seyn; der erste, wenn ich frühe zum neuen Leben erwache; der letzte, wenn ich in den Armen des Schlafs Ruhe und Erquickung suche.

11.

Morgengebet allgemeinen Inhalts.

Gott, ich danke dir, daß du mich und die Meinigen diese Nacht gesund erhalten und uns vor Unglück und Gefahr gnädig bewahrt hast. Froh und munter sind wir erwacht, und jedes von uns fühlt sich gestärkt und erquickt. Wir alle sehen dabey auf dich und preisen deine väterliche Güte, welche huldreich und schützend über uns gewaltet hat. Ja, meine Seele erhebet dich, den Herrn, und mein Geist freuet sich deiner, meines Gottes und Heilandes.

Denn wie sollte ich mich deiner nicht freuen? Wie könnte ich einen Tag anfangen, ohne an dich zu denken? Was kann ich vom frühen Morgen an empfinden, das mich nicht an dich erinnerte, mir deine Liebe nicht vergegenwärtigte, mich nicht zur Dankbarkeit gegen dich ermunterte? Nein, der Gedanke, daß ich mein ganzes Leben deiner Verherrlichung weihen und alles, was ich thue und genieße, zu deinem Lobe thun und genießen soll, dieser fromme Gedanke ist nie wirksamer und kräftiger in mir, als wenn ich mich des Morgens mit deiner Anbetung und mit meinen Pflichten beschäfftige. O möchte ich auch heute für diese Absicht leben! Möchte ich dich mit meinem Leibe, wie mit meinem Geiste, durch mein ganzes Thun und Lassen preisen!

Und darum will ich heute allen Verhältnissen,

in welche du mich gegen Andere gesetzt hast, immer gemäß handeln, das ganz seyn, was du mir zu seyn gebietest, und das willig leisten, was mir obliegt. Heilig sollen mir die Pflichten meines Standes seyn, und nichts soll mich an der Erfüllung derselben hindern. Nichts soll mich aber auch mit meiner Lage unzufrieden machen; nie will ich wider deine Vorsehung murren und deine Wege tadeln; nie meiner Abhängigkeit von dir vergessen und mich gegen deine Anordnungen empören.

Als Gattin will ich mich dem widmen, den du mir zum Freunde und Führer auf meinem Wege gegeben hast, und mich redlich bemühen, zu seinem Glücke beyzutragen. Meine Liebe und Treue sollen ihm diesen Tag verschönern und die Lasten desselben erleichtern. Sein Wille soll in allen erlaubten Fällen mein Wille, und seine Wünsche und Besorgnisse, seine Freuden und Leiden sollen die meinigen seyn. Ich will Gutes und Böses mit ihm theilen, und ihn hinwiederum zum Vertrauten meines Herzens und meiner Angelegenheiten machen. — Als Hausfrau will ich meine Geschäffte mit Unverdrossenheit verrichten und meinen Beruf auch da erfüllen, wo es nicht ohne Anstrengung und Selbstverleugnung geschehen kann. Weiß ich doch, was gut ist, und was du, der Herr, mein Gott von mir forderst; daß ich nämlich durch mein Beyspiel Alle um mich her zum Guten erwecke und darin stärke; daß ich sie durch meine Thätigkeit und durch meinen Eifer mehr, als durch bloße Befehle zur Beobachtung ihrer Pflichten ermuntere; daß ich ihnen mit

Gesinnungen und Handlungen vorgehe, wodurch Eintracht, Liebe, Freundschaft, Versöhnlichkeit und alle Tugenden befördert werden; daß ich das Licht der Frömmigkeit in meinem Hause leuchten lasse, damit Andere meine guten Werke, mein dir wohlgefälliges Verhalten sehen und dich durch ähnliche Thaten preisen mögen.

Schenkst du mir heute Glück und Freude, so will ich dieselben pflichtmäßig genießen. Und es ist Pflicht für mich, nie zu vergessen, daß alles Gute nur von dir kommt; Pflicht für mich, über die Absichten nachzudenken, warum du es mir ertheilst und wozu ich es gebrauchen soll; Pflicht für mich, bey dem täglichen Genusse deiner Wohlthaten nicht gleichgültig zu werden und deine Segnungen nicht leichtsinnig zu empfangen. Nein, jeder erreichte Wunsch, jeder erlangte Vortheil, jedes besiegte Hinderniß, jede überstandene Gefahr, jeder Zuwachs an irgend einem Gute muß mich an dich erinnern, damit ich sie auf dich zurückführe. Kein schimmernder Vorzug, keine auch noch so verdiente Auszeichnung muß mich stolz und eitel machen. Aber an jedem Glücke, das mir deine Vorsehung schenkt, will ich meine ärmern Brüder und Schwestern Theil nehmen lassen; und meine Wohlthätigkeit soll in dem Grade zunehmen, als sich meine Umstände verbessern; meine Menschenliebe soll desto thätiger und ausgebreiteter seyn, je sichtbarer mich deine Vaterliebe segnet.

Schickst du mir heute Leiden und Trübsale, so will ich sie christlich ertragen und benutzen. Und das Christenthum gebietet, nicht an deiner Aufsicht und

Güte zu zweifeln, wenn sich mir traurige Aussichten öffnen, sondern auch bey widrigen Schicksalen deiner Regierung zu vertrauen und selbst meine Leiden als Wirkungen deiner Liebe zu betrachten. Es gebietet, daß ich mich durch Geduld und Standhaftigkeit vor der Unzufriedenheit mit meinem Stande und vor der Widersetzlichkeit gegen deine weisen Absichten verwahre. Es gebietet, die Uebel, welche mich als Strafen, als die natürlichen Folgen meines gesetzwidrigen Verhaltens treffen, so zu erdulden und anzuwenden, daß ich besser dadurch werde.

Ja, ich will meine Menschenwürde behaupten, den Aussprüchen meiner Vernunft folgen, auf das Urtheil meines Gewissens hören und über meine sittliche Freyheit wachen, um keines Lasters, keiner Leidenschaft Sclavin zu werden. Und Glaube und Hoffnung sollen mich dazu begeistern. Das Andenken an dich und die Aussicht in eine höhere Welt sollen mich stärken und in meiner Schwachheit mächtig seyn. Dann werde ich diesen Tag nicht unnütz verlieren, sondern mit Gesinnungen und Thaten bezeichnen, deren ich mich einst erfreuen darf, und Saamen ausstreuen, der Früchte für die Ewigkeit, Früchte für den Himmel trägt.

12.

Abendgebet allgemeinen Inhalts.

Auch dieser Tag, o Gott, war ein Tag des Segens und des Glücks für mich. Du warst mir und den Meinigen mit Hülfe und Gnade nahe; und unter deinem Beystande habe ich mancherley Hindernisse und Schwierigkeiten auf meinem Wege besiegt; aus deiner Vaterhand sind mir viele Freuden zugeflossen; unter deiner Aufsicht bin ich von allen den Uebeln, welche mich treffen konnten, frey geblieben. Und den Rückblick auf dieses Alles ist Ermunterung zu deinem Lobe und läßt es mir nicht an Stoff zu frommen Empfindungen fehlen. Ja, gepriesen sey deine unaussprechliche Güte, die so väterlich für mich gesorgt und alles, was zu meinem Besten dient, so huldreich veranstaltet hat!

Aber habe ich dir auch heute den schuldigen Dank durch mein Leben, durch meine Gesinnungen und Handlungen dargebracht? Habe ich heute in meinem Stande gethan und geleistet, was die Pflicht von mir fordert? Bin ich eine gewissenhafte Gattin, eine sorgfältige Hausfrau gewesen? Habe ich das Gute und die Freuden dieses Tages so genossen, wie ich es mir am Morgen vorgenommen hatte? Habe ich Beschwerden und Mühseligkeiten so ertragen, wie es mein Entschluß war? Habe ich meine Verhältnisse, meine Geschäffte, meine Schicksale im Lichte des Christenthums betrachtet und alles von dir hergeleitet, alles auf dich zurückgeführt? Bin ich im Guten vorwärts oder rückwärts gegangen und dem Ziele meiner Bestimmung näher gekommen? Habe ich dich so thätig, so durch mein ganzes Thun und Lassen verehrt, wie es mir die Religion, welche ich bekenne, vorschreibt? Habe ich dir auf die einzige Art, welche dir wohlgefällt und meiner würdig ist, im Geist und in der Wahrheit, durch Gehorsam und Tugend gedient? Hat mich der Gedanke an dich, der Glaube an dich, die Hoffnung auf dich gewissenhafter in der Erfüllung meiner Pflichten und zufriedener mit meinem Loose gemacht?

Ja, ferne sey es von mir, je zu vergessen, daß jeder Tag meines Lebens deiner Verherrlichung gewidmet seyn muß, und daß jeder für mich verloren ist, an dem ich nichts dergleichen denke und thue! Denn jeder Tag ist dein Geschenk und mit Wohlthaten von dir bezeichnet; jeder giebt mir Gelegenheit, von deinen Gaben und von meinen Vorzügen einen weisen, zweckmäßigen Gebrauch zu machen; jeder ist dazu bestimmt und geschickt, mich in der Liebe zu dir, in der Dankbarkeit gegen dich, im Gehorsam gegen deine Gebote und im Vertrauen auf deine Vorsehung zu befestigen.

Ferne sey es also von mir, dem Wahne zu huldigen, daß ich dich schon durch bloße Religions- und Andachtsübungen, schon durch Worte und mit den Lippen würdig verehren könne! Denn dadurch würde ich mich ganz von dem Geiste des Christenthums und seines erhabenen Stifters entfernen. Dadurch würde ich mich selbst sehr gefährlich täuschen. Dadurch würde ich mich daran gewöhnen, mehr auf das Aeußere, als auf das Innere zu sehen und mich mit der gedankenlosen Theilnahme an Feyerlichkeiten und Gebräuchen zu befriedigen, anstatt meine Denkart und Gesinnung zu verbessern. Nein, ich verherrliche dich nur dann, wenn ich meine geistigen Kräfte, wie meine Glücksgüter nach deinem Willen gebrauche, mein eigenes und fremdes Wohl dadurch befördere und so meinen Wirkungskreis veredle. Ich verherrliche dich nur dann, wenn ich die Lasten und Widerwärtigkeiten des Lebens mit Geduld ertrage, dich auch in den Tagen des Unglücks als den Gott der Liebe anbete, durch die mir zugeschickten Uebel besser werde und es an mir selbst erfahre, daß auch deine Züchtigungen denen, die dadurch geübt werden, heilsame Früchte der Gerechtigkeit bringen. Ich verherrliche dich nur dann, wenn ich bey allen meinen Wünschen und Entwürfen, bey allem, was mir gelingt oder mißlingt, meine gänzliche Abhängigkeit von dir fühle; wenn ich stets und überall auf deinen Willen Rücksicht nehme und alles darnach beurtheile; wenn mich der Gedanke an deine Gegenwart in die stille Einsamkeit, wie zu meinen Geschäfften und Vergnügungen begleitet; wenn ich es nie vergesse, daß ich dir Ehrfurcht und Unterwerfung schuldig bin. Ich verherrliche dich nur dann, wenn ich mich im Glücke demüthig und im Unglücke gelassen bezeige; wenn ich dich liebe, dir vertraue und dir durch Recht und

Wohlthun ähnlich zu werden mich bestrebe; wenn meine Wünsche und Absichten gut und edel, meine Erholungen und Freuden erlaubt und unschuldig, meine Gesinnungen und Handlungen deinen Geboten gemäß und wahrhaft tugendhaft sind.

Möchte mich diese Einsicht und Ueberzeugung durch mein ganzes Leben begleiten! Und möchte sie immer wirksam und fruchtbar bey mir seyn! Möchte ich das merkwürdige Wort aus dem Munde Jesu auch mir gesagt seyn lassen: wenn ihr solches wisset, selig seyd ihr, so ihrs thut!

Vierter Abschnitt.

Stoff zum Beten für die Mutter.

I.

Empfindungen und Aussichten einer Mutter.

Gott, mein Herz ist deines Preises voll, und ich empfinde, was ich nicht auszudrücken vermag. Die höchste Freude durchströmt mich bey dem Anblicke meines Kindes; und alle Furcht und Traurigkeit ist nun vorüber; der wonnevolle Muttername ersetzt mir alles reichlich, was ich seinetwegen erduldet habe. O itzt fange ich gleichsam aufs neue zu leben an; die schönsten Aussichten in die Zukunft öffnen sich meinem Blicke, und mein Herz wird durch die süßesten Vorgefühle meines mütterlichen Glücks beseligt.

Ja, ich versetze mich im Geiste in die künftigen Zeiten und stelle mir vor, wie das itzt schwache und hülflose Kind, das noch alles Selbstbewußtseyns beraubt ist, seiner Bestimmung immer näher kommt. Ich denke mir das Vergnügen, welches ich empfinden werde, wenn es den Mutternamen lallt, auf meine Stimme hört und meinen Zuruf versteht. Ich vergegenwärtige mir die Zeit, wo es mich durch seine Offenheit und Unschuld, durch seine natürlichen, kunstlosen Gespräche und Fragen ergötzt; die Zeit, wo ich ganz Mutter für dasselbe seyn, meinen Unterricht anfangen und seinem sich immer mehr entwickelnden Verstande zu Hülfe kommen kann.

Ich versetze mich in die Jahre seiner Jugend und vergnüge mich an dem Gedanken, daß dieses itzt so unwissende und mit sich selbst noch unbekannte Kind dereinst zu einem verständigen und einsichtsvollen Menschen heranwachsen wird; daß seine Geisteskräfte geübt, seine Fähigkeiten entwickelt, seine Anlagen ausgebildet seyn werden; daß es sich selbst und seine Bestimmung, die Menschen und sein Verhältniß zu ihnen, dich, seinen Schöpfer und deine Werke, deine Wohlthaten, deine Gebote immer besser kennen lernt; daß es an Weisheit, wie an Alter zunimmt und sich zu der Würde eines vernünftigen Wesens erhebt.

Ich sehe im Geiste, wie sich sein Herz und seine Gesinnung veredelt; wie es immer mehr nach festen Grundsätzen handelt; wie es Einen jugendlichen Fehler nach dem Andern ablegt und sich immer neue gute Fertigkeiten erwirbt. Ich denke mir dasselbe als wahrhaft, offenherzig, menschenfreundlich, mitleidig, theilnehmend. Ich denke mir es als fromm, als deinen aufrichtigen Verehrer, als einen würdigen Bekenner Jesu, als einen ächten, seiner Religion Ehre machenden Christen.

Ich sehe die Zeit kommen, wo ich mich mit Thränen freudiger Wehmuth von demselben trenne; wo es in die Welt eintritt, sich seinen Beruf wählt, oder nach dem Berufe, den du ihm angewiesen hast, zu handeln anfängt. Ich stelle mir vor, wie es seine häusliche oder bürgerliche Laufbahn beginnt, ein selbstständiges Mitglied der Gesellschaft wird und zum Besten derselben das Seinige beyträgt. Ich nehme schon itzt an seinem Glücke, an seinem Schicksale, an seinem guten Rufe, an seiner Tugend, an seinen liebenswürdigen Eigenschaften Theil.

Ich vergegenwärtige mir dasselbe in seiner vollen Reife, und denke mich dabey alt und schwach geworden. Dann wird das hülflose Kind, welches ich itzt auf meinen Armen trage, mein Trost und meine Freude seyn. Dann wird es sich, von Dank und Liebe durchdrungen, so an mich anschließen, wie ich mich itzt an dasselbe anschließe. Dann wird es mir die Mühe, die Arbeiten, die Beschwerden, die Opfer, welche ich seinetwegen übernommen und gebracht habe, reichlich vergelten. Dann finde ich bey ihm Zuflucht in meinen Widerwärtigkeiten und Pflege in meinem Alter. Dann steht es mir vielleicht in der Stunde des Todes zur Seite und drückt mir mit liebevoller Hand mein sterbendes Auge zu.

Ja, so froh sind meine Empfindungen und so entzückend meine Aussichten in die Zukunft. Denn wie groß werde ich mich einst fühlen, wie erhaben wird mir mein weiblicher und mütterlicher Beruf erscheinen, wenn ich so viel Gutes sehe, das durch mich und meine Vermittelung befördert worden ist! Welche Verdienste um die Gesellschaft kann ich mir dadurch erwerben! Wie gemeinnützig kann ich mein Leben machen, wenn ich das für mein Kind bin und thue, was ich als Mutter für dasselbe zu seyn und zu thun vermag! Welch einem ruhigen, zufriedenen, freudenvollen Alter kann ich entgegensehen, wenn ich mir in meinem Kinde einen Freund und Vertrauten erziehe und mir dasselbe durch meine mütterliche Liebe und Fürsorge recht verbinde!

O möchte es dir gefallen, gütigster Gott und Vater, mich die Erfüllung dieser schönen Hoffnungen erleben zu lassen! Ja, schaue du mit Huld und Gnade auf mich und mein Kind herab, und segne alles, was von mir und Andern zur Erziehung und Ausbildung desselben gethan und veranstaltet wird. Nimm es in deinen mächtigen Schutz und leite es an deiner Hand. Stärke mich zur treuen Erfüllung meiner mütterlichen Pflichten, damit ich auf diesem langen, oft mühevollen Pfade nicht ermüde, und hilf mir alle Hindernisse und Schwierigkeiten glücklich besiegen. Schenke mir Weisheit, daß ich einsehe, wie ich dieses große Werk treiben muß, wenn es gelingen soll; und gieb mir Kraft und Muth, alles das gern und willig, unermüdet und standhaft zu unternehmen und auszuführen, was die Welt von mir erwartet und dein heiliges Gebot von mir fordert.

Ja, dein Beystand, o Gott, ist mir gewiß, wenn ich von meiner Seite das gewissenhaft leiste, was ich soll und vermag. Und so hoffe ich mit Zuversicht auf deine Hülfe, und freue mich dessen, daß auf mir und meinem Kinde dein Segen ruhen werde.

2.

Die Mutter als Erzieherin des Kindes.

Gott, du willst, daß christliche Aeltern ihre Kinder in der Vermahnung zu dir erziehen, daß sie dieselben zu frommen, tugendhaften Menschen und zu aufrichtigen, thätigen Verehrern deines Namens bilden, daß sie nicht blos und hauptsächlich für das irdische Glück, sondern auch vorzüglich für das geistige und sittliche Wohl derselben sorgen. Und die Verbindlichkeit zu dieser Pflicht hast du uns Aeltern schon durch die Gesetze der Natur und durch die laute Stimme unsers Herzens aufgelegt. Die Liebe, welche wir gegen unsre Kinder empfinden, und die Vorstellung, daß uns diese ihr Daseyn verdanken, sind die mächtigsten Antriebe dazu und mahnen uns täglich an unsre Schuldigkeit.

Ja, auch ich erkenne die Wichtigkeit meines Berufs; auch mich, o Gott, hast du als Mutter zur Erzieherin meines Kindes vorzüglich in den ersten Jahren desselben bestimmt; und meine mütterliche Zuneigung macht mich zu diesem Geschäffte ganz besonders geschickt. Aber ich muß es nicht blos mit Lust und Eifer, sondern auch mit Verstand und Einsicht treiben, und mir zu dem Ende die Kenntnisse erwerben, welche dazu gehören.

Ja, will ich meinen mütterlichen Beruf erfüllen, so muß ich vor allen Dingen über die Gesundheit meines Kindes wachen. Denn welches irdische Gut kann den Mangel daran ersetzen, oder für das schmerzhafte Gefühl eines zerrütteten Körpers entschädigen? Wie wenig Werth haben alle äußere Vorzüge und alle sinnliche Freuden für den, der zu ihrem Gebrauche und Genusse unfähig ist! Und wie oft wird nicht schon im zartesten Alter der Grund zu den langwierigsten körperlichen Leiden gelegt! Wie manches Kind wird theils durch vernachlässigte Wartung und theils durch übertriebene Pflege ungesund gemacht! Wie sollte ich also nicht dafür sorgen, daß der Körper, als das Werkzeug der Seele, frühzeitig zu den Diensten, welche er leisten muß, fähig werde? Wie sollte ich nicht in dieser Absicht alles vermeiden, was zu einer falschen Behandlung des Kindes führt und ihm offenbaren Nachtheil bringt? Dadurch allein lege ich den Grund zu einer guten Erziehung, weil nur in einem gesunden Körper eine recht gesunde Seele wohnen kann.

Aber will ich meinen mütterlichen Beruf erfüllen, so muß ich auch die erste Lehrerin meines Kindes seyn und die junge Seele desselben bilden. Denn wer kann den zarten Keim des noch unentwickelten Verstandes besser pflegen und glücklicher befruchten, als ich? Wer hat mehr Gelegenheit, mehr Mittel, mehr Anlage, dem Kinde auf eine leichte Art Begriffe beyzubringen und Unterricht zu ertheilen, als die Mutter? Und dieser Pflicht muß ich mich von nun an widmen, wenn ich meines wichtigen Amtes gehörig warten will. Ich muß mein mir anvertrautes Kind selbst belehren, und mich nicht auf das dabey einschränken, was sich blos auf das äußere Betragen, auf Sitte und Herkommen, auf Anstand und Höflichkeit bezieht. Ich habe es über Gegenstände zu belehren, die von hoher Wichtigkeit sind, um dadurch zu verhüten, daß sein Kopf nicht schon frühe verfinstert, seine Denkart nicht durch Andere verbildet, seine Ansicht der Welt und des Lebens nicht durch herrschende Vorurtheile und Irrthümer verfälscht werden.

Doch was ist Verstand ohne Tugend? Was helfen die besten Einsichten, wenn sie nicht befolgt werden? Welchen Werth kann unser Wissen haben, wenn es nicht auf unser Leben und Verhalten wirkt? Will ich daher meinen mütterlichen Beruf erfüllen, so muß ich mit gleicher, ja mit noch größerer Sorgfalt daran arbeiten, auch das Herz meines Kindes zu bilden und seine Gesinnung zu veredeln. Und aus diesem Grunde würde es Thorheit von mir seyn, wenn ich blos auf die Fähigkeiten und Fortschritte seines Geistes sehen und mich schon damit begnügen wollte, daß dieser mit Kenntnissen bereichert ist. Ich würde gewissenlos handeln, wenn ich es nicht schon frühe zur Tugend anführte; wenn ich es nicht darin übte und dazu gewöhnte, heiligen Gesetzen zu gehorchen; wenn ich ihm seine Pflichten nicht tief einzuprägen, nicht anfangs zu versinnlichen, nicht mit der Zeit immer ehrwürdiger zu machen suchte. Ich würde gerechten Tadel verdienen, wenn ich mir durch die blendenden Grundsätze der sogenannten grossen Welt, oder durch ihren Witz und Spott dieses mein Ziel verrücken lassen wollte. Nein, die guten Gesinnungen, welche ich meinem Kinde einflöße, sind mehr werth und bringen ihm ungleich größern Gewinn, als wenn es alle Wissenschaften in sich vereinigte, wovon es für Herz und Leben keinen Gebrauch machen kann.

Denn will ich meinen mütterlichen Beruf erfüllen, so muß ich mich ja auch bemühen, daß mein Kind ein nützliches Glied der Gesellschaft werde. Kein Ueberfluß an irdischen Gütern kann den Menschen der Pflicht überheben, der Welt zu dienen. Keine vornehme Geburt, kein Glanz und Schimmer entschuldigt ein unthätiges Leben. Ich darf also keine Ehre darin suchen, daß ich meinem Kinde Geld und Gut hinterlasse, oder daß es einen berühmten, ihm zur Empfehlung gereichenden Namen führt. Ich muß nach dem Ruhme streben, einen Menschen aus ihm bilden zu helfen, der durch gute, lobenswürdige Eigenschaften sich selbst empfiehlt und das Wohl des Ganzen, dessen Glied er ist, zu befördern vermag.

Und will ich meinen mütterlichen Beruf ganz erfüllen; ist es mein aufrichtiger Wunsch, daß mein Kind dereinst weise und tugendhaft werde: so muß ich es christlich erziehen und schon frühe den frommen, religiösen Sinn in ihm wecken. Denn dazu bin ich als Mutter nicht nur verpflichtet, sondern auch ganz vorzüglich geschickt; und dazu bedarf es keines gelehrten Wissens, keiner kunstmäßigen Mittel; das wird mir gelingen, wenn ich mein Herz und meine Empfindung sprechen lasse. Ich will daher oft mit meinem Kinde von dir und deiner väterlichen Güte, von deiner Heiligkeit und Gerechtigkeit, von deinen Werken und Wohlthaten, von deinen

Absichten und Gesinnungen gegen die Menschen reden. Ich will ihm sagen, daß alles, was wir Gutes besitzen, alles, was uns nährt und erfreut, dein Geschenk ist, und alles von dir abhängt, alles in der Welt nach deinem Willen geschieht. Ich will ihm zu der Ueberzeugung verhelfen, daß die Gesetze, wornach wir handeln müssen, deine ausdrücklichen Gebote sind, die wir nicht übertreten können, ohne Strafe dafür zu leiden. Ich will selbst fromm seyn, und dir überall die schuldige Ehrerbietung beweisen; und mein Kind wird dich lieben, dir danken, dir gehorchen, dir vertrauen lernen.

Ja, wichtig und vielumfassend, o Gott, ist das von dir mir aufgetragene Geschäfft, das Werk der Erziehung; aber du lässest es mir auch weder an Ermunterung, noch an Mitteln dazu, noch an Freude und Belohnung dabey fehlen. Ich darf nur also den festen und ernstlichen Willen haben, meiner Mutterpflicht ganz zu leben; und ich werde gewiß mit jedem Tage mehr erfahren, daß ich unter deinem Beystande nicht vergeblich arbeite.

3.

Die Mutter bey dem Tode ihres Kindes.

Gott, du giebst und nimmst, du schenkst das Leben und sendest den Tod, wie es dir gefällt. Und Beydes ist Beweis deiner für alles sorgenden Liebe. Die Stunde, die uns von den Unsrigen trennt, zeugt eben so gewiß von deiner höchsten Güte, als die Stunde, die uns mit ihnen vereinigt. Tod und Leben sind in deiner Vaterhand Mittel zur Beseligung deiner Kinder. — An diese trostvolle Wahrheit, die uns das Christenthum lehrt, will ich mich halten; sie will ich bey dem Tode meines geliebten Kindes meinem Verstande und Gemüthe tief einprägen, damit ich ihre wohlthätige Kraft an mir erfahre. Denn freylich kann ich diese Begebenheit nicht mit gleichgültigen Augen ansehen und mich nicht der Traurigkeit dabey erwehren; freylich fühlt mein mütterliches Herz den erlittenen Verlust sehr stark: aber meine Thränen können auch dir, dem Allgütigen nicht mißfallen, da du selbst die zärtlichen Mutterempfindungen in meine Brust gelegt und mich mit dem Kinde, dem ich das Leben gab, so genau verbunden hast.

Und beydes kann mit einander bestehen. Ich kann mich über meinen Verlust betrüben, und doch in deiner Vorsehung beruhigen. Ich kann meine verschwundene Hoffnung beklagen, und doch deine weise Güte preisen, die alles wohlmachet. Ich kann eine Christin seyn und dabey Mensch bleiben; kann den Trostgründen der Religion Gehör geben und gerechten Schmerz empfinden. Und wohl mir itzt, daß ich Religion habe und mich an diesem Stabe aufrichten kann! Wohl mir, daß ich voll Ergebung und Vertrauen zu dir hinaufblicke und mich mit dem Worte des Glaubens beruhige: du, der Herr, hast es gethan! — Ja, du hast es gethan, der du die Liebe bist; und bey dieser festen Ueberzeugung kann es mir auch in meiner itzigen Lage nicht an Zufriedenheit fehlen. Mögen deine Absichten dunkel seyn; mag ich dieselben in dem gegenwärtigen Falle nicht errathen können: ich weiß und glaube dennoch, daß sie gut und heilsam sind, daß sie wohlthätige Folgen haben und zu deiner Verherrlichung gereichen werden.

Und was ist es, daß mich der Tod für itzt von meinem Kinde getrennt, daß er mir die Freude, welche mir dasselbe für die Zukunft versprach, gegenwärtig entzogen, daß er die Ausbildung, die es auf Erden von Menschen erhalten konnte, verhindert hat, da in deinem Reiche keine Kraft ungeübt, keine Anlage ungebraucht, kein Saame ohne Frucht, kein der Veredlung fähiger Geist unvollendet bleiben kann? Nein, dein untrügliches Wort sagt es mir, daß ich mein Kind nicht auf immer verloren habe, daß ich es dereinst gewiß wiederfinden, daß ich mich dann über seine Vervollkommnung und Seligkeit unaussprechlich freuen werde. Oder darf ich mich darüber betrüben, daß es dir gefallen hat, diesem Kinde in einer andern Welt, unter andern Umständen und durch andere Mittel seine Ausbildung zu geben? Darf ich mich darüber betrüben, daß es nun wahrscheinlich geschwinder und bey weniger Hindernissen seine Bestimmung erreicht und sich seinem Ziele nähert? Nein, so wenig ich mich deßwegen für unglücklich halten darf, weil ich früher oder später den Ort meines gegenwärtigen Aufenthalts verlassen muß, um in andern, günstigern Verhältnissen meiner Vollendung entgegen zu gehen; so wenig darf es mich beunruhigen, daß du diese Veränderung bey meinem Kinde so bald veranstaltet und ihm eine höhere Schule zu seiner Ausbildung schon itzt angewiesen hast.

Und wie rein, wie schuldlos ist es von dieser Erde abgetreten! Welchen Trübsalen, welchen Gefahren, welchen Versuchungen zur Sünde, welchem mannichfaltigen Elende ist es nicht dadurch entgangen! Vielleicht hätte es schwere und harte Leiden erdulden und ein trauriges, mühseliges Leben führen müssen, wenn es unter der Aufsicht von Menschen geblieben wäre. Itzt hast du dasselbe sicherern Händen anvertraut, und ich darf mit Gewißheit hoffen, daß es auf der Bahn der Weisheit und Tugend ungehindert fortschreiten werde. Zwar ist auch diese Erde ein herrlicher und lehrreicher Uebungsplatz für vernünftige und der Sittlichkeit fähige Geschöpfe, und wen du dahin versetzest, der kann viel Gutes lernen und vollbringen; aber in deinem Hause sind viele Wohnungen, und der Tod kündigt uns immer deinen Ruf zu höherer Vollkommenheit an.

Ja, ohne Murren gebe ich dir das Kind zurück, welches du mir zu meiner Freude geschenkt hattest; und dir, unserm gemeinschaftlichen Vater und Wohlthäter überlasse ich mich und Alles, was mir werth und theuer ist. Dir befehle ich meine Wege und hoffe auf dich; du kannst mich nicht verlassen noch versäumen.

4.

Die kranke Mutter.

Gott, du führst die Menschen, deine Kinder, gemeiniglich ganz anders, als sie es wünschen, und deine Wege sind nicht unsre Wege. Dieß erfahre gegenwärtig auch ich, da mich mein kraftloser Körper an das Krankenbett fesselt. Und vielleicht war nichts geschickter, mich an meine Abhängigkeit von dir zu erinnern, als dieser Zufall, der mich zum ernsten Nachdenken auffordert und mir den lehrreichsten Stoff dazu giebt.

Freylich ist der Wunsch zu leben, jedem Menschen natürlich; du selbst hast ihn unsern Seelen eingepflanzt, und wir thun blos, was wir sollen, wenn wir unser Daseyn so lange als möglich zu erhalten suchen. Und welche neue und starke Bande fesseln nicht insbesondere mich an das Leben, die ich Mutter,

Mutter von noch unerzogenen und unversorgten Kindern bin! O ich müßte diese nicht lieben und nicht Mutter seyn, wenn ich mich ungerührt von ihnen trennen könnte, wenn ich nicht zu ihrem Besten noch fernerhin mit ihnen vereinigt zu bleiben wünschte. Ja, o Gott, meine Kinder sind es vorzüglich, die mir das Leben recht werthvoll machen und nun den Wunsch in mir erzeugen, daß es dir gefallen möchte, mir dasselbe zu verlängern. O was empfinde ich, wenn ich sie um mein Lager herumstehen und mit nassen Augen auf mich blicken sehe! Welche Gedanken und Wünsche steigen in mir auf, wenn ich mir ihre künftigen Schicksale vorstelle!

Doch diese stehen ja in deiner Hand, und die Religion lehrt mich glauben und hoffen. Denn bist du nicht der Höchstweise und Gütige, der Vater und Versorger aller deiner Geschöpfe? Führen nicht alle deine Wege, wie rauh und gefahrvoll sie auch scheinen, immer zum Heil? Kann uns irgend ein Uebel treffen, das nicht auf unser wahres Wohl abzielte? Kommen nicht Gesundheit und Krankheit von dir? Bist du nicht auch mir und meinen Kindern ein liebevoller Vater? Ja, das bist du, o Gott, und nichts kann mir begegnen, was du nicht vorhergesehen, nicht aus weisen Absichten veranstaltet und zugelassen hättest. Und der Tod, die wichtigste Veränderung, welche sich mit mir zutragen kann, der Tod sollte mich dieser Erde und meinen Kindern entziehen können, ohne daß du dabey einwilligtest? Nein, wenn es dir gefällt, mich itzt von hier abzufordern, so weiß ich so gewiß, als ich an dein

Daseyn glaube, daß die Trennung von den Meinigen nothwendig ist; daß weder ich noch sie wirklich dadurch verlieren, wie viel wir auch zu verlieren scheinen; daß unser aller Vollkommenheit und Glückseligkeit so oder anders dabey gewinnen muß.

Ja, du wirst der Vater und Versorger meiner Kinder bleiben, auch wenn ich nicht mehr bin und nichts mehr zu ihrer Beglückung beytragen kann. Ich war ja doch nur ein Werkzeug in deiner Hand, dessen du dich bedientest, um meinen Kindern das Leben zu geben und sie bisher zu erhalten, und du, der Allweise und Allmächtige bist bey der Erreichung deiner Absichten nicht an ein einziges Mittel gebunden; dir steht alles, dir steht selbst das zur Beförderung deiner Zwecke zu Gebote, wodurch wir kurzsichtige Menschen dieselben vereitelt glauben. Was ich meinen Kindern war und für dieselben that, das werden andere Menschen für sie seyn und thun, wenn ich es nicht mehr im Stande bin. Deine Vatergüte wird die Thränen abtrocknen, die sie über meinem Grabe weinen. Deine Fürsorge wird ihnen den Verlust ersetzen, welchen sie durch meinen Tod leiden. Du wirst sie auch ohne mich Glück und Freude finden und nicht ohne Führer und Beschützer lassen. Ja, ist es dein Wille, o Gott, daß ich mich von meinen geliebten Kindern trennen soll, so übergebe ich sie deinen Vaterhänden, fest überzeugt, daß du über sie wachen wirst. Und wenn sie dir und deinen Geboten gehorchen, wird es ihnen nie an einem wahren und unentbehrlichen Gute fehlen; wenn sie bey einem reinen, schuldlosen Herzen Freudigkeit zu dir haben und ihr Vertrauen auf dich setzen, wie wenig werden sie dann die Hülfe eines schwachen Menschen vermissen, da du, der Allmächtige dich ihrer annimmst!

Aber noch lebe ich, noch hat mich die Hoffnung nicht ganz verlassen, und deine Hand kann alles ändern. Vielleicht erhältst du mir das Leben und läßt meine gegenwärtigen Verhältnisse fortdauern; und o wie will ich mich dann deiner Güte und Hülfe freuen! Wie würdig will ich dann meine Stelle behaupten und nützlich zu seyn streben! Wie getreu alle meine Pflichten, besonders meine mütterlichen erfüllen! Ja, so will ich dir danken. Erfreuest du mich wieder mit Leben und Gesundheit, so will ich sie ganz meinen Kindern widmen und ganz Mutter für dieselben seyn; so will ich mein Krankenlager als einen lehrreichen Wink von dir und als eine nachdrückliche Ermunterung zum erneuerten Ernste in der Erfüllung meines Berufs betrachten.

Und so erwarte ich ruhig und getrost, was du, der Herr über Leben und Tod über mich beschlossen hast. Stärke mich in der Stunde des Scheidens und gieb mir Muth und Kraft, mit christlicher Fassung zu sterben. Ist sie aber noch entfernt, die letzte Stunde, so lehre mich leben, christlich leben und oft bedenken, daß dieses Leben doch ein Ziel hat, damit ich weise werde.

5.

Dankgebet der genesenen Mutter.

Herr, Herr, Gott, gnädig und barmherzig, geduldig und von großer Güte und Treue, wie gern hilfst du deinen Kindern! Wie sehr erfreuest du dieselben, wenn du sie zuvor betrübt hast! Auch ich preise deine unendliche Liebe, die ich mein ganzes Leben hindurch und vorzüglich in meinen itzigen Umständen aufs neue erfahren habe. Ich war dem Tode nahe; aber du hast dich meiner herzlich angenommen. Ich lag schwach und ohnmächtig darnieder; aber du hast mir meine Kräfte wieder geschenkt und meine Tage verlängert. Ja, du hast Großes an mir gethan, du, der du mächtig bist und deß Name heilig ist, und meine Seele ist fröhlich in dir, meinem Gott! — Denn welche neue Reitze hat nun das Leben für mich! Mit welchen andern Augen sehe ich nun alles um mich herum! Mit welchen ganz ungewohnten Empfindungen thue und genieße ich nun das wieder, was ich bisher aus Schwachheit unterlassen mußte! Itzt fühle ich den Werth meines Daseyns weit inniger und stärker. Itzt schätze ich das Glück der Gesundheit um so viel höher. Itzt erfreut mich der Anblick dieser schönen Erde desto mehr. Itzt betrachte ich alle Güter und Vorzüge, die mir aus deiner Hand zugeflossen sind, als dein erneuertes Geschenk. Itzt fühle ich mich in der Mitte meiner Kinder desto froher und glücklicher, da die Trennung von ihnen so nahe war.

Ja, diese sind es vorzüglich, o Gott, die meine Wonne so sehr erhöhen und mir meine wiederhergestellte Gesundheit so theuer machen. Wenn ich das lebhafte Entzücken in ihren Mienen, wenn ich die natürlichen und ungekünstelten Aeußerungen ihrer Fröhlichkeit sehe; wenn ich sehe, wie liebevoll sie sich an mich drängen und wie sie jeden meiner Wünsche in meinen Augen zu lesen sich bemühen: o dann schlägt dir mein Herz dankbar entgegen; dann blicke ich mit seliger Wehmuth zu dir hinauf; dann freue ich mich in stiller Zufriedenheit, daß du mir diese guten Kinder geschenkt und mich so unaussprechlich beglückt hast.

Aber ich fühle nun auch die Verbindlichkeit, mein Leben und meine Kräfte ganz nach deinem Willen zu gebrauchen und in meinem Stande so nützlich zu werden, als ich es vermag. Denn zu dieser Absicht hast du mir mein irdisches Daseyn erhalten und meine hingeschwundenen Kräfte wieder gegeben; und diese Absicht zu befördern, allen meinen Pflichten ein Genüge zu leisten, alle meine Geschäffte gewissenhaft zu verrichten, jede Gelegenheit, wo ich Gutes thun und befördern kann, sorgfältig wahrzunehmen: dieß ist der Dank, den du von mir forderst und der dir allein wohlgefällt. Ich muß nun eine desto treuere Gattin, eine desto thätigere Hausfrau, eine desto wärmere Freundin, eine desto sorgfältigere Mutter meiner Kinder seyn. Ja, diesen hast du mich recht eigentlich wieder geschenkt; diesen muß ich mich also ganz vorzüglich widmen; für sie muß ich unermüdet arbeiten; ihr Bestes muß ich aus allen Kräften zu befördern suchen; mein frommes Gelübde, das ich dir auf meinem Krankenlager that, muß ich gewissenhaft lösen.

Und da du mir aufs neue Gesundheit und Leben giebst, so sehe ich daraus, daß ich der Welt, daß ich wenigstens den Meinen noch Dienste leisten soll. Ich darf also mein Leben nicht als mein völliges Eigenthum, ich muß es als ein Gut betrachten, das du mir zu wichtigen Absichten anvertraut hast, und von dessen Gebrauche ich dir Rechenschaft abzulegen habe. Ich muß es zu dem Ende so lange als möglich zu erhalten suchen, um Andern so lange als möglich nützlich zu werden. Es ist offenbar Pflicht und heilige Pflicht für mich, daß ich alles vermeide, was meine Gesundheit schwächen und mich vor der Zeit ins Grab stürzen kann; daß ich mich in allen Stücken der Enthaltsamkeit, der Mäßigkeit, der Tugend befleißige; daß ich heftige Begierden und zerstörende Leidenschaften fliehe; daß ich jedes Vergnügen mit weiser Vorsicht genieße und mir nichts erlaube, wovon ich weiß, daß es mir nachtheilig werden kann. Ja, möchte ich bey jeder Versuchung zur Sünde, bey jedem Reitze zu irgend einer Ausschweifung an die Tage zurückdenken, wo ich dem Grabe und meiner Rechenschaft so nahe war! Möchte ich über die Güter und Freuden des Lebens, über die Bestimmung und Würde des Menschen, über Tugend und Laster und ihre Folgen, über Religion und Christenthum und deren Werth immer so urtheilen, wie sie mir auf dem Krankenlager erschienen sind und dereinst auf dem Sterbebette gewiß wieder erscheinen werden! Möchte ich wirken, weil es Tag für mich ist, so lange ich Zeit und Kräfte und Gelegenheit dazu habe, so lange ich gesund und thätig bin und die Pflichten meines Standes erfüllen kann, und es mir oft sagen: es kommt die Nacht des Todes, wo ich nicht mehr zu wirken vermag!

6.

Das Verhalten einer Mutter in Absicht auf ein Kind, das große Geistesschwäche zeigt.

Gott, von dir kommen unsre Fähigkeiten und Kräfte, unsre Anlagen und Vorzüge. Du vertheilst sie unter die Menschen, deine Kinder, wie es dir gefällt und wie es zur Erhaltung des Ganzen nöthig ist. Du spendest sie sehr verschieden aus, giebst dem Einen viel, dem Andern wenig, und hebst oft jenen über diesen hoch empor. Aber auch hier, wie überall handelst du als der Allweise, und deine wohlthätigen Absichten dabey sind nicht zu verkennen. Du willst, daß die Menschen genau mit einander verbunden seyn, daß sie von einander abhängen, daß sie einander gegenseitig dienen, daß sie dem Ziele ihrer Bestimmung auf vielerley Wegen entgegen gehen sollen.

Darum können nicht alle dieselben Geisteskräfte besitzen und denselben Beruf treiben; darum hast die Einen zu Lehrern für die Andern bestimmt und diesen verweigert, wodurch sich jene auszeichnen.

Ja, dieß ist deine Einrichtung, o Gott; und von dieser Seite muß ich die geringen Fähigkeiten meines Kindes betrachten. Du hast dasselbe nicht aus Mangel an Macht und Güte so dürftig ausgesteuert; denn deine Macht ist unbeschränkt und deine Güte allesumfassend. Du liebst solche, welchen du ein geringes Maaß von Kräften verleihest, nicht weniger, als diejenigen, welche du mit großen Vorzügen schmückst. Jene und diese sind in deinem Reiche unentbehrlich, und wie es Arme und Reiche, Hohe und Niedere giebt, so muß es auch Starke und Schwache am Geiste geben.

Ferne sey es also von mir, mein Kind, das so offenbar in diese Classe gehört, deßwegen weniger zu lieben, oder ihm mit Verachtung zu begegnen! Denn wie ungerecht würde ich da handeln! Wie sehr meine Mutterpflichten verletzen! Wie ungeschickt mich machen, für dasselbe zu thun, was ich soll! Mag meine Freude an demselben dadurch geschwächt werden; mag es mir von Seiten seines Verstandes weniger Ehre versprechen, als andere Kinder: es hat das nicht selbst verschuldet, sondern du, sein Schöpfer und Vater hast ihm seine geringen Fähigkeiten zugemessen. Nein, ich muß dieses mein Kind eben so lieben und schätzen, als ob es große Anlagen hätte und zu großen Hoffnungen berechtigte. Ich darf sein Gemüth nicht durch Zurücksetzung und

Ungerechtigkeit erbittern, sein Herz nicht mit Kälte und Argwohn gegen mich selbst und mit Neid und Haß gegen seine begünstigten, ihm vorgezogenen Geschwister erfüllen. Ich darf mich seiner nicht schämen und meine Zuneigung zu ihm in Gegenwart Anderer nicht unterdrücken. Ich muß vielmehr bemüht seyn, mich von dem Verdachte zu reinigen, als ob ich meine mütterliche Bestimmung so sehr vergessen könnte, einem Kinde meine Liebe zu entziehen, das mich durch nichts beleidigt hat. Ich habe die Pflicht auf mir, es vor der Verachtung anderer Menschen und Kinder zu schützen und durch Wort und That, durch mein ausdrückliches Verbot, wie durch mein eigenes Beyspiel zu verhüten, daß es nicht verspottet und gekränkt werde, sondern die Nachsicht und Schonung erfahre, die es verdient.

Und je weniger natürliche Gaben du meinem Kinde verliehen hast, desto mehr Fleiß und Mühe muß ich auf seine Erziehung wenden. Freylich kann nur der Unterricht, in so fern er mir obliegt, nicht so leicht und angenehm seyn und nicht so geschwind von Statten gehen, als bey einem Kinde, das mit höhern Fähigkeiten ausgerüstet ist; freylich habe ich in diesem Falle viel Geduld, viel Sanftmuth, viel Beharrlichkeit nöthig: aber bin ich das nicht meinem Kinde schuldig? Bin ich nicht eben deßwegen Mutter? Kommt mir nicht mein Herz und die Natur dabey zu Hülfe? Würde ich mich nicht an jedem Kinde versündigen, dessen Verstand ich nicht auszubilden suchte? Und würde ich nicht doppelt strafbar seyn, wenn ich eben dieses Kind vernachlässigte, dessen Geistesschwäche ich kenne? Möge ich mich nur also durch die ersten fruchtlosen Versuche nicht sogleich abschrecken lassen, und meine Forderungen gehörig herabstimmen! Möge ich nur die Mühe nicht scheuen, Saamen auszustreuen, der erst spät einige Früchte trägt! Möge ich nur ganz meine Pflicht thun, und ich werde mich gewiß durch den Erfolg belohnt sehen!

Nur muß ich mich freylich, wenn es darauf ankommt, daß dieses mein Kind eine Lebensart wähle, vor den Fehlern hüten, die nicht selten dabey begangen werden. Nur muß ich darauf sehen, daß es keinen Beruf ergreife, wozu es nicht geschickt ist. Denn die geringen Kräfte, womit du es ausgesteuert hast, sind ein deutlicher Wink, daß du ihm keine wichtige Stelle in der Gesellschaft anweisen willst, sondern es für einen Stand bestimmst, der seinen Anlagen entspricht. Und diesen deinen Wink darf ich nicht übersehen. Ich darf mein Kind nicht aus Stolz und Eitelkeit zu einer Lebensart zwingen, bey welcher es einst sich selbst und Andern zur Last fallen würde. Ich muß sein Glück und seine Ruhe nicht meinem Ehrgeitze oder der falschen Schaam aufopfern, sondern wohl bedenken, daß der Mensch an jeder Stelle, sie sey hoch oder niedrig, geachtet seyn kann, wenn er seine Pflichten in derselben erfüllt und sich durch sein sittliches Verhalten der Achtung würdig macht.

Ja, darauf beruht alles, daß ich mein Kind zur Rechtschaffenheit und Tugend erziehe; und in dieser Rücksicht würde es große Uebereilung von mir seyn, wenn ich von der Unfähigkeit des Verstandes auf die Unbildsamkeit des Herzens schließen wollte. Du hast nur wenige Menschen dazu berufen, sich tiefe Einsichten und gelehrte Kenntnisse zu erwerben; aber du hast alle ohne Ausnahme zur Tugend bestimmt; und dazu hast du auch mir dieses Kind anvertraut. Mögen seine Geisteskräfte beschränkt seyn; die Tugend besteht nicht in einem weiten Umfange des Wissens, sondern in der Güte der Gesinnung. Wer dich fürchtet und Recht thut, der ist dir angenehm; und dich fürchten und deine Gebote halten kann jeder, dessen Verstand nicht ganz vernachlässigt ist. Du hast uns unsre Pflichten so tief ins Herz geschrieben, daß kein außerordentlicher Scharfsinn dazu erfordert wird, um sie zu begreifen.

Und damit, o Gott, tröste ich mich bey dem Anblicke meines Kindes. Lerne es nur dich und die Menschen lieben, nur Gutes thun und das Böse meiden; so hat es seine wichtigste Bestimmung erreicht, und ich kann über sein Schicksal ruhig seyn.

7.

Das Verhalten der Mutter in Absicht auf ein Kind, das große Anlagen zeigt.

Gott, wenn alle Menschen das würden, wozu du sie bestimmt hast und wozu sie die Anlagen besitzen, wie groß müßte dann die Summe des Guten und das Glück der Erde seyn! Aber nur wenige erfüllen ihren Beruf ganz; nur wenige von denen, die sich großer Fähigkeiten erfreuen, werden Wohlthäter ihrer Brüder; und daran ist nicht selten die Erziehung Schuld, weil sie schon als Kinder verkehrt behandelt werden. — Sollte mich das nicht aufmerksam machen, mich, die ich Mutter eines Kindes bin, das du durch so seltene Anlagen des Geistes ausgezeichnet hast? Ja, ich kann mich dessen freuen und habe Ursache, dir dankbar dafür zu seyn; aber ich darf nicht stolz darauf werden und andere Kinder nicht deßwegen verachten. Denn wie weit ist das Ziel gegenwärtig noch entfernt! Welchen Gefahren sind nicht auch solche Anlagen ausgesetzt! Wie viel fehlt noch daran, bis der Zweck erreicht und mein Kind vollendet ist!

Und nie wird es das werden, wenn ich zu sehr für dasselbe eingenommen bin; wenn ich es meinen übrigen Kindern zu sichtbar vorziehe, und dadurch den Saamen des Stolzes und der Herrschsucht in sein Herz lege. Mag es der Liebling meiner Seele seyn; ich muß mich nur desto sorgfältiger hüten, es zu verzärteln oder eigensinnig zu machen. Denn dadurch gehen oft die herrlichsten Anlagen verloren, oder erhalten doch eine falsche Richtung. Dadurch werden nicht selten Fleiß und Thätigkeit gehemmt und Trägheit und Leichtsinn befördert. Und welchen Schaden haben nicht schon übertriebenes Lob und verschwendete Belohnungen bey solchen vielversprechenden Kindern angerichtet! Wie sehr ist es zu beklagen, daß ihnen frühzeitige Ehrenbezeigungen eine zu hohe Meinung von sich selbst beygebracht und Kopf und Herz auf immer verstimmt haben!

Gewiß ist es also mein Wunsch, mich dieses Fehlers nicht schuldig zu machen. Aber dann muß ich auch den großen Zweck, wozu du meinem Kinde seine trefflichen Anlagen verliehen hast, immer im Auge behalten und mich täglich daran erinnern, daß die Erziehung eines solchen Kindes desto sorgfältiger und angemessener seyn muß. Dann habe ich auch ihm selbst bey jeder Gelegenheit tief einzuprägen, daß du einst desto mehr von ihm fordern wirst, je mehr ihm gegeben und befohlen ist. Dann muß ich nicht glauben, daß es alles blos durch sich selbst werden könne und keiner fremden Hülfe, oder keiner strengen Aufsicht bedürfe. Nein, je größer seine Fähigkeiten sind und je mehr sie versprechen; desto sorgfältiger muß der Unterricht seyn, wodurch solche Geisteskräfte geübt und entwickelt werden. Freylich vermag ich es in meiner Lage nicht selbst, diesen Unterricht zu ertheilen und diese Bildung zu vollenden; freylich werden höhere Einsichten und die vereinigten Bemühungen Vieler dazu erfordert: aber als Mutter kann und muß ich wenigstens dieß alles wollen, veranstalten, befördern, erleichtern. Ich kann durch mein Verhalten gegen dieses Kind und durch mein Verhalten gegen die Lehrer und Aufseher desselben viel dazu beytragen, daß es auf die rechte Art behandelt wird. Und schon dadurch mache ich mich um das gemeine Beste verdient, und darf mich alles des Guten freuen, was durch meine Theilnahme gestiftet wird.

Und diese Absicht werde ich desto sicherer erreichen, diese Freude werde ich um so viel gewisser erleben, wenn ich das Wichtigste nicht dabey vergesse und gleiche Sorgfalt darauf wende, daß auch das Herz meines Kindes veredelt werde. Denn wie kann ich dieses unterlassen, ohne alles damit zu verderben! Wie unwirksam nicht nur, sondern wie gefährlich und schädlich werden große Geistesanlagen in der Gesellschaft des Lasters! Und wie oft geschieht es nicht, daß der sittliche Charakter der Kinder eben darum vernachlässigt wird, weil ihre Verstandeskräfte groß und ausgezeichnet sind! Wie oft übersehen Aeltern die moralischen Unarten ihrer Kinder mit Gleichgültigkeit, weil diese gute Einsichten zeigen und glänzende Fortschritte im Lernen machen! Wie manche Untugenden der Kinder bleiben ungeahndet, oder werden wohl gar bewundert, weil sie mit Aeußerungen des Witzes oder des Scharfsinns verbunden sind! Ist es da ein Wunder, wenn solche Kinder lasterhaft werden und dereinst als Erwachsene desto mehr Böses stiften, je größer ihre natürlichen Fähigkeiten sind?

Nein, mit dieser schweren Schuld, o Gott, will

ich mich nicht belasten; und du, der du es allein vermagst, du wirst in Gnaden verhüten, daß sich die Welt nicht auf diese Art an meinem Kinde versündige. Unter deiner Aufsicht und Leitung werden die schönen Keime, welche dein Werk sind, befruchtet werden; und die gerechte Freude, welche ich empfinde, wenn ich sehe, wie leicht und schnell sich die Fähigkeiten meines Kindes entwickeln und wie beträchtlich sich seine Kenntnisse vermehren, soll mich immerfort aufmerksam darauf erhalten, daß das üppige Unkraut den Waizen nicht ersticke.

8.

Bey der Wahl der Lebensart eines Kindes.

Der Mensch, der nicht an seiner rechten Stelle steht, dessen Kräfte entweder seinen Arbeiten nicht gewachsen sind, oder der seine Geschäffte mit Verdruß und Widerwillen verrichtet, kann nicht zufrieden seyn; denn die Geschäffte und die Freuden des Lebens hängen genau zusammen. Möchte ich mich als Mutter an diese Erfahrung halten, und itzt, wo mein Kind eine Lebensart wählen soll, alles dazu beytragen, daß es in seiner Wahl glücklich sey!

Ja, nichts ist wichtiger, als diese Wahl; kein Zeitpunkt des Lebens ist entscheidender, als derjenige, wo man einen Beruf antritt, in dem man auf immer beharren muß. Denn wie viel ist nicht daran gelegen, daß der Mensch an den Geschäfften, die er treiben soll, Vergnügen finde! Wie viel kommt nicht darauf an, daß seine Neigungen und Wünsche mit seinem Wirkungskreise übereinstimmen! Wie sehr hängt nicht der glückliche Erfolg seiner Arbeiten von der Stimmung seines Geistes und von dem Maaße seiner Fähigkeiten ab! Wie innig ist nicht selbst die Tugend des Menschen mit seinem Berufe verbunden! Denn wer seine übernommenen Pflichten nicht erfüllt, mag es ihm an Lust oder an Kraft dazu fehlen, der kann kein weiser und guter Mensch und mithin nicht froh und zufrieden seyn.

So gewiß ich demnach das wahre Beste meines Kindes wünsche, so gewiß muß ich da mit der äußersten Vorsicht handeln, wo es auf die Wahl eines Berufs ankommt, der aus freyer Neigung ergriffen werden muß, weil er über das Glück des Lebens entscheidet. Ich würde mich an meinem Kinde schwer versündigen, würde einst Vorwürfe von ihm hören und mir selbst dergleichen machen müssen, wenn ich dasselbe itzt zu einem Berufe zwingen wollte, in dem es weder der Welt nützen, noch glücklich seyn könnte. Denn jeder Zwang, womit man freye Geschöpfe behandelt, ist vernunftwidrig und ungerecht; und hier würde er grausame Tyranney und die Quelle vieler Uebel seyn.

Aber es sey auch mir und allen, welche Einfluß auf mein Kind haben, Gewissenssache, ihm keine Lebensart anzupreisen, die das nicht ist, was sie scheint, und keinen Beruf zu empfehlen, der mehr verspricht, als er leistet. Nein, wer sein Kind liebt, der macht es mit der Lebensart, die es wählen will, ganz bekannt, und zeigt ihm nicht nur die angenehme, sondern auch die beschwerliche Seite desselben. Denn jeder Stand hat seinen Frieden, aber auch seine Last. Manche Stände glänzen mehr, als die übrigen, wenn man sie blos aus der Entfernung betrachtet, und scheinen ein vorzügliches Glück zu gewähren. Wer nun ohne eigene Erfahrung einen Beruf wählen soll, kann leicht von diesem Schimmer geblendet und gefährlich getäuscht werden. Und wie selten wird ein Kind, das von dem Verstande seiner Aeltern eine hohe Meinung hat und sein ganzes Vertrauen auf sie setzt, Bedenken tragen, einen Beruf zu ergreifen, den es von diesen anpreisen hört!

Freylich müssen also wir Aeltern die Rathgeber unsrer Kinder seyn und ihrer Unerfahrenheit zu Hülfe kommen; freylich müssen wir ihnen auch besonders in dem gegenwärtigen Falle unsre Einsichten leihen. Es ist nothwendig, daß wir ihnen diesen und jenen Beruf vorschlagen und unsre Meinung mit Gründen unterstützen; aber diese Gründe müssen rechter Art seyn; wir müssen uns nicht selbst von Vorurtheilen hintergehen lassen, wenn wir Andern den Weg zum Glücke zeigen wollen. Ja, wir handeln unrecht, wenn wir unsern Kindern blos deßwegen einen Stand sehr empfehlen, weil man Reichthümer in demselben erwerben und sich ein bequemes Leben verschaffen kann. Denn so wenig der Reichthum allein zur Zufriedenheit hinreicht, so wenig ist er an einen einzigen Stand gebunden. Wir handeln unrecht, wenn wir unsre Kinder aus dem Grunde zu einer gewissen Lebensart überreden, weil sie häufig zu hohen Ehrenstellen führt. Denn theils geschieht dieses nicht immer; und theils ist es nicht der Beruf an sich, sondern die Art, wie man ihn treibt, was uns die Achtung der Vernünftigen verschafft. Wir handeln unrecht, wenn wir unsern Kindern blos aus der Ursache eine Lebensart anpreisen, weil Viele unsrer Verwandten dieselbe führen. Denn jeder Mensch hat sein eigenes Maaß von Kräften, seine eigenen Neigungen und Abneigungen. Was den Einen erfreut, dabey bleibt der Andere gleichgültig. Was dem Einen genügt, läßt dem Andern unbefriedigt. Was dem Einen leicht wird, weil er natürliche Anlagen dazu hat, das fällt dem Andern schwer, weil es seine Fähigkeiten übersteigt oder ihn zu wenig beschäfftigt. Wir handeln unrecht, wenn wir unsre Kinder darum zu einem gewissen Stande erziehen, weil man wenig Kenntnisse zu demselben mitbringen darf und wenig Geschäffte darin zu verrichten hat. Denn der Mensch ist zur Thätigkeit berufen; und je treuer er diesem Berufe folgt, je mehr er lernt und arbeitet, desto nützlicher macht er sich nicht nur für die Welt, sondern desto vollkommner wird er selbst und desto gewisser erreicht er seine Bestimmung.

Und jeder ist dazu bestimmt, wozu er Fähigkeit und Neigung in sich fühlt. Und diese Fähigkeit zu prüfen, diese Neigung zu erforschen, ist die Pflicht der Aeltern. Ich darf demnach die Wahl meines Kindes mit zu leiten suchen; aber ich muß auch mein ganzes mütterliches Ansehen dazu gebrauchen, daß ihm keine Lebensart aufgedrungen werde, wozu es nicht geschickt ist und bey welcher es nicht glücklich seyn kann.

Du aber, o Gott, segne mein Kind in dem Berufe, dem es sich widmen wird. Schenke ihm Freunde und Lehrer, die es zu einem brauchbaren Menschen bilden. Schenke ihm Verstand und Einsicht, damit es sich selbst mit Ernst und Eifer auf seine künftigen Geschäffte vorbereite. Schenke ihm die edelste und kostbarste deiner Gaben, ein frommes, dir ergebenes Herz, daß es immer unsträflicher dir wandeln, deine Gebote halten und auch seinen Beruf in deiner Furcht treiben möge. Falle ihm dann sein irdisches Loos so oder anders; ich tröste mich damit, daß du es ihm beschieden hast.

9.

Bey dem Eintritte des Jünglings in die Welt.

Ich kann sie nicht zählen, o Gott, die Wohlthaten, welche du mir und den Meinigen schon erwiesen hast und noch täglich erweisest. Denn wie manchen meiner Wünsche hast du schon gnädig erhört! Wie viel Freude mich erleben lassen! Welches häusliche Glück mir bereitet! Ja, Glück und Freude wurden mir auch in meinen Kindern zu Theil. Du hast ihre Erziehung gesegnet, und durch deinen Beystand sind meine guten Absichten mit ihnen bisher gelungen. Und du wirst auch ferner ein liebevoller Vater gegen uns bleiben; wir werden auch in Zukunft unter deiner Aufsicht stehen und uns deiner Fürsorge, deines Schutzes erfreuen.

Und im Vertrauen auf deine unveränderliche Güte empfehle ich dir mein Kind, das itzt seine gefährlichste Laufbahn beginnt und in die Welt eintritt, um sich dem Dienste derselben zu widmen. Denn welche Gefahren und Versuchungen bedrohen ihn itzt, diesen größtentheils sich selbst überlassenen Jüngling! Welche neue und ungewohnte Gegenstände wirken da auf ihn, die leicht seinen Verstand verblenden und sein Herz vergiften können! Welche mannichfaltige Arten von Vergnügungen, die er bisher noch nicht gekannt hat, können seiner Unschuld und der Reinigkeit seiner Sitten gefährlich werden!

Mit welchen verschiedenen Menschen, mit welchen leichtsinnigen Personen seines Alters wird er nicht zum öftern umgehen müssen! Welchen listigen Verführern kann er da nicht in die Hände fallen! Wie leicht kann er eine Beute der Unbesonnenheit und des Lasters werden, wie leicht auf Abwege sich verlieren, ohne einen Freund zu finden, der ihn warnt und auf die Bahn der Pflicht zurück leitet!

Welche traurige Aussichten müßten das für mich seyn, o Gott, wenn ich dich nicht als den Beherrscher der menschlichen Schicksale, nicht als den Beschützer der Tugend verehrte! Aber so erwarte ich von deiner väterlichen Fürsorge alles Gute, und hoffe getrost, daß du dich dessen väterlich annehmen werdest, der deines Beystandes so sehr bedarf. Aber freylich kommt auch in Absicht auf sein Glück sehr viel darauf an, wie wir ihn erzogen, wie wir seinen Verstand und sein Herz gebildet, welche Grundsätze wir ihm eingeprägt, welches Beyspiel wir ihm gegeben, wie sorgfältig wir ihn auf seinen Beruf vorbereitet, wie gut oder wie schlecht wir ihn gegen die Gefahren, denen er ausgesetzt seyn wird, gewaffnet haben.

Ja, war es uns bisher ein Ernst, seinen Verstand mit nützlichen Kenntnissen zu bereichern; so kann ich mich itzt weit ruhiger von ihm trennen. Die Fortschritte, welche er in den Einsichten, die zu seinem Stande gehören, schon gemacht hat; das Vergnügen, welches er darin findet, sich täglich mehr zu vervollkommnen und es in seinem Fache immer weiter zu bringen; die werden ihn von verderblichen

Zerstreuungen abhalten und in der Einsamkeit vor langer Weile schützen; die werden ihn in die Gesellschaft weiser und guter Menschen führen und auf der Bahn der Tugend erhalten.

War es uns bisher ein Ernst, sein Herz zu veredeln und es mit Liebe für alles Schöne und Gute zu erfüllen, so kann ich getrost hoffen, daß er den geraden und sichern Weg zu seinem Ziele nicht leicht verlassen werde. Die Mäßigkeit und Selbstbeherrschung, woran wir ihn gewöhnt, die Treue und Redlichkeit, worin wir ihn geübt, die Aufrichtigkeit und Geradheit, wozu wir ihn ermuntert, die Ehrfurcht vor dir, dem Allgegenwärtigen, wozu wir ihn erzogen haben, die werden auch künftig seine Schritte und Handlungen leiten, und sind in seinem Herzen zu tief gewurzelt, als daß sie jeder Reitzung zum Laster weichen sollten.

Und war es uns bisher ein Ernst, ihm einen frommen, religiösen Sinn beyzubringen; so kann ich ihn ohne Furcht in die Welt treten sehen. Der Gedanke an dich, seinen Oberherrn und Gesetzgeber, seinen Richter und Vergelter, seinen Wohlthäter und Vater, der so viel über uns vermag; das Gefühl seiner menschlichen und christlichen Würde, welches seine Brust erfüllt; der Glaube und die Hoffnung, welche ihm beywohnen; die werden ihn zum Kampfe ermuntern und zum Siege stärken, ihm überall zur Seite stehen, ihn, wenn er strauchelt, wieder von seinem Falle aufrichten und ein Licht auf seinem Wege seyn.

Ja, gütiger Gott und Vater, laß dein Antlitz

über ihn leuchten und segne ihn! Führe ihn an deiner Hand und nach deinem Rathe seiner irdischen Bestimmung, wie seinem höhern Berufe zu! Lehre ihn thun nach deinem Wohlgefallen, und dein guter Geist leite ihn stets auf rechter Bahn.

10.

Bey einem sehr zum Laster geneigten Kinde.

Gott, der du mit liebevollem Erbarmen auf alle deine Kinder, auch auf die ungehorsamen herabsiehest, ihre Besserung wünschest und immer zur Verzeihung geneigt bist, so bald sie zu dir zurückkehren, du willst, daß wir auch in diesem Stücke deinem Beispiele folgen. Möchte ich daher als Mutter mein Kind, das nun bey zunehmenden Jahren auf bösen Wegen einhergeht, mit eben solchen Gesinnungen betrachten, wie du deine verirrten Geschöpfe betrachtest! Möchte ich mit der Geduld und Nachsicht in Ansehung des Vergangenen auch Muth und Weisheit für die Zukunft verbinden und nicht alle Hoffnung aufgeben!

Freylich schmerzt und beunruhigt mich die Lebensart dieses Kindes nicht wenig. Ich kränke mich nicht sowohl darüber, daß meine mütterlichen Vorschriften von ihm verachtet werden, sondern das bekümmert mich hauptsächlich, daß ein vernünftiges Geschöpf so tief von seiner Würde herabsinkt, seiner Bestimmung so ganz vergißt und dem unvermeidlichen Elende entgegeneilt. — Und wie nahe liegt mir nicht als Mutter die wichtige Frage, ob ich nicht vielleicht selbst zu der leichtsinnigen und lasterhaften Denkart meines Kindes beygetragen, ob ich nicht durch eine fehlerhafte Erziehung Manches dabey verschuldet habe! Denn bin ich mir auch gleich keiner groben Verletzung meiner Pflicht bewußt; darf ich mir schon nicht den Vorwurf machen, daß ich meinem Kinde ein böses, verführerisches Beyspiel gegeben habe: so bin ich doch darum noch nicht vollkommen gerechtfertigt. Vielleicht hat meine übertriebene Gelindigkeit, vielleicht meine allzugroße Strenge geschadet. Vielleicht habe ich die Regeln der Klugheit verabsäumt, die ich hätte beobachten sollen. Und ist es nicht schon an sich eine sehr traurige Empfindung, die Mutter eines Kindes zu seyn, das deinen Geboten zuwider handelt, von einem Laster zum andern fortgeht, der Gesellschaft zur Last und wohl gar früher oder später der strafenden Gerechtigkeit in die Hände fällt? Wo ist ein Glück, das nicht durch diesen Gedanken gestört, wo eine Freude, die mir nicht dadurch verbittert, wo ein Tag, an dem dieser Kummer nicht erneuert wird?

Doch ich sehe ein, daß ich nicht blos müssige Klagen darüber erheben darf; denn dadurch läßt sich nichts verbessern. Ich will also wenigstens den Pflichten, die ich als Mutter auf mir habe, sorgfältig ein Genüge thun. Ich will die Fehler meines

Kindes und das von ihm gestiftete Böse so viel möglich zu vergüten suchen. Ich will denen, die es kränkt und beleidigt, mit desto größerer Liebe und Achtung begegnen, und diejenigen, welche von ihm verführt sind, auf den Weg der Tugend zurückzubringen mich bemühen. Ich will alles sorgfältig vermeiden, wodurch ich mich seiner Sünden theilhaftig machen könnte. Das bin ich dir, o Gott, das bin ich mir selbst und der Gesellschaft schuldig. Dadurch allein kann ich Andere überzeugen, daß ich an den Ausschweifungen meines Kindes kein Wohlgefallen finde, sondern sie ernstlich mißbillige.

Vorzüglich aber, o Gott, liegt es mir als einer gewissenhaften Mutter ob, darauf zu sehen, daß sein böses Beyspiel für meine übrigen Kinder nicht gefährlich werde. Denn wie oft macht nicht ein lasterhafter Mensch viele andere zu Mitgenossen seiner Bosheit! Wie gern ahmen nicht Kinder Andern nach, wenn es besonders solche sind, mit welchen sie zum öftern Umgang haben! Welchen unersetzlichen Schaden könnte nicht also mein lasterhaftes Kind durch Verführung stiften, wenn ich meine noch unverdorbenen Kinder ungewarnt ließe! Nein, ich will ihnen an einem so nahen und für sie so lehrreichen Beyspiele die Schändlichkeit und Strafbarkeit des Lasters zeigen. Ich will ihnen die schrecklichen Folgen des Leichtsinns und der Sünde vorhalten. Ich will ihnen den Verlust der Ehre, des guten Gewissens, des häuslichen Glücks zu Gemüthe führen, der auf ein zügelloses Leben unvermeidlich folgt. Ich will ihnen meinen Schmerz über ihren unglücklichen

Bruder (ihre unglückliche Schwester) unverhohlen zeigen, damit sie sich hüten, mir ähnlichen Kummer zu verursachen. Meine Denkart, meine Handlungen, mein Beyspiel sollen immer so beschaffen seyn, daß sie sich neben dem Verhalten meines lasterhaften Kindes vortheilhaft auszeichnen und einen tiefen, wohlthätigen Eindruck auf die jungen Gemüther machen.

Aber als Mutter bin ich auch verbunden, fortdauernd an der Besserung dieses schon dem Laster ergebenen Kindes zu arbeiten und alle Mittel dagegen zu versuchen. Denn ich kenne kein wichtigeres Geschäfft, als dieses; und vielleicht bin ich als Mutter ganz vorzüglich dazu geschickt; vielleicht richten weibliche Sanftmuth und Gelassenheit mehr, als Strenge und Strafen aus; vielleicht bin ich so glücklich, die Empfindungen der Liebe und Dankbarkeit, die durch das Laster in ihm erstickt worden sind, aufs neue zu beleben; vielleicht wird es durch meine Wehmuth gerührt und durch den Anblick der Leiden erschüttert, die ich seinetwegen erdulde; vielleicht findet sich eine schickliche Gelegenheit, ein merkwürdiges Ereigniß, ein bedenklicher Zufall, deren ich mich in dieser Absicht mit Nutzen bedienen kann. Nein, ich will den Muth nicht sinken lassen, die Hoffnung nicht aufgeben und wenigstens von meiner Seite alles thun, um dieses unglückliche Kind von dem Abgrunde zurückzuziehen, dem es so unbesonnen entgegen eilt.

Und dabey sehe ich hauptsächlich auf dich und deinen Beystand, o Gott. Segne du unsre Bemühungen; und ist es deiner Weisheit gemäß, so verhänge Schicksale über mein verblendetes Kind, welche ihm die Augen öffnen. Ja, du willst nicht den Tod des Sünders, sondern du willst, daß er sich bekehre und lebe; und dieser trostvolle Gedanke richtet mich gebeugte Mutter mehr, als alles auf flößt mir ermunternde Hoffnung ein. Damit will ich mich demnach beruhigen und deiner Hülfe vertrauen. Sie ist vielleicht näher, als ich glaube, und du hast als der Allweise schon längst die Mittel dazu bereitet, als der Allwissende mein Gebet schon erhört, noch ehe ich dir mein Anliegen vorgetragen habe.

II.

Bey der Versorgung eines Kindes.

Gott, deine Fürsorge erstreckt sich über alles, und kein Gut kann uns zu Theil werden, das nicht dein Geschenk wäre; kein Schicksal kann uns treffen, das du nicht vorhergesehen, nicht gewollt oder zugelassen hättest. Du hast auch meinem Kinde seine gegenwärtige Stelle in der Welt angewiesen; du hattest es für diesen Beruf bestimmt, und giebst ihm nun Gelegenheit und Mittel, seinen Nebenmenschen in demselben zu nützen. Und dessen freue ich mich vor dir; dadurch fühle ich mich als Mutter hoch geehrt; dadurch sehe ich meinen innigsten Wunsch erfüllt und eine meiner wichtigsten Absichten erreicht. Ja, mit Dank und Freude, o Gott, komme ich vor dein Angesicht und preise deinen herrlichen Namen, daß du so gütig bist. Denn nun hat unsre älterliche Aussaat, die Sorfalt und Mühe, welche wir auf die Erziehung dieses Kindes wandten, die erwarteten Früchte getragen; und dadurch hast du uns für unsre Arbeit und für unsre dargebrachten Opfer reichlich belohnt; dieß ist mir ein neuer Beweis, daß in deinem Reiche und unter deiner Aufsicht nichts Gutes unvergolten bleibt, ob wir gleich nur unsre Pflicht damit thun. Früher oder später kommen wir mit unsern redlichen Bemühungen zum ersehnten Ziele. Früher oder später haben Gewissenhaftigkeit und Tugend, Fleiß und Beharrlichkeit in dem, was du uns aufträgst, erfreuliche Folgen. Möchte ich nur also nie den Muth sinken lassen, wenn deine Wege nicht meine Wege und bisweilen auch rauh und beschwerlich sind! Sie führen doch endlich gewiß zum Ziele und rechtfertigen sich als die weisesten und besten. Möchte ich stets den Ausgang deiner Schickungen ruhig erwarten! Sie zwecken alle auf mein Bestes ab und gereichen zu deiner Verherrlichung, wie zu meinem Frieden.

Und möchte die Freude, welche ich nun über die Versorgung meines Kindes empfinde, eine Ermunterung für mich seyn, dir auch in Absicht auf meine übrigen Kinder fest zu vertrauen und alles Gute für sie getrost von dir zu erwarten! Du wirst für sie alle sorgen, wie verschieden auch die Mittel seyn mögen, deren du dich dazu bedienest; wie verschieden auch die Fähigkeiten und Kräfte, die du ihnen geschenkt, oder die Wünsche und Neigungen sind, die du ihnen eingepflanzt hast. Kenne ich dich doch aus eigener Erfahrung als den Gott der Liebe und als unsern gemeinschaftlichen, huldreichen Vater; kann ich doch nicht daran zweifeln, daß deine Hülfe denen nahe ist, welche dich fürchten; bin ich doch itzt aufs Neue davon überzeugt worden, daß der Glaube an deine Vorsehung und die fromme Hoffnung auf dich nicht zu Schanden werden lassen. Wie sollte ich also noch in irgend einem Stücke Mißtrauen in dich setzen? Wie sollte ich in irgend einem Leiden kleinmüthig verzagen, da du immer derselbe bleibest und deine Güte unveränderlich ist?

Aber daß nur auch diese meine gegenwärtige Freude ein mächtiger Antrieb für mich werde, auch meine übrigen Kinder so erziehen zu helfen, daß ich mir einst gleiches Vergnügen von ihnen versprechen kann! Denn je deutlicher ich einsehe, an welche Bedingungen du deine Wohlthaten gebunden hast; desto gewissenhafter muß ich jene erfüllen, um mich dieser würdig zu machen. Je ernstlicher ich die Tage zu erleben wünsche, die mir in Absicht meiner andern Kinder solche Freudentage seyn sollen; desto mehr Fleiß und Mühe muß ich auf ihre Bildung wenden; desto mehr muß ich dafür sorgen, daß sie sich einen ihren Fähigkeiten angemessenen Beruf wählen; desto mehr muß ich darauf bedacht seyn, daß sie gehörig zu diesem vorbereitet werden. Je mehr ich dir zum Danke verpflichtet bin; desto bereitwilliger muß ich deine Winke befolgen, deinen Gesetzen gehorchen und allen mir obliegenden Verbindlichkeiten ein Genüge thun.

Und wie glücklich werde ich seyn, wenn diese Denkart und Gesinnung auch mein Kind beseelt. Und diese Gnade verleihe du ihm, o Gott, und erhalte es auf dem Wege, der dir wohlgefällt. Stärke es zu den Geschäfften, die du ihm aufgetragen hast, und schenke ihm Kraft und Muth, daß es seine Pflichten so treu und redlich erfülle, als es deinem heiligen Willen gemäß ist. Segne die Arbeiten und erleichtere ihm die Lasten seines Standes. Segne uns alle und sey mit uns!

12.

Bey einer zahlreichen, noch unversorgten Familie.

Gott, deine Weisheit kennt, deine Güte beglückt alles, und an dir haben alle Wesen einen Erhalter und Versorger; an dir finde auch ich, an dir finden auch die Meinigen einen unermüdeten Wohlthäter, und der Gedanke an dich giebt uns Trost und Freude. Ja, zufrieden ist der Mensch, der sich in allen Umständen auf dich und seine Fürsorge verläßt. Selig ist der Christ, der sich in deinen Wegen beruhigt und der deine Anstalten zu seinem wahren Heil benutzt. Möchte auch ich diese Zufriedenheit genießen! Möchte ich als Mutter vieler noch unversorgter Kinder kein

Mißtrauen in deine Güte setzen, sondern zuversichtlich von dir erwarten, was zu unser Aller Besten dient!

Und zu dieser frommen Gesinnung gegen dich fordert mich schon das Andenken an die vergangenen Zeiten auf. Denn nie, o Gott, hast du uns verlassen; nie hat es uns an dem Unentbehrlichen gefehlt; nie hatten wir Ursache, uns über den Mangel dessen zu beklagen, worauf verständige Menschen den höchsten Werth setzen. Wie oft hast du mir mein Leben erhalten und meine Kräfte aufs Neue geschenkt! Wie oft hast du meine Kinder aus augenscheinlichen Gefahren gerettet! Wie oft und sichtbar hat sich deine Güte an uns verherrlicht! Wie könnte ich mich da der Zukunft wegen dem Kummer überlassen? Wie könnte ich die zahllosen Beweise deiner Liebe, die Größe deiner Wohlthaten vergessen? Wie undankbar müßte ich da seyn, wenn ich nicht fortdauernd unsern Vater und Versorger in dir verehrte? Nein, Vernunft und Erfahrung, Religion und Christenthum heißen mich dir und deiner Regierung vertrauen und rufen mir einstimmig zu: der Herr ist allen gütig und erbarmet sich aller seiner Werke, aller seiner Geschöpfe.

Freylich ist dein Rath wunderbar und unerforschlich sind deine Gerichte. Freylich darf ich dir, dem Allwissenden nicht den Plan vorzeichnen, nach welchem du mit uns handeln sollst. Freylich darf ich das Glück der Meinigen nicht im Voraus bestimmen, nicht ausschließungsweise in diese oder jene Güter setzen. Ich darf nicht von dir verlangen, daß du sie gerade in diese und keine andern

Verhältnisse bringen sollst. Denn wie unehrerbietig würde ich mich da gegen dich betragen! Wie sehr würde ich da meine Abhängigkeit von dir und meiner Pflichten gegen dich vergessen! Nein, du kennst tausend Wege zum Glücke der Meinigen, tausend Mittel, unsre Umstände zu verbessern; und welchen Weg es dir gefällt, mit uns einzuschlagen, den müssen wir getrost betreten; und welcher Mittel du dich zu unserm Besten bedienst, die müssen wir vertrauensvoll ergreifen; und welche Winke du uns giebst, die dürfen wir nicht gleichgültig übersehen, sondern die müssen wir sorgfältig benutzen. Ferne sey es demnach von mir und von uns allen, dich des Mangels der Güte zu beschuldigen, wenn du viele unsrer Wünsche nicht erfüllst! Ferne sey es von mir und von uns allen, deine Vorsehung zu meistern und deine Regierung zu tadeln, wenn du uns das nicht gewährst, wornach wir bey unsrer Kurzsichtigkeit am eifrigsten ringen!

Aber das sey unsre Freude, daß wir dir unbedingt gehorchen, und das unser Ruhm, daß wir alle, ein jedes nach seinem Alter und nach seinen Kräften, willig leisten, als wir sollen. Wenn ich als Mutter redlich dazu beytrage, daß unsre Kinder gut und christlich erzogen werden; wenn ich mich als Hausfrau meiner Bestimmung gemäß verhalte und mich meinen Geschäfften widme; wenn ich meine wichtigen Verhältnisse und die heiligen Pflichten, welche für mich daraus entspringen, nie aus den Augen verliere, sondern alles Andere darnach beurtheile und bey allen meinen Bedürfnissen, bey allen meinen Vergnügungen, bey allen meinen Wünschen und Entwürfen Rücksicht darauf nehme; wenn meine Kinder nach dem Einen, was Noth thut, streben, die Wahrheit lieben und die Tugend verehren und sich nicht thörichten Vorurtheilen, nicht verderblichen Fehlern ergeben; wenn wir als eine fromme, ächt christliche Familie das Unsrige thun und bey einem festen Vertrauen auf dich deiner Fürsorge überlassen, was du allein bewirken kannst: dann, o Gott, dürfen wir sicher hoffen, daß sich unser äußerer Wohlstand wenigstens nicht verschlimmern werde.

Und darum will ich mich auch deinem ausdrücklichen Gebote gemäß zur Beschränkung meiner Wünsche gewöhnen. Darum will ich die große Kunst erlernen, mir genügen zu lassen an dem, was da ist. Darum will ich mir nicht mit der Erwartung schmeicheln, daß alle meine Kinder einst gleich große Glücksgüter erhalten werden. Denn dieß ist nach deiner Einrichtung unmöglich; und die Glückseligkeit des Menschen ist nicht an Stand und Macht, nicht an Ehre und Reichthum gebunden. Der Gutgesinnte, der seine Pflicht erfüllt, an seiner Stelle Gutes stiftet, dich und seine Brüder liebt und thätige Religion, lebendigen Glauben und feste Hoffnung hat, kann nie elend, nie freudenlos und bedauernswürdig seyn. — Wohl mir demnach, wenn ich das gegenwärtige Gute mit dankbarem Herzen genieße und mich nicht mit sorgenvollen Wünschen und eiteln Entwürfen wegen der Zukunft quäle! Und wohl meinen Kindern, wenn sie frühzeitig mit allem zufrieden seyn und überflüssige Bedürfnisse vermeiden lernen!

Ja, dazu muß ich sie anführen; davon muß ich ihnen bey jeder Gelegenheit den Nutzen zeigen; und an meinem Beyspiele müssen sie sehen, daß diese Tugenden möglich sind, wenn man sich ernstlich darum bemüht. Ich darf schon ihrentwegen nicht mißvergnügt mit meinem Loose seyn; schon ihrentwegen nicht über deine Vorsehung murren oder kleinmüthig an deiner Hülfe verzagen. Nein, o Gott, diese Fehler, die auf den sittlichen Charakter, wie auf das zeitliche Glück meiner Kinder offenbar einen höchst verderblichen Einfluß haben, will ich mich nie schuldig machen, sondern vielmehr durch Wort und That darauf hinarbeiten, daß dankbare Liebe zu dir in ihren Herzen wohne. Dann magst du ihnen an Glücksgütern zutheilen, wie viel oder wie wenig dir gefällt; sie dürfen sich deiner Huld erfreuen und ihr Schicksal getrost aus deiner Hand erwarten.

13.

Der Einfluß der Mutter auf die Erziehung der Töchter.

Gott, wenn du uns Kinder anvertrauest, so forderst du sie von unsern Händen, und wir müssen dir von der Erziehung, die wir ihnen geben, Rechenschaft ablegen. Vorzüglich aber ist uns Müttern die Bildung unsrer Töchter überlassen, weil wir hier nach unsrer ganzen Lage am meisten wirken können. Die Natur selbst hat uns auf dein Geheiß dazu bestimmt; alles vereinigt sich, uns die Verbindlichkeit dazu aufzulegen und uns dazu geschickt zu machen. Wichtig sind daher in dieser Hinsicht meine Pflichten, und ernsthaft und folgenreich ist das mir von dir übertragene Geschäfft.

Denn wie mächtig wirkt nicht das Beyspiel, welches ich als Mutter meinen Töchtern gebe, auf ihre Denkart und Gesinnung! Wem können sie leichter nachahmen, als mir, die sie mich täglich und in so verschiedenen Verhältnissen handeln sehen? Sie haben von meinem Charakter, von meinem Verstande und Herzen die beste Meinung. Sie hören alle meine Reden, Urtheile und Grundsätze. Sie sehen, womit ich mich am liebsten beschäfftige und was mich am meisten vergnügt. Sie sind fast immer in meiner Gesellschaft, in meiner Nähe. Sie beobachten und bemerken, wie ich mich in meinen häuslichen Verhältnissen, als Gattin, als Hausfrau, als Freundin betrage, und erblicken mich in meiner wahren Gestalt. Wie bald können da nicht meine Neigungen und Wünsche die ihrigen werden! Wie leicht kann sich ihnen meine Art, die Dinge in der Welt anzusehen und zu beurtheilen, für immer mittheilen!

Ja, groß und unersetzlich ist der Schade, den ich hier durch ein böses Beyspiel stifte; laut spricht die Erfahrung dafür, daß ich durch ein solches die besten Lehren und Ermahnungen entkräfte und unwirksam mache. Denn wenn ich selbst dem Stolze, der Eitelkeit, der Ueppigkeit, dem Müssiggange, der Zerstreuungssucht ergeben bin, und wohl gar eine Ehre darin suche, mich durch diese Fehler auszuzeichnen; wenn ich mich als eine erklärte Lobrednerin alles dessen zeige, was Mode heißt: werden da meine Töchter anders denken und handeln lernen? Werden sie sich nicht daran gewöhnen, die Thorheiten für wichtig und die Untugenden für liebenswürdig zu halten, die sie von mir gepriesen hören und geübt sehen. Wie viel Gutes kann ich nicht hingegen durch ein tugendhaftes Beyspiel bey ihnen befördern! Wie sehr kann ich durch dasselbe den Eindruck verstärken, den die Lehren der Weisheit und des Christenthums auf ihre Herzen machen! Wie leicht nehmen sie nicht auch meine schönen und lobenswerthen Eigenschaften an! Wie vortheilhaft kann mein gerader, einfacher Sinn auf ihren Geschmack und auf ihre Neigungen wirken und es verhüten, daß sie sich nicht dem Hange zur Pracht und zum Schimmer ergeben! Mögen sie anfangs vieles blos darum thun und meiden, um sich nach mir zu bilden, um mir Vergnügen dadurch und sich bey mir beliebt zu machen; die Tugend wird ihnen doch auf diese Weise ehrwürdig und das Laster als unnatürlich erscheinen, und bey dieser Denkart kann es nicht fehlen, daß sie je länger je mehr auch nach edlern Beweggründen handeln lernen!

Welch ein entschiedener Vortheil der Erziehung ist es nicht, das Zutrauen der Kinder zu besitzen! Und wie leicht kann ich mir nicht als Mutter das Zutrauen meiner Töchter erwerben! Schon die Gleichheit des Geschlechts trägt dazu bey, daß diese offenherziger und mittheilender gegen mich, als gegen ihre andern Lehrer und Erzieher sind. Unser öfteres Beysammenseyn unterhält diese Vertraulichkeit; und meine weibliche Geduld und Sanftmuth flößen ihnen hingebende Zuversicht zu mir ein. O möchte ich dieses Zutrauen nicht verscherzen, sondern es mir durch alle erlaubte Mittel zu erhalten suchen! Denn durch seine Hülfe kann ich ihre Absichten und Wünsche erforschen und ihre schwachen Seiten entdecken. Durch seine Hülfe bin ich im Stande, sie vor vielen Fehlern zu warnen, ihnen guten Rath zu geben, ihnen mit meinen Einsichten und Erfahrungen zu Hülfe zu kommen, sie auf die rechten Wege hinzuleiten und den Ausbrüchen der Thorheit und des Lasters vorzubauen.

Und wie geschickt bin ich nicht als Mutter, auch die geheim gehaltenen Fehler meiner Töchter zu durchschauen und zu verbessern! Wie künstlich lernt nicht unser Geschlecht von Jugend auf seine Schwächen vor männlichen Augen, selbst vor denen des Vaters verbergen! Aber können diese bey aufmerksamer Beobachtung auch mir entgehen, da es weibliche Gebrechen sind, mit welchen ich gewiß nicht unbekannt bin? Ist nicht überhaupt unser Auge weit scharfsichtiger, um auch kleine und unbedeutende Dinge zu bemerken, die aber oft große und wichtige Folgen nach sich ziehen? Und tritt nicht dieser Fall offenbar da ein, wo es auf Thorheiten und Laster ankommt? Wie gering sind diese oft in ihren Anfängen! Und wie schnell wachsen sie nicht zu einer gefährlichen Größe empor! Wie viel ist also daran gelegen, daß ich nicht nur die wirklichen Untugenden meiner Töchter, sondern auch ihre Anlagen und Neigungen dazu entdecke, und nicht blos wirkliche Vergehungen, sondern auch die Ursachen und Veranlassungen dazu bey ihnen verhüte!

Ein schwerer Beruf, o Gott; aber du hast ihn mir aufgetragen, und die Ruhe meines Lebens hängt davon ab, daß ich ihm ein Genüge leiste. Und es wird mir damit gelingen, wenn ich Weisheit mit gutem Willen verbinde und die Vorurtheile und Fehler meide, deren sich nicht wenige Mütter schuldig machen; wenn ich die Erziehung meiner Töchter als recht wichtig betrachte und mit anhaltender Lust, mit beharrlichem Eifer treibe; wenn ich mich sorgfältig aller der Mittel bediene, die mir in den itzigen Zeiten zu Gebote stehen.

Doch was vermag ich ohne dich, o Gott, und ohne deinen Beystand? Und darum gieb du zum Wollen das Vollbringen. Darum verleihe mir Verstand und Einsicht und schenke mir erfahrne Freunde, die mich dabey unterstützen. Darum stärke meine Kräfte, und laß den Erfolg meinen Wünschen entsprechen.

14.

Morgengebet einer Mutter.

Gott, wie schnell entfliehen unsre Stunden! Wie unvermerkt eilt Ein Tag nach dem andern, Eine Woche nach der andern, Ein Jahr nach dem andern dahin! Wie kurz und doch wie unwiederbringlich ist unsre Lebenszeit! Aber unser Geist ist unsterblich, und unsre Werke folgen uns in die Ewigkeit, und jedes Jahr, jede Woche, jeder Tag hat einen überaus hohen Werth für mich.

Ja, jeder Tag ist für ein vernünftiges, zur Tugend bestimmtes Geschöpf von der größten Wichtigkeit; und wie sollte er dieß nicht seyn, da ein solches Geschöpf an jedem Tage sich seinem Ziele beträchtlich nähern oder davon entfernen, viel Gutes und viel Böses thun, viel Glückseligkeit verbreiten und viel Elend über Andere verhängen kann. Jeder Tag kann für sittliche Wesen entscheidend werden. Denn wie genau hängt nicht alles in unserm Leben zusammen! Wie ist es doch so gewiß, daß jeder Wunsch, jede Begierde, jedes Urtheil, jede That immer mehrere erzeugt! Und wie vieler Wünsche und Begierden, wie vieler Urtheile und Thaten sind wir nicht an einem einzigen Tage fähig! Welch eine lange Reihe von guten Folgen kann also Ein Tag für mich haben, an dem ich alle meine Pflichten recht gewissenhaft erfülle und mich meiner menschlichen und christlichen Würde gemäß betrage! Und welch eine unübersehbare Reihe von bösen Wirkungen kann Ein Tag hervorbringen, an dem ich meine Pflichten vorsätzlich übertrete, mich an mir selbst oder an meinen Nebenmenschen versündige, und meiner Vernunft, meinem Gewissen, meiner Bestimmung, deinem heiligen Willen offenbar entgegen handle!

Und wie wichtig ist nicht jeder Tag für mich, wenn ich mich als Mutter betrachte! Wie nimmt doch jeder, wenn das Werk der Erziehung gelingen soll, meine Sorgfalt, meine Geduld, meine Standhaftigkeit, meinen Muth so sehr in Anspruch! Auf wie viele Umstände und Ereignisse muß ich da nicht aufmerksam seyn! Mit welcher Entschlossenheit, und doch auch mit welcher Vorsicht muß ich sie zu benutzen wissen! Und welch eine Menge derselben kann nicht ein einziger Tag herbeyführen! Wie viel kann nicht an einem einzigen für meine Kinder gewonnen und verloren werden! Wie viel kann nicht an demselben geschehen, das zu ihrer Befestigung im Guten oder zu ihrer Verstärkung im Bösen beyträgt! Ja, unwiderruflich ist oft die Gelegenheit, welche sich darbietet, sie zur Tugend zu ermuntern; mächtig wirkt oft ein unbedeutend scheinender Vorfall, um sie für das Laster zu bestimmen; und es kann Einfluß auf das Wohl und Weh des ganzen Lebens haben, wenn solche Gelegenheiten nicht ergriffen und solche Vorfälle nicht unschädlich gemacht werden.

Und aus diesem Gesichtspunkte will ich auch dem heutigen, noch vor mir liegenden Tag betrachten. Ich kann ihn, wenn er einmahl verflossen ist, durch keine Schätze der Erde, durch keine Reue und Thränen wieder zurückrufen. Ich kann durch die zukünftigen Tage, so viele derselben ich auch noch erleben mag, den heutigen, wenn er für mich verloren ist, nicht ersetzen. Denn jeder Tag hat seine eigenen Geschäffte, seine eigenen Prüfungen, seine eigenen Freuden und Leiden, sein Besonderes und Eigenthümliches. Was ich heute thun soll und unterlassen habe, das kann ich morgen nicht nachholen, weil der morgende Tag schon ohnedieß seine Bestimmung hat.

O so gelobe ich dir in dieser Morgenstunde, den heutigen Tag recht weise zu gebrauchen und recht christlich anzuwenden. Es sey mir Sache des Gewissens, kein Geschäfft, das ich vollbringen kann, zu unterlassen, und die Erfüllung keiner Pflicht auf eine andere Zeit zu verschieben. Es sey mein fester Entschluß, nicht auf die ungewisse Zukunft zu rechnen, sondern mich des gegenwärtigen Augenblicks zu bedienen, und diesen und jeden Tag meines Lebens so zu betrachten, als ob er der letzte für mich wäre.

Und zu dieser Denkart, zu dieser vernünftigen und christlichen Strenge will ich auch meine Kinder gewöhnen. Ich will ihnen keinen Aufschub ihrer kleinen Geschäffte erlauben und es ihnen nie verstatten, das erst morgen zu thun, was sie heute thun sollten. Denn ich kann meine Mutterpflicht nicht besser erfüllen, als wenn ich sie mit dem hohen Werthe der Zeit, mit der Wichtigkeit und dem Einflusse ihrer Kindheit und Jugend, mit dem Zusammenhange ihrer gegenwärtigen und zukünftigen Jahre, mit den unausbleiblichen Folgen ihrer itzigen Gesinnungen auf ihren dereinstigen Charakter bekannt mache.

Zu dir aber, unserm gemeinschaftlichen Vater blicken wir auch an diesem Tage vertrauensvoll hinauf und flehen dich um deinen Beystand an. Begünstige unsre heilsamen Bemühungen und kröne unsre Berufsarbeiten mit einem erwünschten Erfolge. Schenke uns Kraft zum Guten und verleihe uns Sieg im Kampfe mit dem Bösen. Erfreue uns durch das stille, unbeneidete Glück des häuslichen Lebens und laß uns dasselbe mit einem frohen und dankbaren Herzen genießen. Ja, deine Liebe segne uns je mehr und mehr, mich und meine Kinder.

15.

Abendgebet der Mutter.

Gott, Herr meiner Jahre, in dessen Händen mein Leben und meine Schicksale stehen, du hast mir ein Ziel gesetzt, das ich nicht zu überschreiten vermag. Und jeder Tag bringt mich demselben näher; jeder ist ein bedeutender Zeitabschnitt auf meiner irdischen Wallfahrt und kann meine gegenwärtige Laufbahn endigen. Ernsten Blickes sehe ich daher auf den nun verflossenen zurück, und gebe mir Rechenschaft darüber, wie ich ihn zugebracht habe.

Ja, wie wichtig ein Tag meines Lebens sey, und welche zahlreiche, nicht zu berechnende Folgen aus der Anwendung eines einzigen für mich und Andere entstehen können, das habe ich an diesem Morgen erkannt; das war mir Ermunterung und Antrieb, den heutigen weise zu gebrauchen und meine Pflichten an demselben genau und sorgfältig zu erfüllen. — Und bin ich diesem rühmlichen Entschlusse treu geblieben; habe ich gehalten, was ich dir und mir selbst angelobte: so habe ich einen vorzüglich ausgezeichneten und seligen Tag durchlebt.

Denn gewiß hat es mir heute nicht an Gelegenheit gefehlt, Gutes zu thun und Böses zu verhindern. Ich stehe in mannichfaltigen Verhältnissen mit Andern, habe heilige Pflichten gegen sie zu beobachten und bin ihnen vielfache Dienste schuldig. Ich sehe Reiche, Geehrte, Glückliche, die ich nicht beneiden, auf deren irdische Vorzüge ich nicht mit scheelen Augen hinblicken soll. Ich sehe Arme, Niedrige, Unglückliche, die ich nicht verachten, denen ich nicht mit Stolz und Geringschätzung begegnen darf, denen ich Hülfe und Unterstützung zu leisten verbunden bin. Ich habe Freunde und Freundinnen, und bey aller Liebe, die ich für sie fühle, muß ich ihre Fehler nicht als Tugenden preisen und aus Anhänglichkeit an sie nicht ungerecht gegen Fremde werden. Ich habe Feinde, und die Religion gebietet mir, sie nicht zu hassen und zu verfolgen, sondern ihnen zu verzeihen und ihre sonstigen Verdienste anzuerkennen. Ich komme mit weisen und tugendhaften Menschen zusammen, deren Beyspiel mich zur edeln Nacheiferung auffordert. Ich finde Thoren und Lasterhafte, denen ich nicht ähnlich werden, die ich, wenn es meine Kräfte und Verbindungen erlauben, liebreich warnen und auf den richtigen Pfad zurückführen soll. Ich bin Gattin und Hausfrau, Mitglied einer Familie, die ihre Augen auf mich richtet und von mir erwartet, daß ich thätig für ihr Bestes sorge, daß ich durch Fleiß und Arbeitsamkeit ihren Wohlstand erhalte und erhöhe, daß ich an ihren Schicksalen innigen Antheil nehme, daß ich ihr meine vorzüglichste Achtung und Liebe schenke und alles für sie thue, was ich vermag.

Ich bin Mutter und Erzieherin meiner Kinder, und habe in dieser Hinsicht ein so schweres, als wohlthätiges Tagewerk. Es erfordert Mühe, Geduld, Anstrengung, Standhaftigkeit, Selbstverleugnung, Aufopferung, und kann nur dann gelingen, wenn ich mich ihm ganz und ungetheilt widme. Mir liegt es ob, für die Gesundheit und den körperlichen Wohlstand meiner Kinder zu sorgen. Von mir erhalten sie ihre erste Bildung und kommen schon so oder anders gestimmt unter die Zucht und Aufsicht der Lehrer. Mein Beyspiel wirkt so stark auf ihre Denkart und Gesinnung, daß oft keine Zeit und keine Klugheit die Eindrücke davon wieder auslöschen kann.

Jeder Tag ist ein Zeuge deiner Güte, und auch der heutige ließ mich Glück und Freude finden, die dein absichtsvolles Geschenk sind. Denn Glück und Freude sollen mein Herz mit Liebe und Dankbarkeit gegen dich erfüllen und mich zum Gehorsam gegen dich, zum Vertrauen auf dich ermuntern. Sie sollen mich menschenliebend, theilnehmend und geneigt machen, mich meiner Brüder und Schwestern zu erbarmen und ihnen wohlzuthun. Sie sollen mich auf dem Wege der Tugend stärken und mir denselben erleichtern. Kein noch so glänzendes Glück, kein Genuß der Freude darf mich meine Abhängigkeit von dir vergessen und mich in der Erfüllung meiner Pflichten ermüden lassen. Kein noch so glänzendes Glück, kein Genuß der Freude darf so auf mich wirken, daß ich unmäßig, stolz, eitel, leichtsinnig und für das Gute unempfindlich dadurch werde.

Kein Tag geht ganz ohne Leiden vorüber; jeder hat seine eigene Plage, und der heutige konnte nicht völlig frey davon seyn. Denn auch Widerwärtigkeiten und Trübsale, auch Verlust, Schmerz, Furcht, Kummer, verfehlte Absichten, Feinde und Verfolger sind Mittel in deiner Hand, uns von Lastern und Thorheiten abzuziehen und im Guten zu befestigen; Mittel in deiner Hand, uns zur Kenntniß unsrer selbst zu führen und zur Ablegung unsrer Fehler zu ermuntern; Mittel in deiner Hand, uns in der Geduld zu üben, unsre geistigen Kräfte zu entwickeln und unsre Denkart und Gesinnung immer mehr zu veredeln.

Allenthalben also, o Gott, fand ich Gelegenheit und Antrieb zum Guten, und alle meine Verhältnisse, alle meine Schicksale konnten und sollten heute eine Schule der Weisheit und Tugend für mich seyn. Dank dir, Vater im Himmel, wenn ich mir das Zeugniß geben darf, diesen Tag nicht durch Thorheiten und Laster entweiht zu haben! Und vergieb mir, Allgütiger, wo ich es mir nicht verhehlen kann, daß ich schwach und nachlässig war und von dem Pfade, den du mich gehen hießest, abgewichen bin! Wer kann merken, wie oft er fehle? Verzeihe mir auch die verborgenen Fehler! — Alles aber, o Gott, alles müsse mich an den Werth meiner Lebenszeit und an die Wichtigkeit der Tage erinnern, die du mir zur Vorbereitung auf die Ewigkeit schenkest, damit ich jeden in deiner Furcht anfange, jeden seiner Bestimmung gemäß mir zum Heil und Segen anwende!

Fünfter Abschnitt.

Stiff zur Unterhaltung mit Gott für die Wittwe und Betagte.

I.

Die jüngere Wittwe.

Zu dir, o Gott, nehme ich meine Zuflucht, zu dir, der du der Wittwen Versorger und der Waisen Vater bist. Es hat dir gefallen, meinen Gatten durch den Tod von mir zu trennen; und ich zweifle nicht daran, daß auch dieses traurige Ereigniß, wie alles, was geschicht, eine Wirkung deiner Weisheit und Güte ist. Ja, zu dir nehme ich meine Zuflucht, der du dich aller Elenden und Verlassenen erbarmest und zwar schlägst und betrübest, aber auch heilest und erfreuest; zu dir, dessen Wohlthätigkeit nie ermüdet und dessen Hand nie verkürzt ist, daß sie nicht helfen könnte.

Freylich werden Seufzer und Thränen meine Unterhaltungen mit dir oft unterbrechen; freylich wird mich das Gefühl meiner Schmerzen noch oft betäuben. Der Verlust, welchen ich erlitten habe, ist zu groß, und der Freund, den ich verlor, war zu genau mit mir verbunden, als daß sich mein Herz so leicht beruhigen könnte. Der Tod hat mir ja den treuesten Gefährten dieses Lebens entrissen. Er hat mir den geraubt, in dessen Besitze ich mein höchstes Glück fand. Ich beweine ihn, der an allen meinen Schicksalen den innigsten Antheil nahm, an dessen Hand ich jede Freude doppelt fühlte, in dessen Gesellschaft mir jedes Leiden erträglich und leicht wurde, dessen Gesinnungen und Wünsche mit den meinigen übereinstimmten und der mich schützte, warnte, ermunterte, aufrichtete, wo ich es nöthig hatte. — Und wie kurz war das Vergnügen, welches ich in seinem Umgange genoß! Wie bald hat der Tod unsre Verbindung zerrissen! Welche schöne Aussichten und Hoffnungen hatte ich nicht vor mir! Und wie plötzlich sind doch diese Aussichten verschwunden und diese Hoffnungen vereitelt worden! Ja, mitten auf einem anmuthsvollen Wege, auf dem uns die Freude winkte, mit den Entwürfen zu unserm und der Unsrigen Glück beschäfftigt, in den Jahren der thätigsten Wirksamkeit und des erwerbenden Fleißes, noch weit vom Ziele entfernt muß ich mich von dem trennen, an dessen Hand ich es zu erreichen glaubte. O traurig und verlassen verfolge ich nun meinen einsamen Pfad, und freudenlos ist die Welt für mich geworden.

Gott, ich habe Trost und Beruhigung nöthig, und suche sie bey dir, dem einzigen Helfer in allen unsern Trübsalen. Lindere du meine Schmerzen, stärke mich, daß ich der Last meiner Leiden nicht unterliege und bewahre mich vor Muthlosigkeit und empörenden Klagen. Verleihe, daß ich auf die Aussprüche der Vernunft und nicht blos auf die Stimme der Empfindung höre; daß ich den Lehren der Religion mein Herz öffne und mir ihre Verheissungen zueigne; daß mich die Macht der Wahrheit ergreife und ich es Jesu, meinem Herrn und Meister glaube, daß du die Liebe bist und nur unser Bestes willst. Laß mich aufsehen auf sein herrliches Vorbild, aufsehen auf ihn, diesen frommen Dulder, daß ich mir seine Gelassenheit und Ergebung, sein Vertrauen auf dich und seine Zuversicht zu dir zum Muster nehme und ihm ähnlich werde. Sende mir einen Strahl deines göttlichen Lichts, der mich erleuchte, und schenke mir die Weisheit, welche von Oben kommt, damit ich die Wohlthätigkeit aller deiner Schickungen erkenne. Ja, du wirst sie mir tragen helfen, die Last, die du mir aufgelegt hast. Die nächtliche Dunkelheit meiner Schicksale wird nach und nach verschwinden; deine wohlthätigen Absichten werden sich mir enthüllen; und ich werde täglich mehr erfahren, daß du überschwenglich thun kannst über alles, was wir bitten oder verstehen.

Und darum zweifle ich auch nicht, daß du meine Berufsgeschäffte segnen und meinen Fleiß gedeihen lassen wirst. Denn alle gute Gabe kommt von dir, dem Vater des Lichts; und bey dir ist keine Veränderung, kein Wechsel des Lichts und der Finsterniß; du bist dir immer gleich, hast mir von jeher die Mittel zur Befriedigung meiner nothwendigen Bedürfnisse geschenkt, und wirst mich auch in Zukunft nicht Mangel leiden lassen. Zwar habe ich den verloren, der so thätig für mich sorgte und so geschäfftig für mich erwarb; aber sollte ich mich deßwegen verlassen glauben? Sollte ich an deiner Vorsehung und Hülfe zweifeln? Sollte ich nicht vielmehr getrost erwarten, daß du Wunden, welche mir deine Vaterhand geschlagen hat, auch liebevoll heilen wirst, wenn deine Zeit erscheint? O möchte ich nur mein Vertrauen auf dich nicht wegwerfen! Möchte ich nur nicht durch übertriebenen Gram und Kummer in Unthätigkeit versinken und mir dadurch selbst die Mittel zu meinem Glücke rauben! Möchte ich fröhlich in Hoffnung seyn, um geduldig in Trübsal bleiben zu können, und das Wort der Schrift auf mich anwenden: Geduld ist euch Noth, daß ihr den Willen Gottes thut und die Verheissung empfahet! — Ja, ich will deinen Willen thun und dir fest vertrauen; aber mein Vertrauen auf dich soll kein abergläubiges und blindes, sondern ein vernünftiges und christliches, es soll von meiner Seite mit Fleiß und Arbeitsamkeit und mit der genauesten Erfüllung meiner Pflichten verbunden seyn. Ich will nun meine Thätigkeit verdoppeln und alle meine Kräfte anstrengen. Ich will meinen Aufwand beschränken, aller Ueppigkeit entsagen und bey Fleiß und Sparsamkeit, bey Mäßigkeit und Tugend der frohen Ueberzeugung leben, daß ich mit meinen Kindern nicht ganz verarmen werde.

Ja, meine Kinder, o Gott, meine noch unerzogenen und hülfsbedürftigen Kinder, die übergebe ich deiner Aufsicht und Leitung. Itzt sind es freylich arme, vaterlose Geschöpfe; aber an dir haben sie einen Vater und Versorger, dem es weder an dem Willen, noch an der Macht, zu helfen gebricht.

Jtzt jammert mich freylich ihr Anblick; aber wie viele Tausend Waisen sind nicht durch deine Unterstützung zu guten Menschen und Staatsbürgern gebildet worden! Wirst du die Meinigen verlassen und dem Elende preisgeben, wenn ich meine Pflicht an ihnen thue? Nein, wenn ich sie zur Frömmigkeit, in der Ermahnung zu dir und zum Gehorsam gegen deine Gebote erziehe; wenn ich ihren jungen Herzen Liebe zur Tugend, Wohlwollen gegen die Menschen und Achtung gegen sich selbst einflöße; wenn ich sie zur Arbeitsamkeit und Ordnung, zur Sparsamkeit und Genügsamkeit gewöhne: so wirst du ihnen auch Freunde und Beschützer erwecken, die sich ihrer hülfreich annehmen und mich bey meinen Bemühungen für ihr Glück wohlthätig unterstützen.

Ja, nicht vergebens, o Gott, habe ich Trost bey dir gesucht; ich habe ihn gefunden und rufe nun mir selbst zu: was betrübst du dich, meine Seele, und bist so unruhig in mir? Harre auf Gott; denn ich werde ihm noch danken, daß er meines Angesichts Hülfe und mein Gott ist!

2.

Die ältere Wittwe.

Gott, du herrschest in deinem Reiche nach ewigen, unwandelbaren Gesetzen, und die ganze Schöpfung muß sich ihnen unterwerfen. Du lässest auch Tod und Leben so mit einander abwechseln, wie es deinen väterlichen Absichten und dem Besten deiner Kinder gemäß ist; und Tod und Leben grenzen so nahe an einander, daß uns auch die Erscheinung des ersten nicht beunruhigen sollte. Aber wir sind und bleiben Menschen, und empfinden als solche. Wir sind schwache, abhängige, gesellige Geschöpfe, die du darum genau mit einander verbunden hast, daß wir einander unterstützen und uns gegenseitig das Leben erleichtern sollen. Und welche Verhältnisse sind inniger und fester, als diejenigen, in welchen Gatten gegen einander stehen! Welches Band vereinigt die Menschen unauflöslicher, als das des ehelichen und häuslichen Lebens? Welches Glück und welche Freuden sind größer, als die wir hier genießen? Aber auch welcher harte Schlag, wenn sich so vertraute Freunde gewaltsam trennen müssen!

Ja, o Gott, bitter ist der Schmerz, welchen ich in dieser Hinsicht fühle; entschieden ist der große Verlust, den ich erlitten habe; mit kummervollen, noch nie gehabten Empfindungen ist der Tod meines

Gatten für mich verbunden. Unsre gegenseitige, viele Jahre hindurch erprobte und treu befundene Liebe; unsre gemeinschaftliche Theilnahme an allen Veränderungen des Lebens; unsre gleichen Grundsätze und Gesinnungen, die uns so einträchtig handeln ließen; dieß alles verstärkt itzt meine traurige Empfindung. Aber der Gedanke an dich und an die Wohlthätigkeit aller deiner Schickungen; die Rücksicht auf das Vergangene und die Ueberzeugung von der Nothwendigkeit dessen, was nun erfolgt ist; die erquicken auch wieder mein Herz und sind der kräftigste Trost für mich.

Zwar beweine ich den Tod meines besten und bewährtesten Freundes; aber Thränen der Dankbarkeit vermischen sich mit den Thränen des Kummers, und ich preise dich dafür, daß du mir diesen treuen Freund so viele Jahre erhalten hast. O wie glücklich kann ich mich in dieser Betrachtung schätzen! Wie wenige meiner Schwestern genießen das eheliche Glück so lange, als ich es genossen habe! Wie viele derselben sehen sich schon in der Blüthe des Lebens von ihren Gatten getrennt! Sollte ich das itzt, in den Stunden der Traurigkeit vergessen? Sollte ich nicht in dem Andenken an die Vorzüge, welche mir zu Theil geworden sind, Beruhigung finden? Sollte ich das nicht mit standhaftem Muthe ertragen, was mir in meinen Umständen so sehr erleichtert wird?

Ja, itzt erinnere ich mich an die Freuden, die ich in reichem Maaße und so viele Jahre hindurch in der Gesellschaft meines Gatten genossen habe. Itzt rufe ich mir die mannichfaltigen, kleinern und größern Unglücksfälle, die wir durch deine Hülfe überstanden, die unzähligen Wohlthaten und Segnungen, die wir aus deiner Hand empfangen haben, ins Gedächtniß zurück. O wie viel größer ist die Summe des Guten, das uns zu Theil wurde, als die Summe des Bösen, das wir erfuhren! Wie gering an Zahl sind die Tage der Leiden gegen die Tage der Freude in unserm häuslichen Leben! Wenn sich unsre gleichgestimmten Herzen an den Schönheiten der Natur ergötzten; wenn wir in vereinter Andacht uns mit dir und deinem Lobe, mit deiner Vorsehung und Weltregierung, mit deinen Werken und Eigenschaften, mit unsern Aussichten in die Ewigkeit beschäfftigten; wenn wir dem Unglücklichen thätige Hülfe leisten konnten; oder wenn wir selbst unvermuthet da Rettung fanden, wo kein Anschein dazu vorhanden war; wenn wir sahen, wie unsre Kinder an Verstand und Tugend mit den Jahren zunahmen; sahen, wie dankbar sie uns liebten, wie gut und fromm sie wurden, wie sie uns unsre Sorgfalt und Mühe vergalten, welch eine heitere Zukunft sie uns versprachen, wie vorbereitet sie in ihren Beruf und wie treu sie in unsre Fußstapfen traten: haben wir da nicht die Annehmlichkeiten des Lebens genossen? Und sollte mich die Erinnerung an so viele glückliche Tage nicht stärken, die wenigen, vielleicht sorgenvollern, die mir noch übrig sind, so von dir anzunehmen, wie es meinem Alter, meinem Stande und der Religion, die ich bekenne, gemäß ist?

Denn welchen Dank bin ich nicht dir, meinem Wohlthäter auch dafür schuldig, daß ich die Kinder, die du mir gegeben hast, versorgt und glücklich weiß! O wie viel schwerer würde mich itzt die Last des Schicksals drücken, wie viel mehr würde mich der Tod meines Gatten in Verlegenheit setzen, wenn mich das Wehklagen hülfloser Kinder ängstigte! Nun aber kann ich in Ansehung derselben ruhig seyn und vielmehr Trost und Beystand von ihnen erwarten. Nun darf mich der Gedanke an die Trennung von ihnen nicht mit Furcht und Schrecken erfüllen, da sie durch deinen Beystand das Ziel ihrer irdischen Wünsche schon erreicht haben und meiner nicht mehr bedürfen.

Und ich selbst, o Gott, bin von meinem Lebensziele nicht mehr weit entfernt. Vielleicht noch einige wenige Jahre, vielleicht nur noch Tage, und ich folge meinem Gatten in die höhere Welt nach. O das Grab, das meinen vorangegangnen Freund deckt, soll mich mit dem Gedanken des Todes noch vertrauter machen. Die Hoffnung unsrer Wiedervereinigung soll mich der Stunde des Scheidens mit freudiger Erwartung entgegen sehen lassen. Leite mich, Allgütiger, an deiner Hand, so lange du mir noch dieses Leben fristest. Sey mein Schutz und Stab im Alter, und verlaß mich nicht, wenn ich schwach werde. **Deine Güte sey über mir, wie ich auf dich hoffe!**

3.

Der Wittwenstand als ein Stand der Prüfung betrachtet.

Jeder Stand, o Gott, ist ein Stand der Prüfung, ist Erziehung und Vorbereitung zur Ewigkeit. Jede Lage, worein du uns setzest, ist so beschaffen, daß wir uns durch Hülfse derselben in der Weisheit und Tugend üben können. Und dazu ist auch der Wittwenstand vorzüglich geschickt; ein Stand, in welchem uns alles daran erinnert, daß **wir hier keine bleibende Stätte haben, sondern die zukünftige suchen.**

Denn hier werde ich durch meine eigenen Schicksale auf das anschaulichste davon überzeugt, daß alles irdische Glück vergänglich und alle irdische Freude unvollkommen ist. Die tugendhafteste Liebe, die innigste Freundschaft, die genaueste Verbindung unter Personen, welche Gutes und Böses mit einander theilen, wie zerstörbar und vorübergehend sind sie nicht! Wie kurz ist ihre Dauer und wie schnell wird uns oft ihr Genuß entzogen! Ja, wenn ich an meinen vorigen Zustand mich erinnere und meinen gegenwärtigen damit vergleiche, so habe ich ein treffendes Bild von der Unbeständigkeit der menschlichen Dinge. Alle Vorzüge und Güter der Erde sind unsicher und wandelbar. Alles, was wir besitzen, ist einem immerwährenden Wechsel unterworfen. Keine Freude ist ganz rein und unvermischt. Glück und Unglück, Gewinn und Verlust, Frohsinn und Traurigkeit sind stets und überall vermischt und folgen gemeiniglich auf und aus einander.

Ich lerne also auch in meinem Wittwenstande, daß das gegenwärtige Leben nicht unsre ganze Bestimmung, daß es nur der Anfang derselben, nur die erste, niedrigste Stufe unsers Daseyns ist. Daß die innige Vereinigung tugendhafter Seelen durch den Tod so bald unterbrochen, daß der immer rege Trieb nach Vollkommenheit hier doch nicht befriedigt wird, dieß läßt uns hoffen, daß wir unsterblich und zu einem bessern Leben berufen sind. Denn alles in der Natur verkündigt dich mir als den Allweisen und Alliebenden; alles ist deiner Güte und deines Segens voll: aber welche Hindernisse stellen sich nicht dem Menschen in den Weg, wenn er die Güter und Freuden der Erde genießen will! Welchen Widerstand findet er nicht allenthalben! Wie bald, wie unvermuthet muß er den Verlust dessen beweinen, was er gewiß zu haben glaubte! Wer fühlt dieß mehr, als ich, die ich nun eines großen Theils meines irdischen Glücks beraubt worden bin! Und wie sollte ich nicht mit Zuversicht aus dem Allen schließen, daß sich einst auch dieser scheinbare Widerspruch in deinem Reiche auf eine befriedigende, deine Weisheit und Güte verherrlichende Art in die schönste Uebereinstimmung auflösen werde?

Ja, der Stand, worin ich itzt lebe, ist ein

Stand der Prüfung; denn er ist von allen andern dazu geschickt, mich Geduld, Ergebung und Vertrauen auf dich zu lehren. Will ich Trost und Beruhigung finden; so muß ich dieselben im Glauben an dich und deine Weltregierung suchen. Will ich mich gegen die Furcht vor der Zukunft, gegen Muthlosigkeit und bange Sorgen waffnen; so muß ich meine Zuflucht zu dir und zu deiner Vaterliebe nehmen, muß deinen Willen kindlich ehren und mich deinen Anordnungen in Demuth unterwerfen lernen. Will ich ein ruhiges und zufriedenes Leben führen; so muß mich ein frommer, ächt christlicher Sinn gegen dich beseelen; so muß ich überzeugt seyn, daß deine Wege immer die besten sind, und auch meine widrigen Schicksale ohne Murren von dir annehmen. — Und wohl mir, wenn ich diese Eigenschaften mir erwerbe und diese Gesinnungen gegen dich mir eigen mache! Denn es sind Eigenschaften und Gesinnungen, die mir in die Ewigkeit folgen und mich auch dort noch beseligen werden.

Ja, mein Wittwenstand ist mir ein Stand der Prüfung; denn er ist die stärkste Ermunterung zu allen weiblichen Tugenden. Ich muß meinen Pflichten gemäß handeln, um dir mit getrostem Muthe vertrauen zu können. Ich muß rechtschaffen und unsträflich wandeln, um mich der Hülfe anderer Menschen würdig zu machen. Ich muß so viel möglich selbst den Schein des Bösen meiden, wenn ich meinen guten Ruf behaupten und sichern will. Und wie geschickt ist nicht meine ganze Lage, mich vor den gewöhnlichen Thorheiten und Fehlern meines

Geschlechts zu bewahren! Wie sehr würde ich mich durch Eitelkeit erniedrigen, die so ganz mit den Pflichten meines Standes streitet! Wie warnt mich dieser doch so kräftig vor Ueppigkeit und Zerstreuungssucht! Denn welche Schicksale und Veränderungen habe ich nicht erlebt, die mich zum Ernste und zur Beschäfftigung mit wichtigern Gegenständen dringend genug ermuntern! Wie thöricht würden nicht in meiner Lage Prachtliebe und Verschwendung seyn, da ich einen Verlust erlitten habe, den kein Glanz und Schimmer ersetzen kann! Befinde ich mich nicht in Umständen, die mir Einschränkung und Sparsamkeit empfehlen? Oder darf ich mich dem Leichtsinne und der Modesucht überlassen? Darf ich meinen Verhältnissen Trotz bieten und mich der Fehler schuldig machen, die man kaum der Jugend verzeiht? Welche Gattin, welche Hausfrau, welche Mutter müßte ich gewesen seyn, wenn ich dieß könnte; wenn ich meinen Wittwenstand durch Gesinnungen und Handlungen entehren wollte, die sich weder mit meinem Alter, noch mit meinem Berufe vertragen!

Nein, o Gott, meine Verhältnisse fordern mich zur strengsten Tugend auf, und mein gegenwärtiger Stand ist recht eigentlich dazu bestimmt, eine Schule derselben zu seyn. O möchte ich doch also täglich an Weisheit und Frömmigkeit zunehmen und mich dem Ziele der christlichen Vollkommenheit immer mehr nähern! Möchte ich mich über das Sichtbare und Irdische zum Unsichtbaren und Himmlischen erheben, und Geist und Gemüth oft und gern mit dem beschäfftigen, was mich erwartet! Möchte ich für die Ewigkeit leben und würdig meinem hohen Berufe, würdig dem Evangelio Jesu wandeln!

4.

Empfindungen einer Betagten bey der Rücksicht auf ihre vorigen Jahre und Schicksale.

Gott, du bleibest, wie du bist, und deine Jahre nehmen kein Ende; aber wir sind hinfällige Geschöpfe, und unsre Jahre eilen wie ein Schatten davon. Doch so kurz unsre Lebenszeit ist, so reich ist sie auch an wichtigen Auftritten und Erscheinungen. Jeder Tag und jede Stunde ist lehrreich; und was kann ich itzt am Ende meiner Laufbahn Nützlicheres thun, als daß ich meine durchlebten Jahre und das Merkwürdige derselben noch einmahl überschaue! Gewiß eine so ernsthafte, als angenehme Beschäfftigung, die mich mit Freude über das Vergangene erfüllen und mir Muth und Zuversicht für die Zukunft einflößen wird.

Ja, Dankbarkeit und Freude durchdringen mich, wenn ich auf die lange Reihe meiner Lebensjahre zurücksehe; Dankbarkeit für den mir überall sichtbaren Einfluß deiner Weisheit und Güte; Freude über das viele Gute, welches ich von jeher genossen habe. Ich mag mir die Jahre meiner Kindheit und Jugend, oder die Jahre meines reifern Alters vergegenwärtigen; ich finde sie alle mit den unverkennbarsten Spuren deiner Liebe bezeichnet. Ich mag mich an meine Schicksale als Gattin, oder als Hausfrau, oder als Mutter erinnern; so muß ich bekennen, daß meine jedesmahlige Lage das Werk deiner alles wohlmachenden Vorsehung war. Ueberall erblicke ich dich als den Herrn, der da hilft, als den Gott, der seine Seligkeit im Wohlthun findet. Und diese genossenen Freuden beglücken mich noch itzt in der Erinnerung und versüßen mir meine einsamen Stunden.

Aber auch das, o Gott, sind selige Augenblicke, in welchen ich an überstandene Leiden zurückdenke; denn auch diese erfüllen nun mein Herz mit frohen Empfindungen und ermuntern mich zu deinem Preise. Ja, wie viele oft nahe Gefahren hast du nicht gnädig von mir abgewandt! Wie manche meine Zufriedenheit bedrohende Schicksale hast du nicht einen unvermuthet glücklichen Ausgang nehmen lassen! Welche Furcht, welche Bekümmernisse, welche Zweifel haben mich oft gequält, die nachher auf eine unerwartete Art verschwunden sind! Wie oft glaubte ich unter der Last meiner Leiden erliegen zu müssen! Wie oft habe ich meinen Verlust für unersetzlich und meine Bürde für unerträglich gehalten! Und doch bin ich unter der Last dieser Leiden nicht erlegen; doch ist mir mein Verlust vergütet worden; doch habe ich das ertragen können, was du mir aufgelegt hast. Stets hast du Gutes aus dem Bösen herbeygeführt. Nie war mir deine

Hülfe näher, als wenn ich mich von dir verlassen wähnte. Immer hast du mich als ein liebevoller Vater geleitet, und wirst auch gewiß am Ende meiner Laufbahn nicht von mir weichen.

Und wie ganz anders sehe und beurtheile ich nun die Dinge in der Welt, als in meinen jugendlichen Jahren! Wie ganz anders betrachte ich nun den Menschen und seine Schicksale und seine Bestimmung! Itzt kenne ich meine Kräfte und weiß, was wir erdulden und ertragen, was wir thun und leisten, was wir bekämpfen und besiegen können, wenn wir festen Willen haben. Itzt erscheinen mir die Fehler und Thorheiten meines Geschlechts in einer ernstern und abschreckendern Gestalt. Itzt halte ich sie für das, was sie sind, für Irrthümer und Vergehungen, welche früher oder später traurige Folgen und zuletzt Schaam und Reue nach sich ziehen. Itzt verehre ich die Tugend als das Höchste und Achtungswürdigste, als das, was dem Menschen seinen wahren Werth giebt, als den einzigen Weg, Ruhe für die Seele zu finden, und als das einzige Mittel, dir wohlgefällig zu werden. Und dieser Einsichten und Ueberzeugungen freue ich mich mehr, als wenn ich mir große Schätze erworben hätte; denn sie sind mein bleibendes Eigenthum und gehen mit mir in die bessere Welt über.

Und wie heiter, o Gott, ist alles um mich her, wie zuversichtlich blicke ich zu dir hinauf, wenn ich bey der Rücksicht auf meine verflossenen Tage gewahr werde, daß ich Gutes gethan und befördert habe! Wie fühle ich mich nun dafür belohnt, daß ich mir das Zeugniß geben kann, die schönsten und thätigsten Jahre meines Lebens nicht in leichtsinniger Gedankenlosigkeit oder im Dienste des Lasters verschwendet zu haben! Ja, itzt wünsche ich mir zu jedem erkämpften Siege über meine Leidenschaften, zu jedem der Tugend dargebrachten Opfer, zu jeder edeln That, die mir gelang, aufrichtig Glück. Itzt ist mir das Bewußtseyn meiner Rechtschaffenheit ein Schutz in der Gefahr, Erquickung bey dem Gefühle meiner körperlichen Schwäche und das bewährteste Mittel wider die Furcht des sich mir nahenden Todes. Itzt danke ich dir dafür, daß du mich oft auf dem rauhen Wege der Leiden zur Erkenntniß meiner Fehler gebracht und es mir dadurch so sehr erleichtert hast, sie zu besiegen.

Freylich entdecke ich deren noch eine große Menge, wenn ich die Jahre meines Lebens durchlaufe. Freylich kann ich nicht leugnen, daß ich auch sehr oft das Gute nicht gethan und das Böse nicht vermieden habe, was ich hätte thun und vermeiden sollen. Nicht nur in der Kindheit und Jugend, sondern auch noch im reifern Alter, auch noch als Gattin, Hausfrau und Mutter, wo mein Beyspiel so stark auf Andere wirkte, auch bey der besten Kenntniß dessen, was Recht und Pflicht ist, habe ich mich mancher Vergehungen schuldig gemacht. Und das Andenken daran ist noch immer mit Verdruß und Mißvergnügen für mich verbunden. Itzt bedaure ich jeden verschwendeten Tag und jede gemißbrauchte Fähigkeit. Itzt wünsche ich herzlich, immer so gedacht und gehandelt zu haben, wie ich sollte. Itzt bete ich in Demuth: Herr, gehe nicht ins Gericht mit mir; denn vor dir ist kein Lebendiger gerecht!

Aber du bist ein Vater, der gern verzeiht und mit seinen verirrten Kindern Nachsicht hat; du kennst unsre Schwäche und weißt, was für Geschöpfe wir sind; du hast uns durch Jesum Gnade und Vergebung angeboten, wenn wir uns derselben würdig machen. Und ich will die wenigen Tage, die ich noch zu leben habe, dir und der Tugend weihen. Durch ehrfurchtsvollen Gehorsam will ich dich anbeten und mit kindlicher Ergebung deinem letzten Rufe, dem Rufe zum Tode folgen.

5.

Die Betagte und Kränkliche.

Gott, wie kurz und flüchtig ist unser Leben! Kaum daß wir es recht zu genießen anfangen, kaum daß wir uns selbst beherrschen und dadurch unser wahres Wohl befördern lernen, so sind wir am Ziele unsrer Laufbahn. Welche traurige Erscheinung müßte das für uns seyn, wenn wir uns nicht unsterblich fühlten und keine Hoffnung hätten! Was könnte noch Reitz und Werth für uns haben, wenn wir fürchten müßten, alles im Tode ohne Ersatz zu verlieren? Aber du hast uns nicht ohne Trost gelassen, hast schon der forschenden Vernunft und dem gutgesinnten Herzen frohe Aussichten in eine andere Welt geöffnet; und Jesus hat Leben und unvergängliches Wesen ans Licht gebracht durch sein Evangelium. Der Tod ist Mittel zur Vollendung, Uebergang in einen höhern, bessern Zustand und schließt uns die Pforte, an der wir hier sehnsuchtsvoll stehen, die Pforte des Himmels auf.

Ja, das glaube und hoffe ich; und in diesem Glauben, in dieser Hoffnung finde ich nun Erquikkung und Freude, die ich so weniger sinnlicher Freuden mehr fähig bin. Die Abnahme meiner körperlichen Kräfte, das Gefühl meiner immer größern Geistesschwäche, mein Alter und die Unbequemlichkeiten desselben, alles ruft mir zu, daß mein Leben ein Ziel hat und daß ich bald davon muß. Ich stehe am Rande des Grabes und fühle täglich, daß ich nicht mehr für diese Erde bin.

Und kann mich die Erwartung meines nahen Todes betrüben? Kann ich noch Verlängerung meines Lebens wünschen? Nein, o Gott, es ist das allgemeine, unveränderliche Gesetz der Natur, daß der Mensch von Erde wieder zu Erde werden muß. Daran erinnert mich, wenn ich es je vergessen könnte, jeder Grabeshügel; und wie wenig müßte ich über die Bestimmung des Menschen nachgedacht haben, wenn ich mich über die Kürze dieses Lebens beklagen wollte! Nein, du hast mir Zeit genug zur Vorbereitung auf die Ewigkeit vergönnt. Du hast mir Kräfte, viel zu wirken, und Fähigkeit, viel zu genießen, gegeben. Groß ist die Anzahl meiner Jahre, und groß die Summe der Wohlthaten, die du mir erwiesen, groß die Verpflichtung, welche du mir dadurch aufgelegt hast, dir dankbar zu seyn.

Oder darf ich mich über die körperlichen Leiden beschweren, die ich in meiner Lage nun bisweilen erdulden muß? Darf ich darüber murren, daß ich Mensch bin und menschliche Empfindungen habe? O wie kurz sind diese Leiden, wenn ich sie mit den zahllosen Freuden vergleiche, die mir während meines Lebens zu Theil geworden sind! Wie erträglich sind diese Bürden, wenn ich sie als die Vorboten meiner nahen Auflösung und meiner zu erwartenden Glückseligkeit betrachte! Wie doppelt angenehm ist nun jeder Tag und jede Stunde für mich, wo ich mich frey davon fühle! Und wie sehr lindert nicht der Trost der Religion das herbe Gefühl meiner Kränklichkeit und Schwäche! Welche Erquickung gewährt mir nicht der Gedanke an dich und an die väterliche Huld und Gnade, womit du auf mich herabsiehst! Wie stärkt und ermuthigt mich der Glaube an deine Vorsehung, die nicht nur meine Tage gezählt, sondern auch das Maaß meiner zu erduldenden Beschwerden genau bestimmt hat!

Freylich ist die Stunde des Todes eine feyerliche, eine ernsthafte, eine entscheidende Stunde. Sie erinnert uns an Vieles aus unserm Leben; und vom Geräusche der Welt entfernt, auf dem einsamen Krankenlager denken und urtheilen wir gemeiniglich ganz anders darüber, als wir bey dem vollen Gefühle unsrer Kräfte und im Umgange mit der Welt gedacht und geurtheilt haben. Freylich sehen wir der Zerstörung unsers Körpers nicht gleichgültig und unempfindlich entgegen; wir bleiben auch im Tode, was wir im Leben waren, Menschen, schwache, eingeschränkte, furchtsame Geschöpfe: aber welche Macht hat nicht das Christenthum über unser Herz! Welchen wohlthätigen Einfluß hat es nicht auf die Beruhigung seiner wahren Verehrer! Welche große Wirkungen hat es nicht schon im Leben und Sterben bey denen hervorgebracht, die von seinem Geiste recht beseelt waren! Wie oft hat es die Schwachen gestärkt, die Muthlosen aufgerichtet, die Verzagten und Bekümmerten getröstet! Wie vermindern sich da die Schrekken des Todes, wo Liebe zu dir und Vertrauen auf dich, wo ein gutes Gewissen und der feste Glaube an eine selige Unsterblichkeit in der Brust wohnen und ihre Kraft äußern!

Ja, komme, wann du willst, Stunde des Todes, du kommst mir nie zu früh, nie unerwartet. Dir sehe ich jeden Morgen, dir sehe ich jeden Abend entgegen, und du sollst mich nicht unbereitet finden! — Und du, göttliche Religion, du, meine Freundin und Führerin auf dem Wege zur Ewigkeit, reiche mir deine Hand am Abende meines Lebens, reiche sie mir im Kampfe des Todes, und verlaß mich nicht, wo mich alles verläßt!

6.

Trostgründe und Aussichten derselben.

Täglich, o Gott, komme ich meinem Ziele näher; täglich werde ich zum Grabe und zur Ewigkeit reifer. Wie wenig Reitz haben nun die meisten sinnlichen Freuden für mich! Wie wenig rühren mich nun irdische Güter und Vorzüge! Wie viel lieber bin ich itzt mit dem Zukünftigen, als mit der Gegenwart beschäfftigt! Ja, die Aussichten, welche sich mir jenseits des Grabes öffnen, sind zu schön, als daß ich mich nicht oft daran ergötzen sollte. Die Trostgründe, welche sich mir in Absicht meines schwachen Körpers darbieten, sind zu wirksam, als daß ich ihnen nicht meine ganze Aufmerksamkeit schenken sollte.

Nein, bald, o Gott, bald wird dieser mein hinfälliger Körper zur Ruhe kommen; bald wird mich der Tod von demselben entfesseln, und er wird dahin zurückkehren, wovon er genommen ist. Und dann bin ich von den schmerzlichen Gefühlen, die er mir verursacht, auf immer befreyt; dann werde ich von der drückenden Bürde, die ich itzt als ein sinnliches Geschöpf tragen muß, gänzlich entlastet. Bis dahin will ich also den beschwerlichen Weg, der noch vor mir liegt, mit christlichem Muthe verfolgen; ich will im Laufe nach dem Ziele, das so herrlich ist und dem ich mich schon so sehr genähert habe, nicht ermüden.

Denn bald, o Gott, bald wird sich auch mein Geist, mein unsterblicher, großer Dinge fähiger Geist zu einer freyern, erweiterten Thätigkeit erheben. Itzt drückt ihn oft mein gebrechlicher, reitzbarer Körper und die Macht der Sinnlichkeit zur Erde nieder. Itzt verrichtet er seine wichtigen Geschäffte nur mit Anstrengung und Mühe, und mein Ringen nach Wahrheit, mein Streben nach Tugend sind mit großen, oft kaum zü überwindenden Schwierigkeiten für mich verbunden. Aber auch davon wird mich der Tod erlösen; der Tod, der meinen Geist von seiner sterblichen Hülle trennt und die Schranken aufhebt, welche ihn itzt umgeben. O dann werden sich meine hier oft gebundenen Fähigkeiten und Anlagen viel leichter und geschwinder entwickeln, meine hier oft zurückgehaltnen Kräfte weit ungehinderter äußern. Dann wird mir in Absicht auf die Bildung meines Verstandes und Herzens vieles gelingen, was gegenwärtig nur frommer Wunsch war. Dann werde ich in alle Ewigkeit größere Fortschritte machen und eine Stufe der Vervollkommnung nach der andern ersteigen.

Ja, bald, o Gott, bald werde ich meinen Durst nach Erkenntniß ungehindert stillen können. Hier bin ich Kind und Anfängerin in der Schule der Weisheit und nehme unter den vernünftigen Geschöpfen deines Reichs die niedrigste Stelle ein. Hier ist und bleibt mein Wissen immer nur Stückwerk. Hier sind alle meine Einsichten beschränkt, und Wahrheit und Irrthum wechseln stets mit einander ab. Aber der Tod wird mir neue Quellen der Erkenntniß öffnen, mich auf neue, unermeßliche Schauplätze deiner Weisheit und Güte führen, mich mit den Wundern deiner Welt genauer bekannt machen. O wie wird sich da mein Gesichtskreis erweitern! Welche Geheimnisse deiner Schöpfung werden sich mir da enthüllen und mich zur freudigen Anbetung deiner unaussprechlichen Größe ermuntern! Und je näher ich dir komme; je mehr Wahrheit ich finde: desto mehr wird meinem wißbegierigen Geiste zu erforschen übrig bleiben.

Bald, o Gott, bald werde ich es in der Tugend weiter bringen, als ich es bisher bey aller Anstrengung vermochte. Denn wie weit bleibe ich doch hier von der Vollkommenheit entfernt! Wie schwach, wie unbeständig, wie verführbar bin ich nicht auch bey dem besten Willen! Welche Hindernisse in mir und außer mir habe ich nicht zu bekämpfen! Zu welchen Fehltritten verleitet mich nicht meine Sinnlichkeit und der Hang zum Irdischen! Wie erschweren mir nicht die Beyspiele und der Einfluß anderer Menschen meine Veredlung! Wie viel tragen nicht meine körperlichen Bedürfnisse und selbst meine weibliche Lage dazu bey, daß ich im Guten zu leicht ermüde und in der Liebe zu demselben erkalte! Aber du hast mich dazu bestimmt, ewig an Tugend zu wachsen und es in allem Guten zu einer immer größern Fertigkeit zu bringen. Ich werde eine Schwachheit nach der andern ablegen, einen Fehler nach dem andern besiegen und immer neue Antriebe und Veranlassung finden, mich deinem heiligen Willen zu unterwerfen. Und dieser Bestimmung freue ich mich, freue mich des seligen Looßes, das du mir beschieden hast, und erwarte es mit frommer Sehnsucht.

Bald, o Gott, bald werde ich auch diejenigen wiedersehen, die mir von meinen Freunden in die Ewigkeit vorangegangen sind. Denn alle deine Anstalten und alle Triebe unsrer Natur zeugen davon, daß sich einst tugendhafte Vertraute wieder finden und genauer vereinigen werden. Und welches entzückende Vergnügen wird dann den Schmerz vergüten, welchen ich hier bey der Trennung von ihnen empfand! Wie sehr werden alle meine Freuden dadurch gewinnen, daß ich sie mit denen theile, die mir hier so theuer waren und es dort immer bleiben werden! Wie belohnt werde ich mich dann fühlen, daß ich mich der erneuerten Freundschaft dieser vollendeten Gerechten durch meine Denkart und Gesinnung würdig gemacht habe!

Ja, bald, o Gott, bald werde ich den heißen Wunsch nach Glückseligkeit leichter befriedigen können, als es hier auf Erden möglich ist. Denn hier giebt es kein vollkommnes Glück, keine unvermischte, ganz reine Freude. Hier wird meine Ruhe oft unterbrochen, oft erschüttert. Hier wechseln angenehme und traurige Ereignisse, Genuß und Mangel, Gewinn und Verlust immerwährend mit einander ab. Und wie kann dieß anders seyn, da das gegenwärtige Leben ein Stand der Prüfung ist? Sollen wir als sinnliche Geschöpfe zur Weisheit und Tugend gebildet werden; sollen wir uns von dem Irdischen losreißen und mit dem Himmlischen beschäfftigen; sollen wir uns zu den Freuden und Seligkeiten eines höhern Lebens geschickt machen: so muß das oft durch härtere Zuchtmittel, durch Leiden bewirkt werden. Je mehr ich aber dort an Vollkommenheit zunehme und mich in der Liebe zur Tugend befestige; je weniger ich zur Erkenntniß und Erfüllung meiner Pflichten der Züchtigung bedarf: desto größer und dauerhafter wird meine Seligkeit und desto reiner und ungestörter der Genuß meiner Freuden seyn.

Und dieser herrlichen Hoffnung, o Gott, komme ich der Zeit nach täglich näher; möchte ich ihrer auch täglich würdiger werden! Möchte mein Sinn und Wandel so beschaffen seyn, daß sie an mir erfüllet werden kann!

7.
Morgengebet einer Betagten und Schwachen.

Vielleicht ist dieser Tag der letzte für mich, o Gott, und ich sehe das erfreuende Licht der Sonne nie wieder. Nicht Jugend, nicht Gesundheit und Stärke können dem hinfälligen Menschen Bürgschaft dafür leisten, daß er nicht noch heute die Beute des Todes seyn werde. Und wie sehr erinnern nicht insonderheit mich meine Jahre und Schwachheit daran, daß ich keine Stunde vor demselben sicher bin!

Ja, vielleicht ist der heutige Tag der letzte für

mich; und mit diesem Gedanken, der mir wichtige Vortheile gewähren kann, will ich mich recht vertraut machen. Ich will deinen Ruf an mich freudig und getrost erwarten und der Annäherung des Todes ohne Angst und Schrecken entgegen sehen. Denn warum sollte ich mich vor meiner Bestimmung, vor dem Sterben fürchten? Warum sollte ich mir durch diese Furcht meine letzten Tage so sehr erschweren? Könnte ich so klein denken, über der Liebe zum Irdischen alles Andere zu vergessen? Könnte ich so thöricht seyn, nur auf das Gegenwärtige, und nicht auch auf das Zukünftige zu sehen und alle meine Wünsche und Hoffnungen auf dieses Leben einzuschränken? Nein, mag der Tod an sich eine unwillkommne Erscheinung, mag die Abneigung vor demselben unsrer Natur eigenthümlich seyn; ich kenne die wirksamsten Mittel, diese zu überwinden.

Denn ich kenne ja die Religion, die den Menschen sterben lehrt; ich kenne das Christenthum, das seine Verehrer mächtig gegen die übertriebene Todesfurcht waffnet. Hier höre ich, daß der Tod keine Vernichtung des Daseyns, keine Zerstörung meines innern Wesens ist, weil ich von der Unsterblichkeit meines Geistes versichert werde und deine Absichten mit mir, meine wahre Bestimmung kennen lerne. Hier erhalte ich die Bestätigung dessen, was mir schon die Vernunft sagt, daß du uns Fähigkeiten und Kräfte, Anlagen und Vorzüge verliehen hast, die für das gegenwärtige Leben zu groß und vielversprechend sind, die hier kaum zur Hälfte entwickelt werden und zur Reife kommen, und deren Ausbildung erst in einem andern Zustande erfolgen muß, weil du, der Allweise nichts umsonst thust und deine Absichten mit uns nicht verfehlen kannst. Hier wird mir die wichtige Wahrheit eingeschärft, daß du einst die gerechteste Vergeltung üben, daß du die Tugend völlig belohnen und das Laster nach Verdienst bestrafen, daß du jeden von uns in Verhältnisse setzen wirst, die seiner Denkart, seinen Gesinnungen und Neigungen, seinen sittlichen Bedürfnissen angemessen sind, und daß wir erndten werden, was wir gesäet haben. Hier habe ich Jesum meinen Herrn und Heiland vor Augen; Jesum, den Auferstandenen und ewig Lebenden, der unser Vorgänger auf dem Wege zum Himmel ist, und der auch in dieser Hinsicht dem Tode seine Macht genommen hat. Hier finde ich die völligste Beruhigung, die befriedigendste Auflösung aller Zweifel, und sehe lauter solche Anstalten, die meinen Muth erhöhen. Hier erscheint mir der Tod als ein Freund, der dem müden Pilger die Hand reicht; als ein Bote des Friedens, der mir Leben und volle Genüge ankündigt.

Und diesen Freund sollte ich fürchten? Vor diesem Friedensboten sollte ich zurückbeben? Nein, dieß thut nur der Lastersclave, nur der vorsätzliche, beharrliche Sünder, nur der Mensch, dem sein Gewissen sagt, daß er keiner Freude und Seligkeit in jenem Leben fähig ist. Ja, die Sünde ist der Stachel des Todes: denn sie giebt ihm seine schreckliche und drohende Gestalt. Die Sünde ist es, die ihre Knechte mit Angst vor der Zukunft erfüllet und das Sterben zur Strafe für sie macht.

Die Sünde ist es, die den leichtsinnigen, üppigen, stolzen, geitzigen, ganz sinnlich denkenden Menschen eben darum, weil er also denkt, so sehr an das Leben fesselt, daß er seine niedrigen Vergnügungen gern ewig fortgenießen möchte. Die Sünde ist es, die dem Menschen bei dem Bewußtseyn seiner Schuld nur den strengen, unerbittlichen Richter in dir zeigt, so daß er ängstlich vor dir zittern muß.

Wohl mir, o Gott, daß die Sünde nicht so in mir und über mich herrscht, und daß sie mich zwar übereilen, aber nicht unterjochen kann! Wohl mir, daß du meine Vorbereitungsjahre so sehr verlängert und mir so viele Gelegenheiten und Mittel verliehen hast, weise und tugendhaft zu werden! Und wohl mir, daß ich von deiner Güte Gebrauch gemacht, daß ich, was du mir anvertraut, pflichtmäßig angewandt, daß ich meinen Verhältnissen so viel möglich ein Genüge geleistet habe, und nun so glücklich bin, ohne bittere Vorwürfe auf mein Leben zurücksehen zu können! Ich weiß freylich, daß ich mein Ziel noch lange nicht erreicht, sondern von Jugend an mannichfaltig gefehlt habe; ich sage in Demuth, nicht daß ichs schon ergriffen hätte, oder schon vollkommen sey: aber ich weiß auch, daß du als der Allgütige Nachsicht mit mir haben, als der Allwissende nicht blos auf meine Handlungen, sondern auf mein Herz und meine Gesinnung sehen und mich väterlich richten wirst.

Ja, vielleicht ist der heutige Tag der letzte für mich; und dieser Gedanke soll mich immer weniger schrecken. Mit ihm bin ich erwacht; und mit ihm will ich mich in die Arme des Schlafs oder des Todes zu Ruhe legen. Vielleicht ist der heutige Tag der letzte für mich; und diese Vorstellung soll mich ermuntern, auch diesen Tag so anzuwenden, wie es Pflicht für mich ist; sie soll mir Stärke zur Vermeidung des Lasters geben und Eifer für die Tugend einflößen. Vielleicht ist der heutige Tag der letzte für mich; und dieß ist mir Trost und Erquikkung in meiner Schwachheit; dieß macht mir Muth, standhaft zu dulden und treu auszuharren, um einen guten Kampf zu kämpfen und den Lauf zu vollenden. Ja, vielleicht ist der heutige Tag der letzte für mich, und darum sey mir jede Gelegenheit, ihn noch durch irgend eine gute Handlung zu bezeichnen, erwünscht; jede Veranlassung gesegnet, die du mir in der Absicht darbietest, noch am Abende meines Lebens Saamen auszustreuen, der Früchte für die Ewigkeit trägt. Darum sey es mein ernstlicher Wunsch, Gutes zu thun und nicht müde zu werden, damit ich zu seiner Zeit ohne Aufhören erndten möge.

8.

Abendgebet derselben.

Vielleicht ist diese Nacht die letzte für mich, o Gott, und macht der Nacht des Todes Platz. Schlafen und Sterben haben sehr große Aehnlichkeit mit einander, und der Schlaf ist in jeder Hinsicht das Bild des Todes. So erquickend jener dem müden Wanderer, dem entkräfteten Arbeiter ist; so sanft ist die Ruhe, die mir dieser nach den Beschwerden und Mühseligkeiten des Lebens verspricht.

Ja, der Tod ist und schenket Ruhe; er ist Erquickung und Wohlthat für uns Pilger, die wir uns nach unserm Vaterlande, nach dem Ziele unsrer Wanderschaft sehnen. Der Tod ist kein Uebel, keine Strafe; er ist Belohnung für den Rechtschaffenen und Frommen; Belohnung für die Treue, womit wir die uns aufgetragenen Geschäffte hier verrichtet und die uns anvertrauten Güter verwaltet haben. Der Tod ist kein Verlust, keine Verminderung der Glückseligkeit; er ist Gewinn für den Gutgesinnten, und der Weg, der ihn zum Genusse höherer Freuden führt.

Nein, der Tod ist Ruhe, Ruhe nach den mannichfaltigen Leiden dieses Lebens. Und Leiden sind das unvermeidliche Loos aller Sterblichen, der Hohen wie der Niedrigen, der Reichen wie der Armen, der

Mächtigen wie der Schwachen, der Jüngern wie der Betagten. Viel und wenig haben, viel und wenig wissen, viel und wenig vermögen; das Eine ist so gewiß, als das Andere mit Sorge und Mühe, mit Noth und Gefahr verbunden. Verfehlte Absichten, vereitelte Wünsche, getäuschte Hoffnungen, Schmerz und Kummer begleiten jeden Stand und jedes Alter. Niemand ist und hat und genießt wirklich so viel, als es in der Entfernung scheint. Niemand ist vor dem Verluste dessen sicher, was ihm vorzüglich am Herzen liegt. Niemand ist über die Schranken und Schwachheiten seiner Natur erhaben. Der Mensch ist unzählichen, oft gewaltsamen und schmerzhaften Zufällen, und dadurch Leiden und Sorgen unterworfen, wogegen ihn nichts schützen und wovon ihn nichts befreyen kann. Nur der Tod befreyt ihn davon; der Tod, der uns das Ende einer mühevollen Laufbahn, den Sieg nach beschwerlichem Kampfe und Errettung von tausend Plagen ankündigt.

Der Tod ist kein Uebel, keine Strafe; denn er beendigt vielmehr jedes Uebel, und der Mensch, der dich und seine Brüder aufrichtig liebt, der deinen Geboten gehorcht und seine Pflicht erfüllt, der Freudigkeit zu dir hat, weil ihn sein Herz nicht verdammt, der hat keine Strafe zu fürchten. Nein, für den Rechtschaffenen und Frommen ist der Tod Belohnung. Vielleicht ist er hier verkannt und verachtet, vielleicht ist seine Redlichkeit als Heucheley verspottet, vielleicht ist er von Neidern gehaßt und verfolgt, vielleicht ist seine strenge Tugend, seine unbestechliche Treue, sein unüberwindlicher

Abscheu vor dem Bösen eine mitwirkende Ursache zum Verluste seiner Ehre oder seines Vermögens geworden. Der Tod bringt ihn in die Gesellschaft weiser und guter Menschen, die ihm Gerechtigkeit widerfahren lassen, die seine Vorzüge und Verdienste schätzen, die sich seiner als eines Bruders freuen und ihm Gelegenheit geben, ganz so viel Gutes zu thun, als er wünscht und vermag. Der Tod bringt ihn in eine Lage, wo er zur Belohnung für seine Treue höhere Geschäffte verrichten und weiter um sich her wirken kann. Der Tod stellt ihn vor deinen Richterstuhl, wo du ihm zurufen wirst: wohl dir, du frommer und getreuer Knecht; du bist über Wenig getreu gewesen, ich will dich über Viel setzen; gehe ein zu deines Herren Freude!

Der Tod ist also auch kein Verlust, keine Verminderung der Glückseligkeit; denn wir verlieren ja das nicht, und können es nicht verlieren, was dem nachdenkenden und gutgesinnten Menschen Freude giebt und ihn zufrieden macht. Wir verlieren unsre moralischen Einsichten, unsre religiösen Kenntnisse, unsern Glauben und unsre Hoffnung nicht. Nichts kann uns unsre erworbenen guten Fertigkeiten, unsre Liebe zur Tugend rauben. Unser Geist kann nicht sterben; er lebt ewig fort und schwingt sich im Tode zu dir, dem Vater der Geister empor. Nein, der Tod ist für den Frommen und Gutgesinnten Gewinn. Er gewinnt an Einsicht und Tugend, an Vollkommenheit und Seligkeit. Er erwirbt sich neue Kenntnisse, fühlt neue Kraft zum Guten, genießt neue Freuden und sieht sich von den Schranken befreyt, die ihn hier auf allen Seiten umgeben. Er wird Bürger des Himmels, und nimmt im Reiche vernünftiger Wesen einen höhern Rang ein.

Und so mag denn diese Nacht die letzte, die Nacht des Todes für mich seyn; mich schreckt und ängstigt kein scheinbares Uebel, das Wohlthat genannt zu werden verdient. Nein, ist diese Nacht die letzte für mich; so ist sie die Nacht meiner Erlösung von den Beschwerden und Mühseligkeiten dieses Lebens; so öffnet sie mir den Eingang zur Ruhe; so ruft sie mich zum höhern Leben und macht einem ewigen, licht- und freudenvollen Tage Platz. — Ja, Gott und Vater, du magst mich nun zur Fortsetzung meines irdischen, oder zum Anfange eines neuen Daseyns erwecken, so werde ich mich deiner Güte und meiner Seligkeit freuen. Denn du bist im Sterben mit mir, wie du im Leben mit mir warst. Lebe ich, so lebe ich dir und durch deine Gnade; sterbe ich, so sterbe ich dir und nach deinem Willen. Ich bin lebend und sterbend dein, und bete dich lebend und sterbend als den Gott der Liebe an.

Druckfehler.

Im ersten Theile.

S. 6.	Z. 12 v. u.	statt bekehren l. belehren
— 33.	— 20	st. fassen l. fesseln
— 58.	— 30	st. noch reichhaltige l. noch so reichhaltige
— 84.	— 27	st. dieselben l. dieselbe
— —	— 28	st. begleiten l. begleitet
— 132.	— 27	st. ihren Verführern l. ihrem Verführer

Im zweyten Theile.

S. 13.	Z. 17	st. Tugenden l. Tugend
— 35.	— 2 v. u.	st. allen l. allem
— 68.	— 17	st. Fehler l. Fehlern
— 78.	— 9	st. ihn l. ihm
— 113.	— 1	st. o l. und
— 119.	— 7	st. diesen l. dieser
— 132.	— 10	st. vielleicht l. wie leicht
— 133.	— 2 v. u.	st. erwecken l. erwerben
— 173.	— 22	st. heiligen l. ihren heiligen
— 198.	— 12	st. unsträflicher dir l. unsträflich vor dir
— 206.	— 6	nach auf fehlt und
— 213.	— 10	st. diese l. dieser
— 337.	— 16	st. vorhergegangnen l. vorhergegangenen

Außerdem muß überall Geschäffte statt Geschäfte, und irrdisch statt irdisch gelesen werden.

Anhang

zu

Marezolls Andachtsbuch.

Geistliche Lieder

von

Klopstock und Mahlmann.

Leipzig,
bey Georg Joachim Göschen. 1817.

Inhalt.

Lieder von Klopstock.

Morgenlied.

Mel. Der am Kreuz ist meine Liebe rc.

Wenn ich einst von jenem Schlummer,
Welcher Tod heißt, aufersteh,
Und von dieses Lebens Kummer
Frey, den schönern Morgen seh:
O dann wach' ich anders auf,
Schon am Ziel ist dann mein Lauf!
Träume sind des Pilgers Sorgen,
Großer Tag! an deinem Morgen.

Hilf daß keiner meiner Tage,
Geber der Unsterblichkeit,
Jenem Richtenden einst sage,
Er sey ganz von mir entweiht!
Auch noch heute wacht ich auf!
Dank dir, Herr, zu dir hinauf
Führ mich jeder meiner Tage,
Jede Freude, jede Plage.

Daß ich gern sie vor mir sehe,
Wenn ihr letzter nun erscheint.
Wenn zum dunkeln Thal' ich gehe,
Und mein Freund nun um mich weint

Lindre dann des Todes Pein,
Und laß mich den Stärksten seyn,
Mich, der ihn gen Himmel weise,
Und dich, Herr des Todes, preise!

Abendlied.

Mel. Der am Kreuz ist meine Liebe :c.

Sink' ich einst in jenen Schlummer,
Aus dem keiner nicht erwacht;
Geh ich aus der Welt voll Kummer,
Todesruh, in deine Nacht:
O dann schlaf' ich anders ein.
Weg aus dieses Lebens Pein
Wall' ich hin zu deren Hütten,
Die, nun glücklich, hier auch litten!

Jetzo schlaf' ich, aufzuwachen
Noch für Tage diese Zeit!
Laß mich fertig stets mich machen,
Vater, zu der Ewigkeit!
Daß ich Wanderer dann sey
Leicht, bereit, von Bürden frey,
Von den Lasten dieser Erde,
Wenn ich nun unsterblich werde!

Gerne laß den Tag mich sehen,
Der als Retter mir erscheint:
Wenn mit unerhörtem Flehen,
Wer mich liebet, um mich weint!
Stärker, als mein Freund in Schmerz,
Sey mein gottverlangend Herz!
Voll von deines Namens Preisen
Laß mich ihn gen Himmel weisen!

Die tägliche Buße.

Mel. Erbarm dich mein o Herre Gott rc.

Ich Staub von Staube, wer bin ich
Der Sünder, daß du meiner dich
Noch stets, du Heiliger, erbarmst,
Weltrichter, meiner stets erbarmst?
Zum Glauben und zum Thun zu schwach,
Giebt oft mein Herz der Sünde nach!
Ich kämpf', o Vater, nicht genung
Den Kampf der ernsten Heiligung!

Wie schnell ist von der rechten Bahn
Zum Irrweg oft der Schritt gethan!
Wie schnell! Mein ganzes Herz erschrickt,
Wenn es in diesen Abgrund blickt!
Die Missethat wie nah gränzt sie
An einen Fehl, den Gott verzieh!

Herr, Herr! mein ganzes Herz erschrickt,
Wenn es in diesen Abgrund blickt!

Ergreif du, reiß mich mächtig fort,
Du Ausspruch Gottes, Donnerwort:
Der, den von neuem Gott gebahr,
Der sündigt nicht! o heil'ge Schaar,
Die, bis zum Sieg, im Streite stand,
Gekrönt ward, weil sie überwand,
Umringt von meiner Fehle Schmach,
Und weinend, schau ich dir noch nach!

Schmal ist der Weg zu Gottes Höhn,
Und wenige sind, die ihn gehn!
Die Pfort' ist eng, und der nur dringt
Durch sie zu Gott empor, der ringt!
Ich lieg' auf meinem Angesicht,
Und fleh, und weine! Laß dein Licht
Mir leuchten! Vater, laß mich dein
Im Leben und im Tode seyn!

Der mir in Christo Alles gab,
Mit Gnade blick auf mich herab!
Auf mich, der Sünde schnellen Raub!
Den Himmelserben! und den Staub!
Sink tief, o Seele, nieder, tief
Vor dem, deß Stimme stets dir rief!
Sink in den Staub vor dem hinab,
Der dir in Christo Alles gab!

Ja, du erbarmest über mich,
Versöhnter, und Versöhner, dich!

Vom Leibe dieses Tods befreyt
Schau ich einst deine Herrlichkeit!
Ob Angst des Todes in mir bebt;
Sterb' ich doch dem, der ewig lebt!
Verdammt, verdammt mich auch mein Herz;
Ist Gott doch größer, als mein Herz!

Die Größe der Christen.

Mel. Wachet auf, ruft uns die Stimme rc.

Herr! welch Heil kann ich erringen!
In welche Höhn darf ich mich schwingen!
Mein Wandel soll im Himmel seyn!
O du Wort, voll heilgen Bebens!
Voll Wonne! Wort des ewgen Lebens:
Im Himmel soll mein Wandel seyn!
Ich sink erstaunend hin!
Empfinde, wer ich bin!
Wer ich seyn kann!
Ich trage noch
Des Todes Joch;
Im Himmel soll mein Wandel seyn!

Schwing dich denn in diese Höhen,
Und lern im Lichte Gottes sehen;
Wer du, versöhnte Seele, bist!
Mit dem göttlichsten Entzücken

Wirst du in diesem Licht erblicken:
Wer, Seele, dein Versöhner ist!
Du durch sein Opfer rein,
Und stark, dich ihm zu weihn;
Er des Vaters
Gleichewger Sohn!
Ruh, Heil und Lohn
Der Glaubenden! Ihr näh'rer Gott!

Wort vom Anfang! Wunderbarer!
O du der Gottheit Offenbarer!
Den Erdkreis deckte Dunkelheit;
Du erschienst, du Licht vom Lichte!
Wir schaun in deinem Angesichte
Nun deines Vaters Herrlichkeit!
Nicht Wahrheit nur; auch Ruh
Strahlst du uns, Gottmensch, zu,
Seelenfrieden!
Du hasts vollbracht!
Des Irrthums Nacht,
Der Sünde dunkl're Nacht ist hin!

Wenn die Seel in tiefe Stille
Versunken ist; wenn ganz ihr Wille
Der Wille deß ist, der sie liebt!
Wenn ihr inniges Vertrauen,
Ihr freudig Hoffen fast zum Schauen
Empor steigt, wenn sie wieder liebt!
Und nun wahrhaftig weiß,
Dein Kampf und Todesschweiß,
Gottversöhner!

Dein Blut am Kreutz,
Dein Tod am Kreutz,
Versöhn', o Herr, versöhn' auch sie.

O dann ist ihr schon gegeben
Ihr neuer Nam', und ewigs Leben!
Im Himmel ist ihr Wandel dann!
Stark, den Streit des Herrn zu streiten,
Sieht sie die Krone schon vom weiten,
Die Kron' am Ziel, und betet an!
Preis, Ehr, und Stärk, und Kraft
Sey dem, der uns erschafft,
Ihm zu leben!
Für uns verbürgt,
Bist du erwürgt!
Anbetung, Ruhm, und Dank sey dir!

Preis sey dem, der auf dem Throne
Der Himmel sitzt! Preis sey dem Sohne!
Gott, und dem Lamm Halleluja!
Weisheit sind, und Gnad', und Stärke,
Herr, Herr! und Wunder deine Werke!
Gott, und dem Lamm Halleluja!
Wie strahlt dein Angesicht
Von Huld! Doch im Gericht
Bist du heilig!
Preist, Cherubim,
Und die ihr ihm
Gestorben seyd, und sterben sollt!

Der Kampf der Glaubendenenn.

Mel. Es woll uns Gott genädig seyn ꝛc. ꝛc. c.

Ihr Mitgenossen, auf zum Streit,
Damit uns Gott belohne!
Es gilt das Reich der Herrlichkeit,
Der Ueberwinder Krone.
Der Weichende wird nicht gekrönt.
Wie hat der Herr gestritten!
Die Sieger nur hat er versöhnt,
Als er den Tod gelitten,
Am Oehlberg, und am Kreutze.

Miterben, haltet an, und seht
Empor zum großen Lohne;
Denn nur durch unsre Feinde geht
Der Weg zu jener Krone.
Ob tausend auch zur Rechten euch,
Zur Linken tausend sänken;
So sinkt doch nicht! Wird uns sein Reich,
Der Kraft zum Streit gab, schenken,
Wenn wir darin erliegen?

Zwar groß ist unsers Kampfs Gefahr,
Doch laßt uns ihre Schrecken
Nicht größer machen! Wunderbar
Wird Gottes Schutz uns decken!

Er stärkt, der mächtig stärken kann,
Wenn wir um Hülfe flehen.
Er reicht den Harnisch: zieht ihn an;
So könnt ihr muthig stehen,
Und freudig überwinden!

Mit seiner Hölle Graun umhüllt
Schießt Satan Flammenpfeile!
Dann, dann ergreift des Glaubens Schild,
Schützt euch mit Christi Heile!
Mit diesem Helm auf eurem Haupt
Und mit des Geistes Schwerte:
Das ists, das selbst der Tod nicht raubt,
Das mächtige, bewährte,
Das feste Wort des Lebens!

Wer überwindet, soll den Tod,
Den ewigen, nicht sehen.
Verging er auch in seiner Noth;
Dort wird er nicht vergehen!
Nach dieses Lebens kurzem Streit,
Nach seinen kurzen Leiden,
Wird ihn, der Unschuld weißes Kleid,
Gerechtigkeit, bekleiden,
Hell durch das Blut des Lammes!

Ach, Hüter, ist die Nacht schier hin,
Die dunkle Nacht der Erde?
Wenn ich einst Ueberwinder bin;
Laß michs, mein Hüter, werden!

Wenn ich einst Ueberwinder bin;
So seh ich meinen Namen
Im Lebensbuch! Du führst mich hin
Vollender, Gott! Gott Amen!
Zu deines Vaters Throne!

Wie säumts, wie säumts! O lange Nacht!
Bis Berg' und Hügel fallen!
O Hüter, bis dein Tag erwacht,
Und uns Posaunen schallen!
Wer überwindet, der wird seyn,
Mit Gottes Sohn, ein Erbe!
O Gottes Sohn, laß du mich seyn
Der Hoffnung, wenn ich sterbe,
Und dann sey ihr Vollender!

Der Sieg der Glaubenden.

Mel. Alle Menschen müssen sterben ꝛc.

Nicht nur streiten, überwinden
Muß, wer nach der Krone ringt!
Ernstvoll ist der Kampf der Sünden!
Und der Heilige nur singt
An dem Ziele Siegeslieder!
Er nur schaut mit Wonne nieder
Auf des heißen Streits Gefahr,
In der seine Seele war!

Jesus Christus, überwunden
Haben deine Märtyrer!
Banger waren jene Stunden
Ihres Kampfs! Sie stritten mehr,
Als ich jemals streiten werde!
Denn dein Heiligthum, die Erde,
Deine Hütte, Gottmensch, ruht!
Trieft nicht mehr von Christenblut!

Ueberwunden, überwunden
Hast du, Herr der Herrlichkeit!
Todesschweiß, und Blut, und Wunden,
Ewger Tod! das war dein Streit!
Ganz hast du den Kelch getrunken
Jenes Zorns: allein versunken
Unterm ewigen Gericht
Bist du, Gott, der Mensch war, nicht!

Wer kann sein Geheimniß fassen?
Wer? Wie hoch er sich auch schwang!
Gott, sein Gott hatt' ihn verlassen,
Als er mit dem Tode rang!
Dennoch war Triumph sein Ende.
Eil, mein Geist, in Gottes Hände;
Rief er: rief, schon in der Nacht
Seines Tods: Es ist vollbracht!

Was sind meine kurzen Leiden
Gegen die, die Christus litt!
Und was gegen jene Freuden,
Die mir Christi Tod erstritt!
Und doch folg' ich dir mit Beben!
Durchzudringen in dein Leben,
Gieb mir, der du für mich strittst;
Für mich unaussprechlich littst!

Das Beyspiel.

Mel. Jesus meine Zuversicht ꝛc.

Pilger sind wir, wallen hier,
Gottes Stadt, nach dir gen Himmel.
Schmal, und rauh ist unser Weg
Dort hinauf, und eng die Pforte.
Fern ist unser Lohn! und ach!
Der, der weicht, empfäht ihn nicht.

Viele seh ich vor mir her
Nach des Zieles Kronen eilen.
Warum säum' ich? War mir denn
Ernster jemals ein Gedanke
Als der Lohn am Ziel, und ach!
Daß, wer weicht, ihn nicht empfäht?

Warum säum' ich? leitet mich,
Pilger, Mitgenossen, Brüder!
Giebt ein Wort des Mittlers euch
Stärkung auf dem schmalen Wege;
O so ruft von eurer Höh
Mir dieß Wort des Herrn herab!

Daß auch ich mich stärk', und froh
Nach des Himmels Kleinod eile!
Daß mein Herz auch standhaft sey,
Und zur That der Vorsatz werde!

Daß mir sanft des Mittlers Joch,
Leicht mir seine Lasten seyn!

Wenn an einem Tage mich
Sieben und siebzig mal mein Bruder
Auch beleidigt, will ich doch
Sieben und siebzig mal vergeben.
Mein Vorgänger, der viel mehr
Duldete, gebeut es mir!

Und der mich beleidigte,
Ist er nicht ein Erbe Gottes?
Trägt er nicht dereinst am Thron
Palmen, strahlt im Siegsgewande?
Welche Wonn' alsdann, daß ich
Dem, den Gott belohnt, vergab!

Wenn der Vorsicht Weg mit mir
Sich auch ganz in Nacht verlieret;
Will ich doch, ohn' einen Laut
Klage, ganz mich unterwerfen!
Mein Vorgänger, den vielmehr
Nacht umgab, gebeut es mir!

Und welch himmlisch Labsal wird
Nach dem Todesschlaf mich letzen,
Wenn aus so viel Nacht herauf
Ich zum Erb' im Lichte komme!
Ach wie Träumenden wird mirs,
Wenn dieß Licht mir leuchtet, seyn!

Stärkung.

Mel. Alle Menschen müssen sterben ꝛc.

Ach wie hat mein Herz gerungen!
Wie gefleht am Gnadenthron!
Noch von deiner Angst durchdrungen,
Siegst du, meine Seele, schon?
Oder säumt des Helfers Rechte
Stets noch? werden meiner Nächte,
Meiner Leiden immer mehr?
Immer meiner Thränen mehr?

Nah ist meines Helfers Rechte;
Sieht sie gleich mein Auge nicht!
Weiter hin im Thal der Nächte,
Ist mein Retter, und mein Licht!
Ja, dort wird mir Gott begegnen!
Dort wird mich sein Antlitz segnen!
Jetzt, jetzt ist die Prüfungszeit!
Jetzt sey, Seele, stark zum Streit!

Was empfand des Helden Seele,
Abrams, ders vom Herrn empfing,
Und nunmehr von Mamres Höle
Nach des Opfers Berge ging!
Tief war seiner Seele Wunde!
Heiß der Prüfung bange Stunde,
Nicht erst künftig; sie war da!
Nah des Knabens Tod, ganz nah!

Konnt er dessen Rath ergründen,
Der das Opfer ihm befahl?
Keinen Ausgang konnt er finden,
Ueberall war Nacht und Qual!
Dennoch traut' er dir, o Retter!
Dir, Jehova, Gott der Götter!
Er führt mich die dunkle Bahn,
Er, der Staub erwecken kann!

Abraham! so scholl die Stimme
In des Ueberwinders Ohr!
O du jener Gnade Stimme,
Ruf auch meine Seel empor!
Schau, Herr, wie ich lieg und flehe!
Und vor Trauren fast vergehe!
In der trüben Stunde Graun
Lehre mich gen Himmel schaun.

Fast zu denen hin versammelt,
Die im Herrn entschlafen sind,
Hab ich sonst dein Lob gestammelt:
Vater warst du! ich war Kind!
Aber jetzt von dir erschüttert,
Schmachtet meine Seel, und zittert:
Dennoch, Vater, harr ich dein;
Dennoch wirst du Vater seyn!

In der Christen ersten Tagen
Ward deß Mund zum Lobgesang,
Der, umringt von bängern Plagen,
Zeugend mit dem Tode rang.

Selten bracht ein schnelles Ende
Sie in ihres Vaters Hände.
Viele dunkle Tage lang,
Starben sie! scholl ihr Gesang!

Schau auch dieser Helden Glauben,
Meine Seele, glaubend an!
Laß nichts deine Krone rauben!
Leid, und klimm zu ihr hinan!
Keiner Trübsal Tiefen scheiden,
Weder Tod noch Leben scheiden,
Nichts, was jetzt und künftig ist,
Scheidet mich von Jesus Christ!

Alle Zeugen Christi sahen
Ihn nicht in des Himmels Höhn!
Nicht die Märtrer alle sahen
Ihn zur Rechten Gottes stehn!
Denn sie hatten auch gesündigt!
Durch ihr Thun nicht stets verkündigt,
Der für ihre Missethat,
Zu des Vaters Rechte, bat!

Dennoch stritten sie mit Muthe,
Da die trübe Stunde kam,
Priesen Den in ihrem Blute,
Der sie so der Erd entnahm!
Keiner Trübsal Tiefen scheiden,
Weder Tod noch Leben scheiden,
Nichts, was jetzt und künftig ist,
Scheidet mich von Jesus Christ!

Um Versöhnlichkeit.

Mel. Straf mich nicht in deinem Zorn rc.

Ohn Erbarmen wird sie seyn
Eure Qual! Verbrecher,
Die dem Bruder nicht verzeihn,
Selber ihre Rächer!
Gott wird nicht,
Im Gericht,
Denen nicht vergeben,
Welche nicht vergeben!

Schreck, o Sohn, mein stolzes Herz,
Schrecks von deinem Kreuze,
Daß mich keiner Rachsucht Schmerz,
Mir zu mächtig, reitze!
Voller Ruh,
Sanft, wie du!
Laß mich alles dulden!
Mich nicht auch verschulden!

Ohn Erbarmen wird sie seyn
Eure Qual, Verbrecher,
Die dem Bruder nicht verzeihn,
Selber ihre Rächer!
Gott wird nicht,
Im Gericht,
Denen nicht vergeben,
Welche nicht vergeben!

Hören, hören laß sie mich
Diese Donnerstimme;
Wenn im schnellen Zorn, auch ich,
Wie mein Feind ergrimme!
Stark wie du,
Laß mich Ruh,
Laß mich Weisheit finden,
Und mich überwinden!

Ausgeschüttet warest du,
Heiligster, wie Wasser!
Höhnend riefen dir noch zu
Da noch deine Hasser!
Doch erscholl
Liebevoll
Deine Stimme: Vater!
Ach vergiebs, mein Vater!

Dieses und jenes Leben.

Mel. Ich hab mein Sach Gott ꝛc.

Noch schauen wir im dunkeln Wort!
Noch reißt uns Wahn und Irrthum fort!
Und unser wankender Verstand
Hat, abgewandt
Von Gott, oft Gottes Rath verkannt!

Auch selber der, der weiser denkt,
Sich nicht in jeden Abgrund senkt,
Zwar forscht; doch mit Bescheidenheit:
Dringt doch nicht weit,
Umringt von tiefer Dunkelheit!

Uns decket Dunkelheit vom Herrn!
Am Grab' hier, sollen wir nur fern
Des Ewigweisen Rathschluß sehn!
Vom weiten stehn,
Und noch ins Heiligthum nicht gehn!

Wenn, vor dem Schöpfer tiefgebeugt
Die kühne Wißbegier auch schweigt:
So tragen wir der Sünde Joch,
So fliehn wir doch
Des Gottversöhners sanftes Joch!

Ach, wir der Uebertretung Raub!
Wir ewgen Seelen! und wir Staub!
Du Heiliger! was wären wir,
Vor dir, vor dir;
Entflöhn wir glaubend nicht zu dir!

Hier wird der Sohn der Sterblichkeit
Nie von der Sünde ganz befreyt!
Ach! möchtens Schwachheitsfehle seyn,
Die uns entweihn,
Und keine Missethaten seyn!

O der uns Arme nicht verstößt!
Wie wollen wir, vom Leib erlöst,
Vom Leibe dieses Tods, uns dein,
Gott Mittler, freun!
Wie dir uns, du Vollender, weihn.

Die Hoffnung der Seligkeit.

Mel. Der junge Tag zurück gekommen ꝛc.

Ich bins voll Zuversicht: am Ende
Der Laufbahn wird das Kleinod mir!
Mit Wonn' erfüllt die Hoffuung meine ganze Seele:
Ruft Frieden Gottes mir zu!

Wie wird mir seyn, wenn ich nun Erbe
Mit Christus bin, wenn, Staub zu Staub,
Mein Leib gesunken ist, und dennoch meine Seele
Weit über Sterne sich hebt!

Wenn ich, aus diesen Einsamkeiten,
Zu Gottes Schaar hinübergeh,
Zur Schaar, die Tag und Nacht vom hohen Lobgesange,
Vom Psalm der Wonne nicht ruht!

Wenn ich mich, in die Jubelchöre,
Wo Sions Harf' am Strome rauscht,
Mich, in den Ruf der frohen Halleluja dränge,
Der laut Entzückungen ruft!

Wie Stimmen großer Wasser tönet
Das neue Lied des Lamms! Ein Heer
Der Harfenspieler singt! Wie hohe Meere tönet
Des Lammes Lied um den Thron!

O Vorempfindung jener Wonne!
Allein ich faß, ich faß es nicht,
Wie mir es dann wird seyn, wenn ich hinüber komme,
Ich Staub zum Erbe des Herrn!

Die zukünftige Welt.

Mel. Jesus meine Zuversicht rc.

Laßt uns unsers Vaterlands,
Unsers großen Erbes freuen!
Ach der Wehmuth Thräne rann
Oft der Pilger Wange nieder!
Auch der Freude Thräne sey
In dem Blick, der aufwärts schaut!

Sind wir etwa Sünder nur?
Und nicht auch Versöhnte Gottes?
Dürfen wirs nicht wissen, Gott
Geb uns einst des Mittlers Erbe?
Soll die Kleinmuth die entweihn,
Deren Hand einst Palmen trägt?

Deren Haupt die Kron umstrahlt,
Welche nie herunter sinkt?
Wissen, wissen dürfen wirs,
Gott geb uns des Mittlers Erbe!
Dürfen wonnevoll hinauf,
Wo sein Licht uns leuchtet, schaun!

Dort hinauf, wo uns ein Heil,
Das kein Auge sah, erwartet!
Das kein Ohr vernahm, und das
Selber nicht das Herz erreichte!
Ja, wir dürfen dieses Heils
Uns mit Wonn und Jubel freun!

Freun mit lautem Lobgesang,
Daß es Erd' und Himmel hören!
Freun so voll Verwunderung,
Daß der heiße Dank verstummet!
Denn kein Auge sahs! kein Ohr
Hört es! und kein Herz empfands!

Vorbereitung zum Gottesdienste.

Mel. Schmücke dich, o liebe Seele ꝛc.

Zeige dich uns ohne Hülle!
Ström auf uns der Gnade Fülle,
Daß an diesem Gottestage
Unser Herz der Welt entsage!
Daß, o du, der starb, vom Bösen
Uns Gefallne zu erlösen,
Daß die glaubende Gemeine
Mit dem Vater sich vereine!

O daß frey von Erdebürden,
Und der Sünde Lasten würden
Unsre Seelen! unser Wille
Sanft wie diese Sabbatsstille!
Daß in deines Himmels Höhen
Wir von fern den Aufgang sähen
Jenes Lichts, das dann verkläret,
Wenn der Sabbat ewig währet!

Was ich strahlen seh am Throne,
Ist es nicht der Sieger Krone?
Was ich übern Grab einst höre,
Sinds nicht Ueberwinderchöre?

Feyrend tragen sie die Palmen:
Ihr Triumph erschallt von Psalmen!
Herr! du selber wollst mich weihen
Diesem Sabbat deiner Treuen!

Decke meiner Blöße Schande
Mit dem festlichen Gewande
Deiner Unschuld, daß am Tage
Deines Mahls ich froh es wage,
Dort zu wandeln, wo voll Gnaden
Deine Schaar du eingeladen!
Wo nicht mehr die Streiter ringen,
Wo sie Siegeslieder singen!

Loblied.

Das Chor.

Mel. Jesaia dem Propheten rc.

Anbetend stand der Seher Gottes da,
Als er im Geist Jehova sitzen sah
Auf seinem hohen Thron, in seinem Glanz!
Es füllt der Saum des göttlichen Gewands
Das Haus! Es schweben Seraphim von fern
Und beten zu der Herrlichkeit des Herrn!
Erstaunend über Gott, verhüllen sie
Ihr Antlitz mit zween Flügeln; decken sie
Den Fuß mit zween; und mit zween fliegen sie;
Der seyn wird, der er seyn wird, singen sie:
Heilig ist Gott, Jehova Zebaoth!
Heilig ist Gott, Jehova Zebaoth!
Heilig ist Gott, Jehova Zebaoth!
Der Welten Kreis ist seiner Ehren voll!
Von ihrer Anbetung Getön erscholl
Das Haus, und ward von Opferwolken voll!

Die Gemeine.

Heilig ist unser Gott!
Heilig ist unser Gott!
Heilig ist unser Gott!
Jehova Zebaoth!

Das Chor.

Er schwur, der schuf, der die erschaffne Welt,
Allmächtig, weis', und unerforscht erhält,
Der gnadevoll zu seinen Menschen kam,
Des Menschen Leib und Sterblichkeit annahm!
Der sie, die ewig ist, die Seel', entreißt
Der Sünd', und ihrem Tode, Gott, der Geist!
Gott schwur! Die Engel hörtens, als er schwur!
Es hört's um sie die schauernde Natur!
Sie fallen auf ihr Antlitz, beten an,
Mit Wonn, und Dank, und Freudenthränen, an:
Gott ist die Liebe! Wars von Ewigkeit!
Du Liebe! schufst die Welt, das Werk der Zeit!
Die Lieb ist Gott, Jehova Zebaoth!
Gott schwur: So wahr ich leb, ich will den Tod
Des Sünders nicht! Du Staub! bekehre dich;
So lebst du! und dein Gott, dein Gott bin Ich!

Die Gemeine.

Du bist die Liebe, Gott!
Du bist die Liebe, Gott!
Du bist die Liebe, Gott!
Bist unser, unser Gott!

Danklied.

Mel. Eine feste Burg ist unser Gott rc.

Auf ewig ist der Herr mein Theil,
Mein Führer, und mein Tröster!
Mein Gott ist Gott! mein Licht! mein Heil!
Und ich bin sein Erlösster!
Du verwirfst mich nicht
Selbst im Gericht!
Mit jenes Lebens Ruh
Erquickst, beschattest du
Mich schon in diesem Leben!

Fern von der Welt, mit dir allein,
O du der Wesen Wesen!
Wie ist, von aller seiner Pein,
Durch dich, mein Herz genesen!
Der die Welt schuf, der!
Der seyn wird, Er!
Half mir, und war mein Gott!
Allmächtig half mein Gott!
Und gab mir seinen Frieden!

Des Glaubens war ich immer voll:
(Laß stets sein Licht mir scheinen!)
Gerettet aus der Trübsal soll
Der Treue Freude weinen!
Der mich leiden sah,
Halleluja!

Durch den siegt ich! durch den,
Der meiner Seele Flehn,
Selbst mein Verstummen hörte!

Wenn meine ganze Seele fleht,
Erhoben aus dem Staube;
Wenn ich im freudigen Gebet,
Mein Vater, mächtig glaube!
Zu der Sieger Chor,
Zu dir empor!
Steig ich dann! ruh in dir!
Dort bin ich! nicht mehr hier!
Bin schon durch Hoffnung selig!

Allgegenwärtig hast du mich,
Auch mich, den Staub, umgeben!
Du siehst mich! Ich empfinde dich!
Sehn werd ich dich, und leben!
Hier! und dort! und da!
Ist Gott mir nah!
Gedanke meiner Ruh,
Wie reich am Heil bist du!
Wie reich am Troste Gottes!

Ich lebe dir! ich sterbe dir!
Doch nicht durch meine Kräfte.
Bin ich des Herrn; so ists in mir
Sein göttliches Geschäfte!
Ja! ich lebe dir!
Ich sterbe dir!
Ja! Vater! Vater! dein
Will ich auf ewig seyn!
Auf ewig dein, Versöhner!

Danklied.

Mel. Herr Gott, dich loben wir ꝛc.

Der Welten Herrscher! dir,
Dir, Vater! danken wir!
Es schuf der Herr, der Herr erhält,
Der Herr beherrscht auch unsre Welt!
Fluch! oder Segen! strömt ins Land,
Allmächtiger, aus deiner Hand!
Der Reiche Schicksal wägst du ab!
Du warst es stets, der Alles gab,
Gott Schöpfer! unser Gott!
Erhalter! unser Gott!
Herr! Herr! Herr! unser Gott!
Jehova Zebaoth!
Zwar hältst du hier noch nicht Gericht!
Belohnest, Vater, hier noch nicht:
Doch deiner Oberherrschaft Macht,
Die alles Widerstrebens lacht,
Hast du der Erde kund gethan!
Die beten alle Völker an!
Gerechte Herrscher, Gott, giebst du
Dem einen Volk, und Füll, und Ruh!
Tyrannen, Richter, sendest du
Und all ihr Weh dem andern zu!
Du siehst: So ist es gut! und füllst
Dein Maß! und herrschest, wie du willst!

Aufs lieblichste fiel unser Loos!
Wir ruhn in eines Königs Schoos,
Der unser Freund und Vater ist,
Weil du sein Gott und Vater bist!
Ach, laß ihn leben, leben, Gott!
Der Enkel erst seh seinen Tod!
Noch lange sey Gerechtigkeit
Sein Thun! noch lange Menschlichkeit!
Erhalt in deiner Weisheit ihn!
Zu deiner Hülfe laß ihn fliehn,
Wenn er sie fühlt der Herrschaft Last,
Mit der du ihn begnadigt hast!

Einst leucht' er (dort belohnst du ganz,)
In einer bessern Krone Glanz!
Wie schmal, wie steil sein Weg auch sey,
Bleib er dir, Oberherrscher, treu!
Er habe, Gott, er habe Theil
Im Himmel einst am ewgen Heil!

Wir lassen, unser Gott, dich nicht:
Du gebst uns denn die Zuversicht:
Daß unser inniges Gebet
Für ihn, für ihn! umsonst nicht fleht!
Gott segne, Gott behüte dich!
Mit seiner Gnad umstrahl er dich!
Der ewig ist, deß Angesicht
Umleuchte dich mit seinem Licht!
Dir geb er Frieden! Frieden hier!
In jenem Leben Frieden dir!

Gott dem Vater.

Mel. Herr Gott, dich loben wir ꝛc.

Es war noch keine Zeit;
Es war nur Ewigkeit!
Jtzt schufst du, Gott, der Himmel Heer;
Und aller deiner Geister Heer!
Die Himmel sind, wie weit sie sich
Ausbreiten, wie geschmückt durch dich;
Nur Hütten für den bessern Geist,
Der, selig nur, dich kennt, nnd preist:
Erster! Unendlicher!
Weiser! Allmächtiger!
Gnädiger! Heiliger!
Jehova! unser Gott!
Du hast den Erdkreis ausgeschmückt
Mit Schönheit, die die Seel entzückt!
Sie, die viel Himmel überstrahlt,
Die Sonne, die uns Leben strahlt,
Du führest sie zu uns herauf,
Und immer läuft sie ihren Lauf!
Den sanftern Mond hast du gemacht,
Den Führer, und den Schmuck der Nacht!
Wohin wir, unser Schöpfer, gehn,
Wie weit des Müden Augen sehn,
Trieft, o Allmächtiger! dein Fuß,
Von deiner Gnaden Ueberfluß!

Die Quelle rinnt! Es träuft der Thau!
Sie tränket uns; er tränkt die Au!
Der Berg, das Thal, der Wald, das Feld,
Der Erdkreis, den dein Arm erhält,
Ist schön! ist Segen! ist bestreut,
Allmächtiger, mit Fruchtbarkeit!
Wir leben gern! Des Lebens Müh
Du linderst, und versüßest sie!
Den Schweiß auf unserm Angesicht
Bestrahlet deines Segens Licht!
So hast du unsre Welt geschmückt
Mit Schönheit, die die Seel entzückt!

Doch was sie war, das ist sie nicht!
Sie trifft auch deines Fluchs Gericht:
Erdbeben! Donner! Stürme! Meer!
Krieg! ungezählter Seuchen Heer!
Wir sterben! Und du schickst das Schwert,
Den Tod, den Tod, der uns verheert!

Ach, Staub zu werden, sinken wir
Ins Grab, furchtbarer Gott, vor dir!
Ein Lüftchen selbst, (dem winkest du!)
Weht uns dem nahen Grabe zu!
Der Mensch, des Tods gewisser Raub,
Was wär des Elends Knecht, der Staub;
Hätt ihn dein Mittler nicht versöhnt,
Mit dir, Unendlicher, versöhnt!
Gerechtester! was wären wir!
Jehova! Richter! was, vor dir!

Dem Vater und dem Sohne.

Mel. Lobet den Herren rc.

Preis sey dem Vater!
Preis sey dem Sohne!
Und beyder Geiste!
Auf, laßt vor ihm uns knien, und niederfallen,
Knien, und niederfallen!
Laßt freudiger die höhern Lieder schallen,
Ehre dir, Preis dir,
Wesen der Wesen!

Wunderbar bist du!
Seligkeit bist du!
Herr heißt dein Name!
Groß, theuer, schrecklich, herrlich, unvergänglich,
Herrlich, unvergänglich
Ist all dein Thun, Herr, Herr! und überschwenglich
Ueber das alles,
Was wir begreifen!

Denkt dich, o Erster,
Wesen der Wesen,
Dich meine Seele:
Dann wünsch ich in dem freudigen Erschrecken,
Flügel, mich zu decken;
Die Engel thuns im freudigen Erschrecken.

Heilig, ach heilig,
Denn du bist heilig!

Die schon den Herrn sehn,
Ihn, der erwürgt ward
Vom Anbeginne,
Sie werfen, vor dem wundervollen Sohne,
Ihrer Ehren Krone
Anbetend nieder vor des Menschen Sohne.
Heilig, ach heilig,
Denn er ist heilig!

Möchte mein Leben
Jubel und Dank seyn,
Ein Preis, ein Dank seyn!
O möcht' ich, wie ich dürst', ihn preisen können;
Ganz von Liebe brennen!
So meinen Herrn, und meinen Gott ihn nennen,
So wie sein Zeuge,
Der ihn für todt hielt!

Selig sind jene,
Welche nicht schauen,
Allein doch glauben.
Der Zeuge sahe seiner Wunden Maale.
Ach wie dein Entzücken,
Der du sie sahst, so stark sey das Entzücken
Meines Vertrauens
Auf den Erstandnen!

Welches Erstaunen
Wird mich ergreifen,

Wenn meine Blicke
Nun nach dem Tode seine Wunden schauen!
Dann wird mein Vertrauen
Ganz Wonne! was bist du des Todes Grauen
Wenn ich auf einmal,
Frey von dir, Gott seh!

Nur ein verflogner
Nächtlicher Traum war
Des Todes Schrecken.
Der letzte Schweiß des Streiters, den nicht Leiden,
Selbst des Todes Leiden,
Von dir, Vollender seines Glaubens scheiden.
Mittler! dir leb' ich!
Amen, dir sterb' ich!

Darum ich lebe;
Oder ich sterbe:
So bin ich Christi.
Anbetend laßt uns knien, und niederfallen,
Knien, und niederfallen,
Laßt freudiger die Halleluja schallen!
Ehre dir, Dank dir,
Preis dir, Erbarmer!

Dem Dreyeinigen.

Das Chor.

Mel. Liebster Jesu wir sind etc.

Rüste sie mit Kraft vom Herrn!
Lehre sie mit Inbrunst beten!
Zeig den Himmel ihr von fern!
Unaussprechlich lehr sie beten!
Komm, o Geist, komm, und vereine
Dich der glaubenden Gemeine!

Diese Welt und ihre Müh,
Dieses Lebens kurze Leiden,
Sünd' und Tod vergesse sie,
Voll von ihres Gottes Freuden!
Daß sie sich zu ihm erhebe,
Ihn empfind', und in ihm lebe!

Die Gemeine.

Mel. Komm heiliger Geist, Herre Gott.

Wir fühlen dich zwar; aber wir
Erbeben, Ewiger, vor dir,
Wenn wir, dich näher zu erkennen,
Mit frommer Sehnsucht entbrennen.
Wir schaun ins Heiligthum hinein;
Und sehn: Du warst! du bist! wirst seyn!

Der Mensch war nicht! Du sprachst: Er werde!
Da wurden wir; und wurden Erde,
Unendlicher! Unendlicher!

Der Erde gabst du einen Geist!
Er ist es, der dich kennt! dich preist!
Nur selig, wenn von dir entzündet,
Er seinen Schöpfer empfindet!
Schau, Seele, dich mit Ehrfurcht an!
Der dich allein vernichten kann,
Glückselige, schuf dich unsterblich!
Schuf dich, ihn einst zu schaun, unsterblich,
Begnadigte! Begnadigte!

Das Chor.

Mel. Gelobet seyst du Jesu Christ ꝛc.

Preis ihm! Er schuf, und er erhält
Seine wundervolle Welt!
Du sprachst! Da wurden, Herr, auch wir!
Wir leben, und wir sterben dir!
Halleluja!

Die Gemeine.

Eh seines Befehls Allmachtsruf
Die Himmel und die Geister schuf,
Da waren wir schon die Geliebten,
Durch Jesum seinen Geliebten!
Vor unserm Gott ist keine Zeit!
Geopfert ward, von Ewigkeit,

Für uns der Sohn der Eingebohrne!
Und wir, wir waren schon Erkohrne!
Von Ewigkeit! von Ewigkeit!

Itzt wurd er ein Mensch! Süß bist du,
O unsrer Seele wahrste Ruh,
Vor allen göttlicher Gedanken,
In welch' je Geister versanken!
Wir wagen uns nicht in dein Meer,
Und stammeln mit der Himmel Heer:
Unendlichs Heil hat Er erworben!
Am Kreuz, am Kreuz ist Er gestorben!
Halleluja! Halleluja!

Das Chor.

Preis ihm! Er liebt von Ewigkeit!
Wird ein Mensch, stirbt, in der Zeit!
Erlöst, erlöst hast du uns dir!
Dir leben, und dir sterben wir!
Halleluja!

Die Gemeine.

Wir glauben an ihn, durch den Geist,
Des Vaters und des Sohnes Geist!
Kein menschlichs Werk ist unser Glauben!
Du kannst ihn, Tod, uns nicht rauben!
Durch ihn empfing der Märtyrer
Auch Wunder; doch die Lieb ist mehr,
Als selber Wunder sind, die Liebe
Zu unsern Brüdern, und die Liebe
Zum Ewigen! zum Ewigen!

Wir blicken, durch ihn, auf zum Lohn
Bereit für uns an Gottes Thron,
Wenn wir aus ganzer Seele ringen!
Uns ganz dem Eiteln entschwingen!
Zwar sinken wir; doch stehn wir auf,
Und laufen wieder unsern Lauf!
Du lehrst uns, Jesum wieder finden,
Und endlich völlig überwinden!
Geist Schöpfer! Gott! Geist Schöpfer! Gott!

Das Chor.

Preis ihm! Er führt des Himmels Bahn,
Führt den schmalen Weg hinan!
Geheiliget hast du uns dir!
Dir leben, und dir sterben wir!
Halleluja!

Die Gemeine.

O der du uns schufst! opfertest
Für Sünder dich! sie heiligtest!
Hinab in Staub blick auf uns Armen,
Herr! Herr! Herr! Gott! mit Erbarmen!
Hör unser thränenvoll Gebet,
Das dir, um ewigs Leben, fleht!
Du bist! wirst seyn! du bist gewesen!
Unendlicher! der Wesen Wesen!
Dreyeiniger! Dreyeiniger!

Das Chor.

Sing, Psalter! Freudenthränen fließt!
Heilig, heilig, heilig ist
Gott, unser Gott! Jehova, dir,
Dir leben, und dir sterben wir!
Halleluja!

Die Gemeine.

Sing, Psalter! Freudenthränen fließt!
Heilig, heilig, heilig ist
Gott, unser Gott! Jehova, dir,
Dir leben, und dir sterben wir!
Halleluja!

Dem Dreyeinigen.

Mel. Gelobet seyst du Jesu Christ 2c.

Preis ihm! Er schuf, und er erhält
Seine wundervolle Welt!
Du sprachst! da wurden, Herr, auch wir!
Wir leben, und wir sterben dir!
Halleluja!

Preis ihm! Er liebt von Ewigkeit!
Wird ein Mensch, stirbt, in der Zeit!
Erlöst, erlöst hast du uns dir!
Dir leben, und dir sterben wir!
Halleluja!

Preis ihm! Er führt des Himmels Bahn,
Führt den schmalen Weg hinan!
Geheiliget hast du uns dir!
Dir leben, und dir sterben wir!
Halleluja!

Sing, Psalter! Freudenthränen, fließt!
Heilig, heilig, heilig ist
Gott, unser Gott! Jehova, dir,
Dir leben, und dir sterben wir!
Halleluja!

Dem Erlöser.

Mel. Gelobet seyst du Jesu Christ ꝛc.

Mein Fels und meine Zuversicht
Bist du, bist mir göttlichs Licht,
Geheimniß meiner Seligkeit,
Deß sich mein ganzes Herze freut!
Halleluja!

Geheimniß meiner Seligkeit,
Groß schon in der Pilgerzeit!
Viel größer nach vollbrachtem Lauf!
Dann deckst du ganz die Tiefen auf
Deß, der mich liebt!

Halleluja! Halleluja!
Gott mein Gott auf Golgatha!
Ach in des Todes Leide ward
Gott mein Versöhner offenbart!
Halleluja!

Durch Wunder kräftigets der Geist,
Gründets, daß du Christus seyst!
Durch ihn erscholl der Zeugen Haus,
Da goß er neue Wunder aus!
Halleluja!

Versöhner, deine Zeugen sahn
Dich mit Klarheit angethan!
Bezwungen hattest du den Tod!
Sie sahn dich, ihren Herrn und Gott!
Halleluja!

Die Zeugen lehrten ihn mit Muth,
Sieger durch ihr Wort und Blut;
Ob gleich, der uns der Sünd' entriß,
Den todten Sündern Aergerniß
Und Thorheit war!

Selbst diese todte Sünder sehn
Licht vom Himmel, und erstehn!
Allmächtig ist, der ihnen ruft,
Drum gehn sie aus der finstern Gruft!
Halleluja!

Erhöht, nach Schweiß, und Blut, und Streit,
Bist dn zu der Herrlichkeit!
Du herrschest deinem Vater gleich!
Denn alle Himmel sind dein Reich!
Halleluja!

Die Erlösung.

Mel. Alle Menschen müssen sterben rc.

Freu dich, Seele, rühm, und preise!
Christus sey dein Siegsgesang!
Warlich, warlich, eine Speise
Ist sein Fleisch; sein Blut ein Trank!
Jener Leib, der für dein Leben
Ward zum Opfer hingegeben!
Jenes Blut, Halleluja!
Das der Richter fließen sah!

Allerheiligstes des Sohnes,
In dein Licht hin will ich gehn!
Dicht am Glanz des Gnadenthrones
Will ich ewigs Leben flehn!
Ich will essen, ich will trinken,
Ganz in jener Ruh versinken,
Die des Himmels Erbe ruht,
Giebst du ihm dein Fleisch und Blut.

Das vor uns kein Vorhang decket,
Allerheiligstes des Sohns!
Klarheit Christi, die nicht schrecket,
Sanfter Glanz des Gnadenthrons,
Ja, dir nah ich, dank und preise!
Warlich, meiner Seele Speise
Ist sein Fleisch! sein Blut ihr Trank!
Ist sein Fleisch! sein Blut ihr Trank!

Ich will euch in Felsen graben,
Worte meiner Zuversicht.
Meine Seele sollt ihr laben,
Wenn mein Herz im Tode bricht!
Knien will ich, und niederfallen,
Euch mit froher Demuth lallen:
Aber, in der Sieger Chor,
Jauchz' ich euch zu Gott empor!

Gott, Jehova, er, der lebet,
Der von Ewigkeiten war,
Ists, durch den der Mittler lebet,
Der von Ewigkeiten war!
Gott sehn wir in ihm ohn' Hülle:
Denn es wohnt des Vaters Fülle
In dem, der geboren ist,
In dem Menschen Jesus Christ!

Immer wunderbar im Geben,
Giebst du, Herr der Herrlichkeit,
Mir, dem Todeserben, Leben,
Leben deiner Ewigkeit!
Mich, der ich verwesen werde,
Mich erweckst du aus der Erde,
Daß ich ewig leb', und frey
Von dem andern Tode sey!

Nicht nur daß ich ewig lebe;
Sondern auch, mit dir vereint,
Herr, zu dir mich ganz erhebe,
Ganz mit dir, der lebt, vereint,

Dank', erlöste Seel', und preise;
Warlich, Christus ist dir Speise.
Sein genieß ich, voll Vertraun,
Daß ich ihn werd' ewig schaun!

O Vereinung mit dem Sohne,
Theil mit ihm am Erb' im Licht!
Dann sitz ich auf Christi Throne:
Aber Christus hält Gericht!
Hoch in Wolken wird er kommen;
Und dann richten seine Frommen
Mit ihm, wer durch Missethat
Sich zuerst gerichtet hat.

Preis dem Heiliger der Sünder!
Sing dem Herrn, erlöste Schaar!
Macht ist er, und Ueberwinder:
Rath ist er, und wunderbar!
Hosianna! er ist Leben:
Das will er mir ewig geben.
Preis ihm! Er wird seyn, und war.
Rath ist er, und wunderbar!

Das Abendmahl.

Das ist mein Leib, so sagtest du,
Der für die Sünder starb!
Deine Bekenner nahmen das Brot,
Und standen betend.

Das ist mein Blut, so sagtest du,
Der für die Sünder starb!
Deine Bekenner tranken den Kelch.
Du gingst zum Tode!

Mit Freud und Zittern nah ich mich
Des neuen Bundes Mahl;
Rüst, o Allgegenwärtiger, mich,
Dich zu bekennen!

Wär noch der Christen erste Zeit;
So müßt' ich heut vielleicht
Von dem Altar ins Blutgericht gehn
Dich zu bekennen!

Und ach wohin, wohin kehr ich
Vielleicht von dir zurück?
Nimm es, o Mittler, ewig von mir,
Was dich entheiligt!

Beym Abendmahle.

Das Chor.

Mel. Wachet auf, ruft uns die Stimme ꝛc.

Herr, du wollst sie vollbereiten
Zu deines Mahles Seligkeiten!
Sey mitten unter ihnen, Gott!
Leben, Leben zu empfahen!
Laß sie, o Sohn, sich würdig nahen,
Durch dich vergessen Sünd und Tod!
Denn sie sind sünderein!
Sind, Mittler Gottes, dein!
Sind unsterblich!
Laß, laß sie sehn,
In deinen Höhn,
Von fern der Ueberwinder Lohn!

Die Gemeine.

Mel. Jesus meine Zuversicht ꝛc.

Die ihr seine Laufbahn lauft,
Theure, miterlöste Brüder,
All auf Christi Tod getauft!
Alle seines Leibes Glieder!
Kommt, Versöhnte, kommt, erneut
Euren Bund der Seligkeit!

Nehmet hin, und eßt sein Brot!
Jesus Christus ward gegeben
Für die Sünder in den Tod!
Nehmt, und trinkt! Ihr trinkt sein Leben!
Hingegeben in den Tod!
Ward er! in der Sünder Tod!

Die mit voller Zuversicht
Deines Heils, o Sohn, sich freuen,
Laß sie stets in diesem Licht
Wandeln! ewig dir sich weihen!
Laß ihr Herz von Stolze rein,
Voll von deiner Demuth seyn!

Ach, die oft in Traurigkeit
Ueber ihren Seelen wachen,
Hilf, du Herr der Herrlichkeit!
Herr, sie glauben! hilf den Schwachen!
Die gebeugt von ferne stehn,
Können unerhört nicht flehn!

Nehmet hin, und eßt sein Brot!
Jesus Christus ward gegeben
Für die Sünder in den Tod!
Nehmt, und trinkt! Ihr trinkt sein Leben!
Hingegeben in den Tod
Ward er! in der Sünder Tod!

Hoherpriester! Jesu Christ!
Du bist einmal eingegangen
In das Heiligthum! Du bist
An das Kreuz ein Fluch gehangen!

Also bist du, durch den Tod,
Eingegangen, Sohn, zu Gott!

Hoherpriester! ja du bist
Bist für sie auch eingegangen!
Sprich sie los, Gott, Jesu Christ,
Wenn sie nun dein Mahl empfangen!
Laß sie fühlen: Ins Gericht
Kommen sie nun, Mittler, nicht!

Augenblick voll heilgen Grauns!
Voller Wonn' und süßen Bebens!
Theures Pfand des künftgen Schauns!
Ueberzeugung jenes Lebens!
Schütte deine Gnad auf sie!
Alle deine Gnad auf sie!

Nehmet hin, und eßt sein Brot,
Jesus Christus ward gegeben
Für die Sünder in den Tod!
Nehmt, und trinkt! Ihr trinkt sein Leben!
Hingegeben in den Tod
Ward er! in der Sünder Tod!

Das Chor.

Nehmt, und eßt zum ewgen Leben!
Nehmt hin, und trinkt zum ewgen Leben!
Der Friede Christi sey mit euch!
Nehmt, und eßt zum ewgen Leben!
Nehmt hin, und trinkt zum ewgen Leben!
Ererbt, ererbt des Mittlers Reich!

Wacht! eure Seele sey
Bis in den Tod getreu!
Amen! Amen!
Der Weg ist schmal!
Klein ist die Zahl
Der Sieger, die der Richter krönt!

Die Gemeine.

Jesu Christi Mittlertod
Werd in aller Welt verkündigt!
Jesu Christi Mittlertod,
Der vorm Richter uns entsündigt!
Jesus Christ mit Preis gekrönt,
Hat uns Staub mit Gott versöhnt!

In das Chor der Himmel schwinge,
Herr, sich unser stammelnd Lallen!
Wenn, von Seraphim umringt,
Unsre Todten niederfallen!
Singet ihr Halleluja,
Mittler, deinen Golgatha!

Ausgeschüttet warest du,
Warst, wie Wasser, hingegossen!
Suchtest, fandest keine Ruh!
Deines Todes Wunden flossen,
Strömten über, ach vom Blut
Deines großen Opfers Blut!

Nehmet hin, und eßt sein Brot!
Jesus Christus ward gegeben

Für die Sünder in den Tod!
Nehmt, und trinkt! Ihr trinkt sein Leben!
Hingegeben in den Tod
Ward er! in der Sünder Tod!

Deiner Zunge Durst war heiß;
Heißer noch der Durst der Seele!
Müd', in deines Todes Schweiß
Hing dein Leib; und deine Seele
Lechzte schmachtender zum Herrn!
Aber Er, dein Gott, war fern!

Du geheimnißvolle Nacht,
Voll vom ewigen Verderben!
Tod! den keiner je gedacht!
Den die Sterblichen nicht sterben!
Tod! mit Schrecken rings umhüllt,
Gottes Zorn hast du gestillt!

Jesus rief: Mein Gott! mein Gott!
Warum hast du mich verlassen?
Neigte drauf sein Haupt; und Gott
Hatt' ihn nun nicht mehr verlassen!
Itzo wars vollbracht! Itzt war
Gott im Fleisch ganz offenbar!

Nehmet hin, und eßt sein Brot!
Jesus Christus ward gegeben
Für die Sünder in den Tod!
Nehmt, und trinkt! Ihr trinkt sein Leben!
Hingegeben in den Tod!
Ward er! in der Sünder Tod!

Das Chor.

Nehmt, und eßt zum ewgen Leben!
Nehmt hin, und trinkt zum ewgen Leben!
Der Friede Christi sey mit euch!
Nehmt, und eßt zum ewgen Leben!
Nehmt hin, und trinkt zum ewgen Leben!
Ererbt, ererbt des Mittlers Reich!
Wacht! eure Seele sey
Bis in den Tod getreu!
Amen! Amen!
Der Weg ist schmal!
Klein ist die Zahl
Der Sieger, die der Richter krönt!

Die Gemeine.

Die dein Kreuz, in jenen Tagen
Der Märtyrer, dir nachgetragen,
Verließen oft des Bundes Mahl,
Um vorm Blutgericht zu stehen!
Mit dir bis in den Tod zu gehen,
Voll Freud in vieler Tode Qual!
Sey, Herr, den Deinen Licht
Und Kraft, damit sie nicht
Deines Mahles
Hochheiligs Pfand
Entweihn! gewandt
Von dir, umkehren in die Welt!

Nach dem Abendmahle.

Mel. Schmücke dich, o liebe Seele rc.

Frohe, sanfterquickte Seele,
Ach, du kamst, erlöste Seele,
Kamst, Vergebung zu empfangen:
Denn dein Licht war aufgegangen!
Denn der Herr voll Heil und Gnaden
Hatte, Seele, dich geladen,
Daß du deinen Bund erneutest,
Und dich seines Todes freutest!

Wie die Gottverlobten pflegen,
Eiltest du dem Herrn entgegen!
Denn der Schuld dich zu entladen,
Gab er seines Mahles Gnaden!
Ach es war des Mittlers Wille,
Daß du nähmst aus seiner Fülle!
Dich der Sünde zu entladen
Gab er seines Mahles Gnaden!

Gottmensch! und ich durfte nahen
Leben, Leben zu empfahen!
Ach wie pflegt' ich oft mit Thränen
Mich nach deinem Mahl zu sehnen!
Ach, wie hat mich oft gedürstet,
Gott, nach dir, mein Gott gedürstet!

Heute ließest du mich nahen,
Leben, Leben zu empfahen!

Du dem unsrer Todten Schaaren,
Die, wie wir, auch Sünder waren,
Dank, und Preis, und Jubel singen,
Daß sie hier dein Mahl empfingen!
Sohn des Vaters, Licht vom Lichte,
Lamm, dem tödtenden Gerichte
Hingegeben! Heil der Sünder,
Retter, Todesüberwinder!

König! Hoherpriester! Lehrer!
Du mein göttlicher Bekehrer!
Du für meine Schuld Verbürgter!
Gottgeopferter! Erwürgter!
Ach! ich fiel zu deinen Füßen,
Und du ließest mich genießen,
Mittler! deiner Himmelsspeise,
Mir zum Heil, und dir zum Preise,

Zum Gedächtniß deiner Leiden,
Und zum Vorschmack jener Freuden,
Die du, Gottmensch, mir erstrittest,
Als du unaussprechlich littest!
Als dich Todesschweiße deckten,
Dich die Schrecken Gottes schreckten!
Als du blutetest, verlassen,
Ach, von Gott, von Gott verlassen!

Deines Heils will ich mich freuen!
Dir will ich mich ewig weihen!

Eng ist deines Lebens Pforte!
Noch schau ich im dunkeln Worte!
Einst werd ich dich ganz erkennen,
Ganz in deiner Liebe brennen!
Laß sie mich auch hier empfinden!
Hilf mir, hilf mir, überwinden!

Die Auferstehung Jesu.

Mel. Sollt ich meinem Gott nicht singen 2c.

Preis dem Todesüberwinder!
Sieh, er starb auf Golgatha!
Preis dem Heiliger der Sünder!
Preis ihm, und Halleluja!
Sieh, er starb auf Golgatha!
Singt, des neuen Bundes Kinder,
Aus dem Grab eilt er empor!
Singet ihm in höherm Chor!

Laßt des Bundes Harfe klingen,
Daß die Seele freudig bebt!
Laßt uns, laßt uns mächtig singen
Dem, der starb! und ewig lebt!
Daß das Herz vor Wonne bebt!
Preis und Ehre laßt uns bringen,
Dem, der starb! und ewig lebt!
Dem, der starb! und ewig lebt!

Du, der uns nun nicht verdammet,
Wie erhebt dein Lob den Geist!
Durch die Ewigkeit entflammet,
Rühmt er! dankt er! jauchzt! entreißt
Dieser Welt sich! Denn er preißt
Dich, der ihn nun nicht verdammet,
Weil du starbst! und auferstandst!
Gottmensch, weil du überwandst!

Da, in Morgendämmerungen
Noch gehüllt, die Erde schwieg,
Da, zu tiefern Anbetungen,
Gottes Engel niederstieg,
Aber jetzt noch bebend schwieg,
Da erstandest du! Schnell sungen
Aller Himmel Chöre dir,
Todesüberwinder, dir!

Bey den Todten ihn zu finden,
Ging sie hin, wo Christus schlief.
Ach, was mußte sie empfinden,
Als er sanft: Maria! rief!
Und als sie: Rabbuni! rief!
Herr! einst werd auch ich dich finden,
Wo dein Gott ist, und mein Gott:
Ruft mich nun zu dir der Tod!

Wenn ich aus dem Grabe gehe;
Wenn mein Staub Verklärung ist;
Wenn ich, Herr, dein Antlitz sehe,
Dich, mein Mittler, Jesus Christ,
Dich, Verklärter, wie du bist!
O dann, wenn ich auferstehe:
Hab ich, du der Sünder Heil!
Ganz an deinem Leben Theil!

Jetzt da ich an dich nur glaube,
Seh ich dunkel nur und fern,
Ich der Wanderer im Staube,
Dich, die Herrlichkeit des Herrn!

Dich, die Herrlichkeit des Herrn!
Dennoch, wenn ich innig glaube,
Wenn ich dürste; strömt mir Ruh
Deines Tods und Lebens zu!

Gerne will ich hier noch wallen,
Herr, so lange du es willst!
Knieen will ich, niederfallen,
Flehn, daß du dich mir enthüllst!
Und mein Herz mit Kraft erfüllst,
Dein hochheilig Lob zu lallen!
Selig war stets, wen dein Lob,
Ewiger! zu dir erhob!

Da hinauf die Engel wallten;
In den mächtigern Gesang
Lauter ihre Harfen schallten;
Da ihr Lob zum Throne drang,
Daß davon der Thron erklang,
Daß die Himmel wiederhallten:
Da, da hattest du's vollbracht!
Da warst du vom Tod' erwacht!

Singt dem Herrn, singt ihm nun Psalmen!
Jesus Christus hat gesiegt!
Streut dem Ueberwinder Palmen,
Die ihr bang und weinend schwiegt,
Als er starb! Er hat gesiegt!
Zu der Himmel höhern Psalmen,
Zu der Ueberwinder Chor,
Steig, o Lied des Lamms, empor!

Ueberwunden, überwunden
Hat der Herr der Herrlichkeit!
Sieh, er schlummerte nur Stunden
In des Grabes Dunkelheit,
Und da überwand er weit!
Und da glänzten seine Wunden!
Bluteten, Halleluja!
Nun nicht mehr auf Golgatha!

Hügel um den Todten Gottes!
Warum zittert ihr, zu fliehn?
Felsen um den Todten Gottes!
Warum bebet ihr um ihn?
Warum stürzt ihr donnernd hin?
Hüter um den Todten Gottes.
Warum sankt ihr, als ihr floht,
Warum sankt ihr hin, wie todt?

Diesen deinen ersten Zeugen
Folgten andre Zeugen nach!
Konnten deine Boten schweigen,
Da der Feinde Fluch und Schmach,
Da der Felsen Donner sprach?
Nichts vermochte sie zu beugen,
Nichts der Boten Heldenmuth!
Starben sie; so sprach ihr Blut!

Loblied eines Sterbenden.

Das aber auch von denen, die den Tod noch nicht erwarten, als eine Vorbereitung zu demselben gesungen werden kann.

Mel. Wachet auf! ruft uns ꝛc.

Gottes Tag! du bist gekommen,
An dem ich, dieser Welt entnommen,
Zu dir, der Wesen Wesen, geh!
Dank! und Lob! und Preis! und Ehre!
Nun sing ichs bald in jene Chöre
Der Sieger, Gott, in deiner Höh!
Denn, Herr! du gehest nicht
Mit mir in dein Gericht!
Vater! Vater!
Du gehest nicht
In dein Gericht
Mit dem, den Christi Tod versöhnt!

Ach, ich freue mich mit Beben!
Nach deinem, deinem ewgen Leben,
Versöhner Gottes, dürstet mich!
Schaue, wie ich innig flehe!
Wenn ich nicht höre mehr, nicht sehe;
Erbarm, erbarme meiner dich!
Wenn ich kaum athmen kann,
Nun nicht mehr stammeln kann,

Jesus Christus!
Laß dann mich dein
Auf ewig seyn,
Du Liebe! du Barmherzigkeit!

Du erhörst mich! Gnade! Gnade!
Ach Gnad' ergehet Gnade! Gnade!
O du der Liebe Gott, für Recht!
Eli lama asaphtani?
Riefst du am Kreuze bleich nnd blutig,
Riefst du fürs menschliche Geschlecht!
O Wonn! o heiligs Graun!
Ich Endlicher soll schaun,
Der, verlassen
Für uns von Gott,
Den Mittlertod,
Ein Fluch gemacht, am Kreuze starb!

Unsern Fluch hast du getragen!
Als wir in unserm Blute lagen,
Erbarmtest du dich unser schon!
Ach! du bliebst vor mir auch stehen!
Du konntest nicht vorüber gehen,
Und segnetest mich, Gottes Sohn!
In meinem Blut lag ich
Vor dir; da riefst du mich
In dein Leben!
Bald leb ichs ganz
In deinem Glanz!
Es stirbt wer an dich glaubte, nicht!

Er verändert nur das Leben
Der Sünde, mit dem ewgen Leben!
Er forschte, glaubte, fiel, stand auf!
Nun ist er der Sünd entnommen!
Ist ganz zu seinem Gott gekommen,
Ein Sieger nach vollbrachtem Lauf!
Ach laß, Vollender, dein
Mich bald auf ewig seyn!
Gott! mich dürstet
Nach deiner Ruh!
Ström sie mir zu!
Mich dürstet, Gott! mein Gott! nach dir!

Nun so lang ich hier noch weile,
Beschatte mich mit deinem Heile,
Du, der allgegenwärtig ist!
Gott! du bist mir, Gott! so nahe,
Wie du es dem, der stets dich sahe,
Dem ungefallnen Engel bist!
Nur daß ich noch dein Licht,
Dein göttlichs Angesicht,
Noch nicht sehe!
Halleluja!
Du bist mir nah,
Bist rings, Unendlicher! um mich!

Heilig! heilig! heilig! singen
Die hohen Engel. Wenn sie singen,
Strömt Seligkeit den Engeln zu!
Heilig! heilig! heilig! singen
Die Todten Gottes. Wenn sie singen
Entzückt sie Jesu Christi Ruh!

Freu, meine Seele, dich!
Nun singe bald auch ich!
Heilig! heilig!
Und schau im Licht
Deß Angesicht,
Der mich zum ewgen Leben schuf!

Einsegnung eines Sterbenden.

Mel. Wachet auf, ruft uns die Stimme ꝛc.

Halleluja! Amen! Amen!
Entschlaf in jenem großen Namen,
Vor dem sich Erd' und Himmel beugt!
Sieh, an deiner Laufbahn Ende
Bist du! er nimmt in seine Hände
Die Seel' auf, die der Erd entfleugt.
Hör, o erlöster Geist,
Der bald am Thron ihn preißt:
Jesus Christus
Hat dich versöhnt!
Von ihm gekrönt,
Empfähst du nun der Erben Lohn!

Ob dich deine Sünd auch schreckte,
Vor dir des Sohnes Wunden deckte;
Was dich verdammt, ist nur dein Herz!

Bald wird sie nicht mehr dich schrecken,
Nicht mehr des Sohnes Wunden decken;
Er ist viel größer, als dein Herz!
Ach mehr, als du verstehst,
Und weinend von ihm flehst,
Wird er geben!
Er hats vollbracht!
Die dunkle Nacht
Des Todes, und der Sünd' ist hin!

Welcher Glanz wird dich umfangen,
Ist dir der Tag nun aufgegangen
Des Lebens, nach des Todes Nacht!
Sey gesegnet! Amen! Amen!
Entschlaf in Jesu Christi Namen!
Als er auch starb, hat ers vollbracht!
Nicht du; der Herr allein
Macht dich von Sünden rein!
Und du sündigst
Nun bald nicht mehr!
Der Brüder Heer
Der himmlischen nimmt nun dich auf!

Noch ein Segen soll dich letzen:
Daß du verwesest! dieß Entsetzen
Verfinstre deine Seele nicht!
Zwar wir wandeln hin, und säen
Dich irrdisch aus; doch auferstehen
Sollst du mit jenes Tages Licht!
Geh ein zu deiner Ruh;
Der Herr schleußt nach dir zu.

Auferstehen!
Nach kurzer Ruh,
Du Todter du,
Wirst du zum Leben auferstehn!

Schaue: Wer aus Judas Lande,
Wer ist es, der im Blutgewande
Von Salems Hügeln niedersteigt?
Ich, ich bins, der Gottheit Lehrer,
Der Sünden Helfer, und Bekehrer,
Vor dessen Macht der Tod entweicht!
Herr der Gerechtigkeit,
Warum ist denn dein Kleid
So besprenget?
Bedeckt mit Schweiß
Bist du, und heiß
Von Müh, wie Keltertreter sind!

Soll sich mein Gewand nicht röthen?
Hab ich ihn nicht allein getreten,
Den Kelter? Keiner war mit mir!
Siehe, der von Blute rothe,
Der heilige, der große Todte!
Kein Mensch, kein Engel war mit dir!
Sie tragen ihn ins Grab,
Von Golgatha herab,
Gottes Opfer!
Vom Tode bleich
Geht er ins Reich
Der Herrlichkeit und fährt hinauf.

Er, er ist für dich verbürget,
Vom Anbeginn der Welt erwürget,
Ein Helfer durch Gerechtigkeit!
Sollten ihn nicht Wunden röthen?
Den Kämpfenden der Tod nicht tödten?
Denn er, er war allein im Streit!
Dich scheidet nichts von Gott,
Nicht Leben, und nicht Tod!
Nichts, was jetzo
Und künftig ist;
Da Jesus Christ
Dich auch, dich auch erlöset hat!

Vorbereitung zum Tode.

Dieß Lied kann auch bey Begräbnissen gesungen werden.

Das Chor.

Mel. Wachet auf, ruft uns die ꝛc.

Selig sind des Himmels Erben,
Die Todten, die im Herren sterben,
Zur Auferstehung eingeweiht!
Nach den letzten Augenblicken
Des Todesschlummers, folgt Entzücken,
Folgt Wonne der Unsterblichkeit!
In Frieden ruhen sie,
Loß von der Erde Müh!
Hosianna!
Vor Gottes Thron,
Zu seinem Sohn,
Begleiten ihre Werke sie!

Die Gemeine.

Mel. Jesus meine Zuversicht ꝛc.

Staub bey Staube, ruht ihr * nun
In dem friedevollen Grabe!

* ruht ihr) ruhst du, u. s. w. wenn es, als ein Begräbnißlied gesungen wird.

Möchten wir, wie ihr, auch ruhn
In dem friedevollen Grabe!
Ach! der Welt entrannt ihr schon,
Kamt zu eures Schweißes Lohn!

Jesus wills! wir leben noch,
Leben noch in Pilgerhütten!
Alle trugen einst dieß Joch,
Alle, die die Kron' erstritten!
Endlich, endlich kommt der Tod,
Führte sie; führt uns zu Gott!

Jesus lebte selber hier,
Lebte selbst in Pilgerhütten!
Ach! vielmehr, vielmehr als wir,
Hat der Göttliche gelitten!
Standhaft laß im Kampf uns stehn,
Stets auf dich, Vollender, sehn!

Was ist dieses Lebens Zeit,
Diese schwüle Mittagsstunde,
Gegen die Unsterblichkeit?
Aber, an der kurzen Stunde,
Hängt, du unerforschter Gott!
Gleichwohl, Leben, oder Tod!

O du unsre Zuversicht,
Unser Theil ist einst das Leben!
Wenn auch unser Auge bricht,
Wirst du, Mittler, uns es geben!

Gottes und des Menschen Sohn,
Deinen Frieden gabst du schon!

Daß wir dein sind, nicht der Welt,
Daß du uns wirst auferwecken!
Diese Kraft der bessern Welt
Laß in unserm Tod uns schmecken!
Gieb uns mehr noch, als wir flehn!
Mehr noch, als wir itzt verstehn!

Wenn wir einst, wie sie zu ruhn,
Zu den Todten Gottes gehen;
Wollst du überschwenglich thun,
Ueber alles, was wir flehen!
Denn was hattst du nicht vollbracht,
Als du riefst: Es ist vollbracht!

Das Chor.

Dank, Anbetung, Preis, und Ehre,
Macht, Weisheit, ewig, ewig Ehre
Sey dir, Versöhner, Jesu Christ!
Ihr der Ueberwinder Chöre,
Bringt Dank, Anbetung, Preis, und Ehre
Dem Lamme, das geopfert ist!
Er sank, wie wir, ins Grab!
Wischt unsre Thränen ab,
Alle Thränen!
Er hats vollbracht!
Nicht Tag, nicht Nacht,
Wird an des Lammes Throne seyn!

Die Gemeine.

Nicht der Mond, nicht mehr die Sonne
Scheint uns alsdann! Er ist uns Sonne
Der Sohn' die Herrlichkeit des Herrn!
Heil! nach dem wir weinend rangen,
Nun bist du, Heil! uns aufgegangen,
Nicht mehr im Dunkeln, nicht von fern!
Nun weinen wir nicht mehr!
Das Alt' ist nun nicht mehr!
Halleluja!
Er sank hinab,
Wie wir, ins Grab!
Er ging zu Gott! wir folgen ihm!

Der Tod.

Mel. Wie schön leucht uns der Morgenstern 2c.

Wie wird mir dann, o dann, mir seyn,
Wenn ich, mich ganz des Herrn zu freun!
In ihm entschlafen werde!
Von keiner Sünde mehr entweiht!
Entladen von der Sterblichkeit!
Nicht mehr der Mensch von Erde!
Freu dich,
Seele!
Stärke, tröste
Dich, Erlöste,
Mit dem Leben,
Das dir dann dein Gott wird geben!

Ich freue mich; und bebe doch!
So drückt mich meines Elends Joch,
Der Fluch der Sünde, nieder!
Der Herr erleichtert mir mein Joch!
Es stärkt, durch ihn, mein Herz sich doch,
Glaubt, und erhebt sich wieder!
Jesus!
Christus!
Laß mich streben,
Dir zu leben!
Dir zu sterben!
Deines Vaters Reich zu erben!

Verachte denn des Todes Graun,
Mein Geist! Er ist ein Weg zum Schaun
Der Weg im finstern Thale!
Er sey dir nicht mehr fürchterlich!
Ins Allerheiligste führt dich
Der Weg im finstern Thale!
Gottes
Ruh ist
Unvergänglich!
Ueberschwenglich!
Die Erlösten
Wird sie unaussprechlich trösten!

Herr, Herr! ich weiß die Stunde nicht,
Die mich, wenn nun mein Auge bricht,
Zu deinen Todten sammelt.
Vielleicht umgiebt mich ihre Nacht,
Eh ich dieß Flehen noch vollbracht,
Mein Lob dir ausgestammelt!
Vater!
Vater!
Ich befehle
Meine Seele
Deinen Händen,
Itzo, Vater, deinen Händen!

Vielleicht sind meiner Tage viel;
Ich bin vielleicht noch fern vom Ziel,
An dem die Krone schimmert!
Bin ich von meinem Ziel noch weit;
Die Hütte meiner Sterblichkeit
Wird sie erst spät zertrümmert:

Laß mich,
Vater!
Gute Thaten,
Gute Thaten
Mich begleiten
Vor den Thron der Ewigkeiten!

Wie wird mir dann, ach dann, mir seyn,
Wenn ich, mich ganz des Herrn zu freun,
Ihn dort anbeten werde!
Von keiner Sünde mehr entweiht!
Ein Mitgenoß der Ewigkeit!
Nicht mehr der Mensch von Erde!
Heilig!
Heilig!
Heilig! singen
Wir dir! bringen
Preis und Ehre!
Dir, der war, und seyn wird, Ehre!

Die Hoffnung der Auferstehung.

Mel. Ein Kindelein so löbelich :c.

Einst reift die Saat: mein Staub ersteht
Zu Jesu Christi Leben.
O die ihr meinen Glauben schmäht,
Wie werdet ihr dann beben!
Im Wetter des Gerichts gesät
Ward, wer alsdann zum Tod ersteht.
Fallt über ihn, ihr Berge!
Hosianna, Jesus Christ,
Der für mich gestorben ist,
Ist auch für mich erstanden!

Ich sinke zu verwesen ein,
Und werde wieder Erde;
Doch werd ich nicht auf ewig seyn
Was ich im Grabe werde.
Im Schooße Gottes ruht mein Geist
Von diesem Leben aus, und fleußt
Von Wonn' anbetend über.
Ach, mein Auge sahe nie,
Meinem Ohr ertönte nie
Solch Heil in diesem Leben!

Das kam in keines Menschen Herz,
Was denen Gott bereitet,
Den Pilgern, die oft trüber Schmerz

Zum ewgen Leben leitet.
Wir schauen in das tiefe Meer,
Erforschens nicht: Denn Gott ist der,
Der unser sich erbarmet.
Mehr, viel mehr, als wir verstehn,
Mehr, als unsre Thränen flehn,
Giebt uns, der ewig liebte!

Sey, Seele, stark, und fürchte nicht
Durchs finstre Thal zu wallen.
Nah an des Thales Nacht ist Licht,
Der Engel Jubel schallen
Ins letzte Seufzen der Natur!
Der, bey sich selbst, dir Gnade schwur,
Sein Haupt am Kreutze neigte:
Er erfüllt des Bundes Eid;
Er ist ganz Barmherzigkeit;
Dank sey ihm, Preis und Ehre!

Anbetung ihm! Des Bundes Eid
Erfüllt er, der sein Leben
Mit herzlicher Barmherzigkeit
Hin in den Tod gegeben:
In jenen Tod auf Golgatha!
Dein Vater, der dich bluten sah,
Ward da, ward mir versöhnet!
Sohn! erwürgt bist du für mich,
Eh die Welt war. Dein bin ich
Eh ward, was ist, und ewig!

Die geistliche Auferstehung.

Das Chor.

Mel. Wachet auf, ruft uns die Stimme ꝛc.

Wachet auf! ruft euch die Stimme
Des Sohns des Gottversöhners Stimme,
Wacht, Seelen, wacht vom Schlummer auf!
Todt seyd ihr, todt durch Verbrechen!
Hört endlich meine Donner sprechen,
Und kommt aus eurem Grab herauf!
Belastet vom Gericht,
Lagt ihr, vernahmt mich nicht,
Todte Seelen!
Erwacht! erwacht!
Des Todes Nacht
Des ewigen, ergreift euch sonst!

Die Gemeine.

Ach! wir hören deine Stimme,
Allmächtiger! der Liebe Stimme,
Die uns ins neue Leben ruft!
Angstvoll liegen wir, und schauen
Auf unsern Tod zurück mit Grauen!
Entreiß uns, Herr, ganz unsrer Gruft!
Schau her noch beben wir,
Noch zagen wir vor dir,

Gott der Liebe!
Du starbst! Dein Blut
Entflamm die Glut
Den Geist der Freudigkeit in uns!

Herr! du hörest unser Flehen!
Du läßt uns deinen Himmel sehen
Von fern den Lohn der Ewigkeit!
Herr! wir leben ganz dein Leben!
Denn du bist Gott ders uns gegeben!
Du bist des Vaters Herrlichkeit!
Der Sterne feyrend Chor
Rief er aus Nichts hervor!
Hosianna!
Auch Seelen schuf
Sein Allmachtsruf!
Er schuf sie; und er schafft sie um!

Hosianna Gottes Sohne!
Ihm, der auf seiner Himmel Throne
Jehova zu der Rechte sitzt!
Der auf Fromme, mit Erbarmen,
Herunterschaut! der, ohn Erbarmen,
Gericht! Gericht! auf Sünder blitzt!
Laß unsre Herzen rein,
Ach! laß uns standhaft seyn!
Wir sind Erde!
Daß nicht, auch wir,
Vergehn vor dir,
Wenn du zum Weltgerichte kömmst!

Die Auferstehung.

Mel. Jesus Christus unser Heiland, der den Tod überwand.

Auferstehn, ja auferstehn wirst du,
Mein Staub, nach kurzer Ruh!
Unsterblichs Leben
Wird, der dich schuf, dir geben!
Halleluja!

Wieder aufzublühn werd ich gesät!
Der Herr der Erndte geht,
Und sammelt Garben
Uns ein, uns ein, die starben!
Halleluja!

Tag des Danks! der Freudenthränen Tag!
Du meines Gottes Tag!
Wenn ich im Grabe
Genug geschlummert habe,
Erweckst du mich!

Wie den Träumenden wirds dann uns seyn!
Mit Jesu gehn wir ein
Zu seinen Freuden!
Der müden Pilger Leiden
Sind dann nicht mehr!

Ach ins Allerheiligste führt mich
Mein Mittler dann; lebt' ich
Im Heiligthume,
Zu seines Nahmens Ruhme!
Halleluja!

Veränderte Lieder.

Mel. Herr Gott, dich loben wir rc.

Herr Gott, dich loben wir!
Herr Gott, wir danken dir!
Jehova ist von Ewigkeit!
Er schuf die Welt, das Werk der Zeit!
Die ganze weite Schöpfung preist,
Gott Vater! dich, dich, Sohn! dich, Geist!
Die Cherubim die Seraphim
Die Himmel alle singen ihm:
Heilig ist unser Gott!
Heilig ist unser Gott!
Heilig ist unser Gott!
Jehova Zebaoth!
Weit über alle Himmel weit
Geht deine Macht und Herrlichkeit!
Sie, die den Erdk.eis wunderbar
Bekehrten, deiner Boten Schaar,
Des Mittlertodes Märtyrer
Sie preisen ewig dich, o Herr!

Am Grabe noch, noch in der Zeit,
Preist dich auch deine Christenheit!
Dich, Vater auf der Himmel Thron!
Dich, Jesu Christ, des Vaters Sohn!
Und dich, o Geist, deß Wunderkraft
In Sündern neues Leben schafft!

Du Hoherpriester! du Prophet!
Du König, deß Reich nie vergeht!
Du hast dich, Gott! uns Gott zu weihn,
Erniedriget, ein Mensch zu seyn!
Dem Tode nahmst du seine Macht!
Zum Himmel hast du uns gebracht!
Zur Rechte Gottes sitzest du!
Mit deinem Vater herrschest du!
O der für uns geblutet hat,
Erwürgt für unsre Missethat,
Im Grabe lässest du uns nicht!
Du kommst, du kommst, und hältst Gericht!

Einst sey im Himmel unser Theil
Dein großer Lohn dein ewigs Heil!
Hilf deinem Volke, Jesu Christ,
Und segne, was dein Erbtheil ist!
Leit uns, durch unsrer Prüfung Zeit,
Den Weg zu deiner Ewigkeit!

Die Erd ist auch dein Heiligthum!
Auch sie erfülle stets dein Ruhm!
In dieser unsrer Pilgerschaft,
Ist, Herr, dein Wort uns Licht und Kraft!

Ist Lebenskraft! ist göttlichs Licht!
Wer ihm gehorcht, der sündigt nicht!
Ist dem, der fällt, und es bereut,
Barmherzigkeit! Barmherzigkeit!
Die Erd erfüll, Herr, stets dein Ruhm!
Erfüll des Himmels Heiligthum!

Mel. Herzlich lieb hab ich dich o Herr.

Aus ganzem Herzen lieb ich dich!
Nach Gnade, Vater, dürstet mich,
Die meine Seele labe!
Die ganze Welt erfreut mich nicht!
Nach Erd und Himmel frag ich nicht;
Wenn ich, mein Gott, dich habe!
Uud wenn mein Herz im Tode bricht;
Bist du doch meine Zuversicht,
Mein Trost, mein Heil, der mich erlöst!
Der mich im Tode nicht verstößt!
Ach Jesu Christ!
Mein Herr! und Gott! mein Herr! und Gott!
Ein Schlummer sey mir einst der Tod!

Ach, alles, Herr, hab ich von dir!
Den Leib, die Seele gabst du mir,
Und dieß mein erstes Leben!
Daß ich es deiner Liebe weih!
Ein Bruder meinen Brüdern sey!
Dieß Heil wollst du mir geben!
Laß, Mittler, mein Erkenntniß rein,

Und heilig meinen Wandel seyn!
Im Kreuze mich dir glaubend traun,
Und nur auf deine Hülfe schaun!
Ach Jesu Christ!
Mein Herr! und Gott! mein Herr! und Gott!
Sey mirs in meiner letzten Noth!

Daß dann, der meinen Geist bewacht,
Dein Engel, durch des Todes Nacht,
In Abrams Schooß ihn trage!
Mein stillverwesendes Gebein
Wird Erde, doch nicht immer, seyn;
Nur bis zum letzten Tage!
Du lässest mich im Tode nicht!
Du kommst, du kommst zum Weltgericht!
Ach, Richter! laß mich ohne Graun
Dich dann auf deinem Throne schaun!
Allmächtiger!
Mein Herr! mein Gott! erhöre mich;
So preis ich ewig, ewig dich!

Mel. Sey Lob und Ehr dem höchsten Gut ꝛc.

Lob, Ehr, und Preis dem höchsten Gut!
Dem Retter meiner Seele!
Dem Gott, der alle Wunder thut!
Dem Gott, der meine Seele
Mit seinem reichen Trost erfüllt!
Dem Gott, der allen Jammer stillt!
Gebt unserm Gott die Ehre!

Dort singt die Schaar der Himmel dir,
Beherrscher aller Thronen!
Und die wir noch an Gräbern hier
In deinem Schatten wohnen,
Wir preisen, Gott, auch deine Macht!
Auch uns hat sie hervorgebracht!
Gebt unserm Gott die Ehre!

Was unser Gott geschaffen hat,
Das will er auch erhalten!
Darüber wird des Weisen Rath,
Des Vaters Gnade walten!
In seinem ganzen Königreich
Ist alles recht! ist alles gleich!
Vor ihm sinkt Alle nieder!

Ich rief dem Herrn in meiner Noth!
Vernimm, vernimm mein Weinen!
Da half mein Helfer mir vom Tod,
Und ließ mir Gnad erscheinen!

Ich danke, Gott, ich danke dir!
Ach, danket, danket Gott mit mir!
Dankt ihm mit Freudenthränen!

Gott ist uns nah, ist niemals nicht
Von seinem Volk geschieden!
Er, er ist ihre Zuversicht,
Ihr Segen, Heil, und Frieden!
Mit seiner Allmacht leitet Er
Sein Volk durchs Feuer und durchs Meer!
Dankt ihm mit lautem Jubel!

Wenn Hülfe nicht mehr helfen kann,
Die nur die Welt erzeiget;
So hilft, der ewig helfen kann,
Der Schöpfer selbst, und neiget
Sein Vaterangesicht uns zu!
Denn außer ihm, war keine Ruh,
War keine Ruh zu finden!

Ich will mein ganzes Leben lang,
Einst ewig, Gott, dich ehren!
Dann sollen meinen Siegsgesang
Auch deine Himmel hören!
Mein Geist, mein Geist, erhebe dich!
Mein ganzes Herz erfreue sich!
Gott ist mein Gott auf ewig!

Kommt, laßt uns vor sein Angesicht
Mit Freud und Zittern dringen!
Bezahlen die gelobte Pflicht!
Gebückt im Staube singen:

Du hast es, Gott, vorher bedacht,
Und alles, alles wohl gemacht!
Du bist der Erst und Letzte!

Die ihr des Vaters Namen nennt,
Gebt ihm, gebt ihm die Ehre!
Die ihr des Sohnes Tod bekennt,
Gebt ihm, gebt ihm die Ehre!
Der Sünde Götzen macht zu Spott!
Der Herr ist Gott! Der Herr ist Gott!
Seyn wird er, der er seyn wird!

Mel. Jesus meine Zuversicht ꝛc.

Jesus meine Zuversicht,
Mein Versöhner, ist im Leben!
Dieses weiß ich; sollt ich nicht
Auch zu sterben, mich ergeben?
Wie das Grab, das einst mich deckt,
Mein zu schwaches Herz auch schreckt!

Jesus, mein Erlöser, lebt!
Ich werd auch das Leben schauen!
Seyn, wo mein Erlöser lebt!
Und es sollte mir noch grauen?
Er ist der Gemeine Haupt!
Und sein Glied, wer an ihn glaubt!

Voll von dieser Zuversicht
Hab ich oft sein Heil empfunden;
Legt' ich meine Hand auch nicht
In des Ueberwinders Wunden!
Er stand auf! Mein Heil erwacht
Auch aus seines Todes Nacht!

Fleisch bin ich, und muß daher
Einmal auch zu Staube werden!
Dieses weiß ich; doch wird Er
Mich erwecken aus der Erden,
Daß ich in der Herrlichkeit
Bey ihm sey die Ewigkeit!

Dann umgiebt mich diese Haut
Dieser Leib, der einst verweste!
Gott wird dann von mir geschaut,
In dem Leibe, der verweste!
Ja! in diesem Fleisch werd ich
Sehen, Gottversöhner, dich!

Ob dieß Aug im Tod auch bricht,
Wirds doch meinen Retter kennen!
Ich, ich selbst, kein Fremder nicht,
Werd in seiner Liebe brennen!
Dank ihm! Dank ihm! Preis und Ruhm!
Wunderbar schafft er mich um!

Was hier kränket, seufzt, und fleht,
Wird nicht ewig untergehen!
Irdisch werd ich ausgesät!
Himmlisch werd ich auferstehen!
Zu verwesen, sink ich ein!
Dann werd ich unsterblich seyn!

Freudig bin ich und getrost!
Dann steigt mein Versöhner nieder!
Wenn ich sterb, ist er mein Trost!
Und den Todten ruft er wieder,
Wenn mir die Posaune klingt,
Auch zu meinem Grabe dringt!

Und mich schreckte noch der Tod?
Mich die Gräber, und ihr Grauen?
Meinen Mittler! meinen Gott!

Jesum Christum! werd ich schauen!
Elend fühl' ich dann nicht mehr!
Weine dann, ach dann nicht mehr!

Nur, daß du dich, Seel, erhebst
Von den Lüsten dieser Erden!
Und schon hier dem Gotte lebst,
Mit dem du vereint sollst werden!
Willst du seines Heils dich freun;
Mußt du heilig, Seele, seyn!

Lieder von Mahlmann.

Gebet
der Kinder zu ihrem ewigen Vater.

Ein Oratorium.

Du hast deine Säulen dir aufgebaut
Und deine Tempel gegründet!
Wohin mein gläubiges Auge schaut
Dich Herr und Vater es findet!
Deine ewig herrliche Gottesmacht
Verkündet der Morgenröthe Pracht,
Erzählen die tausend Gestirne der Nacht!
Und alles Leben liegt vor dir,
Und alles Leben ruft zu dir:
Vater Unser, der du bist im Himmel!

Und liebevoll dein Auge schaut
Was deiner Allmacht Wink begonnen,
Und milder Segen niederthaut,
Und fröhlich wandeln alle Sonnen!
Herr! Herr! das Herz, das dich erkennt,
Erwacht vom Kummer und vom Grame,
Es jauchzt die Lippe, die Vater dich nennt —
Geheiliget werde dein Nahme!

Der du die ew'ge Liebe bist
Und dessen Gnade kein Mensch ermißt,
Wie selig ist dein Thron!
Der Frieden schwingt die Palmen,
Es singt die Freude Psalmen,
Die Freyheit tönt im Jubelton!
Herr! Herr! in deinem ew'gen Reich
Ist alles recht, ist alles gleich —
Zu uns komme dein Reich!

Kommt Engel aus den heil'gen Höh'n,
Steigt nieder zu der armen Erde!
Kommt, Himmelsblumen auszusäen,
Daß diese Welt ein Garten Gottes werde!
O ewiger Weisheit unendliche Kraft,
Du bist's, die Alles wirkt und schafft,
Dein Weg ist Nacht! — geheimnißvoll
Der Pfad, den jeder wandern soll.
Doch in Deine Nähe
Führst du alle, daß sie heilig werden! —
Dein Wille geschehe,
Wie im Himmel also auch auf Erden!

Laß Aehren reifen im Sonnenstrahl,
Die Frucht erglänz' im grünen Laube,
Es weide die Heerd' im stillen Thal
Und auf den Bergen röthe sich die Traube,
Und Alles genieße mit Dank und Freude —
Unser tägliches Brot gieb uns heute!

Der du von reinen Geistern umgeben,
Niederblickst auf das sündige Leben —
Erbarme dich Unser!
Schwachheit ist des Menschen Loos,
Deine Gnad' ist gränzenlos!
Dein Erbarmen unermeßlich!
Zeig' uns Vater deine Huld
In dem armen Leben,
Und vergieb uns unsre Schuld
So wie wir vergeben!

Herr! Herr! unsre Zuversicht
Starker Held verlaß uns nicht!
Hebe die Blicke, die freien Gedanken
Ueber der Endlichkeit enge Schranken
Hoch empor über Grab und Tod.
Wir hoffen, wir warten auf Morgenroth,
Wir sehnen uns alle nach deinem Licht,
Nach deinem hochheiligen Angesicht!
Führ' uns nicht in Versuchung,
Sondern erlös' uns von dem Uebel!

Denn du bist Herr,
Und du bist Gott,
Unser Vater!
Und dein ist dein Reich
Und die Kraft und die Herrlichkeit
In Ewigkeit!
Amen!

Triumph des Grabes.

Selig die Todten! Sie ruhen und rasten
Von quälenden Sorgen, von drückenden Lasten,
Vom Joche der Welt und der Tyranney;
Das Grab, das Grab macht allein uns frey.

Ueber der Erde da walten die Sorgen —
Im Schooße der Mutter ist jeder geborgen!
O Nacht des Todes, du bettest weich —
Das Grab, das Grab macht allein nur gleich.

Land der Verheißung, du führest die Müden
Nach brausenden Stürmen zum seligen Frieden!
Wenn Freude verschwindet, wenn Hoffnung verläßt,
Das Grab, das Grab hält den Anker fest.

Wieder sich finden und wieder umarmen!
Und wieder am Herzen Geliebter erwarmen!
Um ewig zu leben im süßen Verein! —
Das Grab, das Grab wird uns all' erfreun!

Kränzet die Thore des Todes mit Palmen!
Und singet der ewigen Freyheit Psalmen!
Und steuert muthig zum Hafen hinein.
Das Grab, das Grab soll Triumphthor seyn!

Beruhigung.

Was grämst du dich?
Nach wenig trüben Stunden,
Dann heilen deine Wunden,
Dann blickt dein Auge hell und klar!
Dein Geist, so fest gekettet
Fliegt dann empor, und rettet
Zum Lande seiner Heimath sich!
Was grämst du dich?

Der große Geist!
Um den die Welten schweben,
Sieht unser kleines Leben
Und unsern Kummer gnädig an;
Er zählt die Thränentropfen,
Er stillt des Herzens Klopfen,
Er ist es, der uns Trost verheißt
Der große Geist!

Verzage nicht!
Blick auf in jene Ferne,
Da glänzen tausend Sterne,
Wie groß ist deines Vaters Haus!
Ach dort, ach dort erwarmen
An seiner Brust wir Armen;
Drum, wenn dein Herz in Thränen bricht,
Verzage nicht!

In der Wohnung eines Freundes bey seinem Begräbniß.

Mel. Jesus meine Zuversicht rc.

Tiefer Schmerz vereint uns hier,
Wo uns Freude sonst umfangen;
Unsers Freundes denken wir,
Der den Weg voran gegangen,
Sein entschlummertes Gebein
Segnen wir mit Thränen ein.

Was er Gutes hier gethan,
Was uns einst mit ihm verbunden,
Blicken wir voll Wehmuth an.
Es ist nicht dahin geschwunden,
Denn, wie schnell auch Daseyn eilt,
Gutes bleibt und Liebe weilt!

Christen schreckt nicht Grab und Tod
Nicht der Schmerz der Trennungsklage,
Todes = Nacht bringt Morgenroth
Von dem ewgen Freiheitstage,
Und der Tempel Gottes steht,
Wo kein Sturm der Erde weht!

Flucht an eines Engels Hand,
Rettung von den Ungewittern,
Weg ins ewge Vaterland,
Kann vor dir der Christ erzittern?
Seines Glaubens Freudigkeit
Harrt des Tags, der ihn befreyt!

Laßt uns Brüder oft den Blick
In die Nacht der Gräber senken!
Laßt uns liebevoll zurück
An geliebte Todte denken,
Daß wir in Bereitschaft stehn
Muthig ihnen nachzugehn.

Hoffnung in Gott.

Hoffe Herz, nur mit Geduld,
Endlich wirst du Blumen brechen!
O dein Vater ist voll Huld,
Kindlich darfst du zu ihm sprechen!
Auf dein gläubiges Vertraun
Wird er gnädig niederschaun.

Wolken kommen, Wolken gehn,
Bau auf deines Gottes Gnade!
Zu der Freude Sonnenhöhn
Führen stürmisch dunkle Pfade;
Doch ein treues Auge wacht,
Zittre nicht in Sturm und Nacht!

Ankre du auf Felsen=Grund,
Schwinge dich zu Gottes Herzen!
Mach ihm deine Leiden kund,
Sag ihm deine tiefsten Schmerzen!
Er ist gnädig und erquickt
Jedes Herz, das Kummer drückt!

Faß im Glauben kühnen Muth,
Kraft wird dir dein Helfer senden!
Mit der Hand die Wunder thut
Wird er deine Leiden enden!
Er ist lauter Lieb und Huld!
Hoffe Herz nur mit Geduld!

Nachtlied.

Hoch empor am Himmelsbogen
Sind die Sterne aufgezogen:
Welch ein heilig stilles Chor!
Daß dein Herz dir größer werde,
Blicke von der kleinen Erde
Zu dem ew'gen Glanz empor!

Kannst du noch dein Auge senken?
Deines armen Lebens denken?
Und was irdisch dich betrübt?
Der den Flammenkranz gewunden,
Hat dich seiner werth gefunden,
Ist ein Vater, der dich liebt!

Aus der Welten Millionen,
Aus den glanzerfüllten Zonen,
Hat er seinen Thron erbaut!
Seiner Welten lichte Heere,
Seiner Sonnen Flammen-Meere
Wandeln, wo sein Auge schaut!

Seine Liebe spricht den Segen,
Daß auf ihren ew'gen Wegen
Nie sein Auge sie vergißt.
Allem Daseyn, allem Leben
Hat er diesen Trost gegeben:
Halleluja, daß du bist!

FSC
www.fsc.org
MIX
Papier | Fördert
gute Waldnutzung
FSC® C083411

Kolibri 360 GmbH
Ferdinand-Jühlke-Straße 7
99095 Erfurt, Deutschland
produktsicherheit@kolibri360.de